2015年河南社会形势分析与预测

SOCIETY OF HENAN ANALYSIS AND FORECAST (2015)

提高社会治理现代化水平

主　编／刘道兴　牛苏林
副主编／李怀玉　刘振杰

社会科学文献出版社
SOCIAL SCIENCES ACADEMIC PRESS (CHINA)

图书在版编目（CIP）数据

2015 年河南社会形势分析与预测：提高社会治理现代化水平/刘道兴，牛苏林主编. —北京：社会科学文献出版社，2015. 4
（河南蓝皮书）
ISBN 978 -7 -5097 -7135 -8

Ⅰ. ①2… Ⅱ. ①刘… ②牛… Ⅲ. ①社会分析 - 河南省 - 2015 ②社会预测 - 河南省 - 2016 Ⅳ. ①D668

中国版本图书馆 CIP 数据核字（2015）第 032474 号

河南蓝皮书
2015 年河南社会形势分析与预测
——提高社会治理现代化水平

主　　编／刘道兴　牛苏林
副 主 编／李怀玉　刘振杰

出 版 人／谢寿光
项目统筹／任文武
责任编辑／张　媛　王　颉

出　　版／社会科学文献出版社·皮书出版分社（010）59367127
地址：北京市北三环中路甲 29 号院华龙大厦　邮编：100029
网址：www. ssap. com. cn
发　　行／市场营销中心（010）59367081　59367090
读者服务中心（010）59367028
印　　装／北京季蜂印刷有限公司

规　　格／开 本：787mm × 1092mm　1/16
印 张：21. 75　字 数：328 千字
版　　次／2015 年 4 月第 1 版　2015 年 4 月第 1 次印刷
书　　号／ISBN 978 -7 -5097 -7135 -8
定　　价／69. 00 元

皮书序列号／B -2008 -082

权威·前沿·原创

皮书系列为
“十二五”国家重点图书出版规划项目

河南蓝皮书系列编委会

《2015 年河南社会形势分析与预测》
编 委 会

主编简介

刘道兴 男，1954 年 6 月生，河南省南阳市人。现任河南省社会科学院副院长，研究员。享受国务院特殊津贴专家，河南省管专家，兼任河南省经济学会副会长、河南省自然辩证法研究会副理事长。长期从事经济社会发展问题研究，承担国家社会科学规划课题 1 项，省社科规划课题 3 项，独立撰写或参编专著《河南可持续发展研究》《转型与升级》《科学论》《教育投入的革命》等多部，发表学术论文多篇。

牛苏林 男，1958 年 12 月生，福建德化人。现任河南省社会科学院社会发展研究所所长，研究员。河南省管专家，兼任河南省社会学学会副会长、秘书长，河南省统一战线理论研究会副会长，民盟中央兼职研究员。长期从事哲学、宗教学、社会学研究，独立承担国家社会科学规划课题 2 项，省部级课题多项，出版著作《不朽思想的历程》《马克思恩格斯的宗教理解》《河南：走向现代化》《构建和谐中原》《河南社会发展与变迁》等多部，发表学术论文数十篇。

摘　要

本书由河南省社会科学院主持编撰，系统概括了近年来河南全省在社会建设领域取得的成就，梳理当前社会形势发展的特点，剖析面临的热点、难点及焦点问题，对未来的发展走势进行科学理性地研判，并对全省 2015 年乃至未来一个时期的社会建设、改革与发展提出建议。

2015 年河南社会蓝皮书依据党的十八届三中、四中全会精神，以提高社会治理现代化水平、深化社会体制改革、扩大社会事业开放为主线，对河南全省的社会治理、民生建设、公共安全等重大问题进行全面系统地解读。

全书由总报告、体制改革与社会治理篇、网络舆情与公共安全篇、民生建设与社会保障篇等几大部分组成。总报告集中了全书的主要思想和观点。总报告认为，2014 年，河南省继续在探索改革中稳步前行，调结构、保稳定、促发展等一系列政策成效显著，社会建设水平有较大提升，民生问题得到较好解决，社会治理战略地位提升，社会管理体制改革面临新机遇。但社会发展滞后的一些基本问题并没有明显的改善。比如，教育、收入水平、医疗卫生、社会保障等同发达地区相比还有较大差距，社会事业领域开放度不够，社会组织总体规模不大、发展活力不足，老龄服务体系建设滞后，新型农村社区建设遗留问题仍未得到较好解决等，政府职能转变没有取得突破性进展，政府社会治理水平有待进一步提高。社会领域各项事业总体滞后的基本现状，依然是制约河南经济社会协调发展的短板。体制改革与社会治理篇、网络舆情与公共安全篇、民生建设与社会保障篇等几大板块，分别从不同领域和视角对河南社会的重大事项进行深入剖析，客观反映了 2014 年河南社会发展的基本现状、矛盾和问题，并对 2015 年河南社会发展提出对策和建议，对未来形势进行总体预测和展望。

目　录

𝔹 Ⅰ　总报告

𝔹 Ⅱ　体制改革与社会治理篇

BⅢ　网络舆情与公共安全篇

BⅣ　民生建设与社会保障篇

皮书数据库阅读**使用指南**

总　报　告

General Reports

B.1

加快提高社会治理现代化水平

——2014～2015年河南社会形势分析与预测

河南省社会科学院课题组*

摘　要：2014年，河南省继续在探索改革中稳步前行，调结构、保稳定、促发展等一系列政策成效显著，社会建设水平有较大提升，民生问题得到较好解决，社会治理战略地位提升，反腐败力度加大，社会舆情基本向好，社会大局总体稳定。但社会发展滞后的一些基本问题并没有明显的改善。比如，教育、收入水平、医疗卫生、社会保障等同发达地区相比还有较大差距，社会事业领域开放度不够，社会组织总体规模不大、发展活力不足，老龄服务体系建设滞后，新型农村社区建设遗留问题仍未得到较好解决等，社会领域各项事业总体

* 课题负责人：刘道兴、牛苏林；执笔：牛苏林、刘振杰。

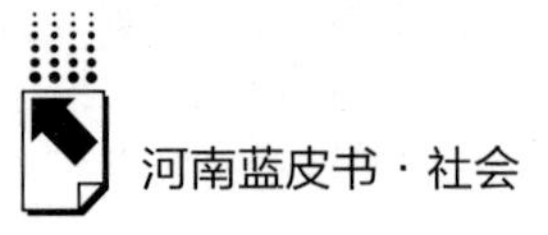

滞后的基本现状，依然是制约河南经济社会协调发展的短板。2015 年，是河南检验“十二五”发展规划的收官之年，也是全面贯彻落实党的十八届三中全会、四中全会精神的重要一年。全面深化社会体制改革，转变社会发展方式，加快推进社会事业开放，激发社会发展活力，大力改善民生，加快政府职能转变，全面提高社会治理现代化水平，将是河南全面推进社会建设面临的主要任务。

关键词：社会治理　社会事业开放　户籍新政　新型城镇化

一　2014年河南社会发展基本特点

2014 年是全面贯彻落实党的十八届三中全会精神的重要一年。通过大力推进治理水平和治理能力的现代化，逐步使市场在资源配置中起决定性作用，加快形成科学有效的社会治理体制机制，确保社会既充满活力又和谐有序。

（一）经济形势稳中有进，社会事业稳步发展

2014 年，通过一系列统全局、管长远的重大战略举措的实施，河南经济呈现总体平稳、稳中向好的态势，避免了经济的大起大落，稳定了社会大局。大多数指标的实绩好于预期，好于同期，好于全国平均水平。在全国及大部分省份经济增速放缓甚至出现下行的情况下，河南省是全国为数不多的实现逆势增长、增速同比提高的省份之一。中偏高增速已经成为河南经济运行的新常态，全年经济预增 9% 左右。经济的稳定增长为社会建设事业提供了强大的物质基础。

社会保障体系不断完善，保障水平明显提高。按照国家统一部署，从 2014 年 1 月 1 日起，全省企业离退休人员基本养老金平均水平再提高 10%。月人均养老金水平达 1950 元，较 2010 年增加 672 元，增长了 52.6%。2014

年新开工建设各类保障性住房 64 万套，其中公共租赁住房 16 万套、棚户区改造 48 万套，基本建成 27 万套；完成农村危房改造 12 万户。城市低保月标准不低于 300 元，农村低保年标准不低于 1800 元。在低保制度建设方面，着力建立健全低保审核、低保对象认定部门联席会议等制度，加快建设申请救助家庭经济信息比对机制，推动建立省、市、县三级低收入家庭认定中心，建立多部门救助信息共享平台。目前，已经初步完成低收入家庭认定指导中心平台建设和相关制度的制定工作。

教育改革稳步推进，更加注重公平和质量。近年来，为了促进教育均衡发展，有关部门采取许多举措。教育经费的投资有所增加，管理得到加强，财政性转移支付优先保障农村、边远、贫困、民族地区的办学需求。继续实施农村学前教育推进工程，增加农村义务教育投资，以缓解城镇“入园难”“入学贵”“大班额”等突出问题。将进城务工人员随迁子女的义务教育纳入各级政府教育发展规划和财政保障范畴，进一步降低就学门槛，全省城市公办学校每年接收近 10 万名农村进入城市的适龄学生入学。在这方面，作为省会城市的郑州，承担着更多异地入学的责任与压力。为此，郑州市在 2012 ~2014 年，共新建、改扩建中小学校 95 所。

医疗改革取得新成效，卫生事业取得新进展。探索新型农村合作医疗（简称新农合）市级统筹，推进大病保险省级统筹，进一步提高筹资水平。2014 年，城镇居民医保和新农合人均财政补助标准由 280 元提高到 320 元，确保参合率达 98% 以上，重大疾病实际补偿比例提高到 70% 左右。建立基层卫技人员统筹管理机制、灵活的用人机制、收入分配激励机制，从体制上保障基层卫技人才引得进、留得住、用得好，缓解基层人才短缺的突出问题。做好全科医生执业方式和服务模式改革试点工作，实行以服务质量及岗位工作量为主的综合绩效考核分配机制，充分调动医务人员的工作积极性。

（二）农民收支增长快于城镇居民，城乡收入差距呈缩小之势

通过社会保障制度的建立和完善，政府加大对偏远地区和欠发达地区基础设施、教育、医疗等公共资源和服务的投资力度，低收入群体的收入增长

速度有所加快。2003～2013年，农村居民转移性收入年均增长19.78%，高于城镇年均10.99%的增长速度。在居民内部，根据抽样调查数据，城镇居民收入最低的5%住户转移性收入年均增长16.97%，比收入最高的5%住户年均11.09%的增速高出5.88个百分点。同样，农村居民收入最低的20%住户的转移性收入年均增速也高于收入最高的20%住户。河南省2002～2013年城乡居民转移性收入及城乡转移性收入倍数比如图1所示。

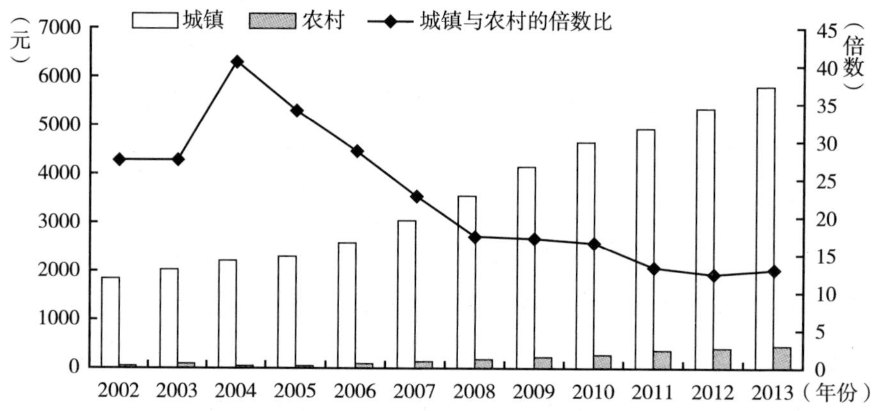

图1　河南省2002～2013年城乡居民转移性收入及城乡转移性收入倍数比

资料来源：据1996～2000年《中国统计年鉴》、2005～2014年《河南统计年鉴》整理绘制。

通过针对农民的专业技能培训，农村剩余劳动力的素质和就业能力得到提升，同时各用工单位政策性地上调最低工资标准，这些都有力地促进了农村转移劳动力工资性收入的增长。农村社会保障体系不断完善，新农合、新农保、种粮直补、购买补贴等范围的扩大和标准的提高，使转移性收入成为农民增收的重要补充。在不断增加广大农民收入的同时，还对全省1000个贫困村实施整村推进扶贫开发项目，使全省120万名农村贫困人口得到扶持并初步实现脱贫。通过安排500个帮扶项目，加大对水库移民的后期扶持力度。

随着城镇化进程的加快，公共财政投入持续加大，收入分配结构继续得到改善，农村居民收入大幅提高，城乡收入差距明显缩小。2014年，河南城镇居民人均可支配收入为24800元，增长9.8%，农民人均纯收入为9370元，增长13.1%。虽然农民的收入增速高于城镇居民，但由于城镇居民收入的基数高，目前农民总体收入水平尤其是财产性收入仍然偏低。

（三）户籍新政为城乡统筹发展破除体制性壁垒

户籍制度已经在中国延续几千年，户籍壁垒、区域分割已成为劳动力流动的障碍，成为社保区域统筹发展、城乡统筹发展的桎梏。随着社会各界要求破除户籍藩篱的呼声越来越高，各地不断出台新政，逐步剥离附加在户籍上的制度性利益，降低人口流动成本。2014年11月4日，河南省出台了《河南省人民政府关于深化户籍制度改革的实施意见》（豫政〔2014〕83号），提出取消农业户口与非农业户口的性质区分，统一登记为居民户口，全面实施居住证制度。新方案尊重城乡居民自主确定居住地点的意愿，符合迁移条件的居民可以在城乡之间自由迁徙。一些有意愿、有条件的城市居民开始在农村置房定居，这种“逆城市化”的趋向既可以缓解大城市人口过密的压力，减少市、县、乡人口过于松散的情况，也有利于城市人口带动农村人口素质的提升。同时，也可以为全省经济社会发展带来巨大的拉动效应。

（四）社会治理战略地位提升，社会管理体制改革面临新机遇

党的十八届三中全会通过的《中共中央关于全面深化改革若干重大问题的决定》（以下简称《决定》）明确提出要“推进国家治理体系和治理能力现代化”，从治国理政的高度，更加强调社会治理的战略性、全局性、基础性和源头性意义。《决定》中关于“社会治理”的论述体现了两个最主要的特点：一是社会治理的战略地位提升。“推进国家治理体系和治理能力现代化”作为全面深化改革的总目标，事关国家长治久安，事关人民安居乐业。因此，各级党委和政府在统筹经济建设、政治建设、文化建设、社会建设以及生态文明建设过程中，已经把社会治理摆在更加突出的位置。二是社会治理重心下移。各级党委和政府把更多的人力、财力、物力投到社会基层，着力解决好人民群众最关心、最直接、最现实的利益问题。

（五）反腐败力度加大，吏治环境明显改善

近年来，中共中央颁布并实施改进工作作风、密切联系群众的八项规定，坚持有案必查、有腐必惩，始终保持惩治腐败的高压态势。通过一波接一波的“打虎”“拍蝇”运动，清除了一批腐败分子，纯洁了党员干部队伍。官员们从不敢贪到不愿贪再到不想贪，吏治环境得到明显改善。政府及广大公职人员在“三德”（社会公德、职业道德、个人品德）方面和民众心目中的形象有了很大改善，公信力亦明显提升。在整顿吏治的同时，河南省也注重选人、用人机制的完善，从而为全省经济发展、社会稳定提供了清明公正的投资发展环境。

（六）加大网络治理力度，社会舆情趋于理性

从 2013 年下半年开始，政府加大了打击网络谣言的力度，网络舆论环境发生较为明显的变化。“网络暴力”现象及网络谣言泛滥的状况得到遏制，炒作造势现象明显减少。主要表现在：一是意见领袖的作用下降，刻意挖掘、炒作新闻点的行为不再泛滥，“人肉搜索”等手段不再被滥用；二是舆情事件中舆论混战的现象受到遏制，舆论指向及议题不再盲目发散；三是舆情事件中诸如公开信、签名、上书等行为已不多见，事件当事者的舆论压力减轻；四是舆论关注的阈值越来越高，舆情呈现平静态势，社会心理趋于平稳，趋于理性。

二　2014年河南社会发展面临的主要问题

（一）就业形势依然严峻，结构性矛盾突出

目前，全省就业形势总体稳定，没有出现与经济下行相伴生的失业率上升的负面情况。经济增长的趋缓并未造成对农民工的挤出效应，相反，农民工的工资性收入仍不断走高。特别是随着城镇化的快速推进以及产业集聚区

的遍地开花，用工量急剧上升，建筑、道桥等以体力为主的行业缺工现象日益严重，依靠农村劳动力的无限供给来满足中低端劳动力市场需求的情况已经一去不复返。由此造成的用工短缺情况将会持续蔓延，用工成本将会不断攀升。城镇新增就业岗位有不断增加的迹象。

与此同时，对高校毕业生就业形势仍需给予较多关注。对河南来说，受多种因素影响，高校毕业生就业难状况呈现常态化、长期化的趋势。就业难和就业质量不高的负面效应已经开始显现并有放大趋势。2015 年，全省大学毕业生的数量将达 53 万人，加上往届未就业的毕业生，总数将达 65 万人，此外还有 20 万名普通中专毕业生。今后若干年，大学毕业生数量将继续处于上升态势，就业形势不容乐观。目前，大学生就业过程中普遍存在的情况是：收入水平偏低，收入增长的制度保障不健全；社会保障参保及缴费情况不理想，对工作福利的评价偏负面；工作满意度明显偏低，工作环境有待改善，工作稳定性不强；劳动关系有待改善等。

劳动力市场的分割带来白领就业市场和蓝领就业市场的结构性差异，“民工荒”与大学生“就业难”在相当一段时期内会继续并存。总体来看，大学生的就业与农民工的就业有许多不同之处。对于农民工来说，转换工作和找到新工作相对容易。但大学生的就业却存在较大的专业区分，这种专业区分很难在短时间内通过培训来弥合。在劳动力市场，大学生找到满意的工作较难，最后找到的工作往往与所学专业不对口。因此，其转岗率也比较高，很多人会处于间歇性就业与失业的变换中。随着社会转型的加快和高校毕业生就业质量意识的提升，高校毕业生就业亟须实现从重视“量”到更加重视“质”的转变。

（二）新型城镇化进程中的问题凸显

城市综合承载能力与流动人口需求不相符。河南尚未形成合理完善的城镇体系，表现在大城市少，中等城市不足，小城镇数量多、规模小。省会郑州的首位度过高，造成城市中心区功能过度强大，抑制了次级市镇的发展，对周边中小城市的辐射带动作用还不太明显。优质公共服务资源过分集中在中心城市，居住区与工作区严重分离，社会治理水平有限，造成城市中心区交通拥堵、环境污染严重、土地价格和住房价格上涨，增加了城区企业的生产费用，产生了大量的外在成本，反而带来聚集的“不经济”。

城镇发展规划缺乏人文理念和人口信息支撑。河南省的城镇化发展一直以来都存在规划不到位、缺乏全盘考虑的综合性理念等问题，更没有将人口有序流动、人口合理分布和人的城镇化纳入规划中，也没有对城镇化格局和未来发展进行科学评估。这往往导致只注重物质化、实体化的投资，而忽视无形的具有内涵的能够体现人文色彩的城镇化，“土地城镇化”“房产城镇化”远快于“人口城镇化”。

土地流转程序不规范，土地资源浪费严重。在目前的土地流转中，协议流转和口头流转并存，政府或村委会主导流转与农户自发流转并存，缺乏一套规范的流转程序。这很容易造成流转双方的纠纷，使双方权益都得不到保障。改变土地用途以及流转土地“非粮化”现象日益加重，如果任其发展下去，势必影响全省粮食产量甚至威胁国家粮食安全。强制流转土地的现象普遍存在，农村宅基地有偿退出机制没有建立起来。大量农村人口向城镇转移，不少农户全家迁移到城镇，这部分人长期居住在城镇，对宅基地没有了需求，但是由于缺乏宅基地的有偿退出机制，造成农村宅基地的闲置和资源的浪费，或是引起宅基地的私下交易。

新型农村社区建设遗留问题较为突出。在新型农村社区建设过程中，大量征地、拆迁所需要的经济补偿仍未到位，农民对此反映强烈，成为社会不稳定的重要因素之一。而且旧有村庄出于各种原因无法拆迁，导致“占补平衡”成为一句空话。一些开发商前期投入大量资金，由于政策形势的变化，大批已经建成或者即将建成的房屋不能出手，资金无法回笼，造成资金链断裂，引发一系列恶性连锁反应。比如，开发商与建筑商之间、农民工与建筑商之间、开发商与银行之间矛盾重重。在一些乡村，随处可以看到一些无法完工、入住的联排建筑，成为新型城镇化进程中的一块伤疤。

（三）城乡公共服务均等化问题依然突出

作为传统的农业大省，河南省经济基础薄弱，公共服务投资欠账过多，只能把有限的财政资金用于发展城市基础设施和公共服务方面，导致城乡公共服务差距明显。这不仅体现在就业、基础教育、公共卫生和社会保障等基本民生问题上，还体现在农村基础设施、农业信息、农业科技服务和技术培训等方面的供给明显不足。比如，当前农村公共环境设施投资较少，“垃圾靠风刮，污水靠蒸发”的情况依然存在，农田固体废弃物堆存、饮用水污染等问题严重。农村道路本来就狭窄，稍微大一些的车辆根本无法通行，而且由于后续资金难以保证，后期维护也成了难题。

（四）政府社会治理水平有待进一步提高

社会治理主体的单一性，致使社会组织及企业在社会事业发展中的作用尚未充分体现，社会活力不足，难以适应新形势下社会事业开放发展的迫切需求。在社会治理中政府唱“独角戏”的情况下，社会事业发展中政府主导和社会化之间的关系、政府和市场的关系、基本公共服务和非基本公共服务的关系、均等化服务和多样性需求的关系等，始终没有得到正确处理。重经济建设、轻社会建设，重政府作用、轻多元主体参与，重管理控制、轻协商服务，重事后处理、轻源头预防，重人治、轻法治，重行政约束、轻道德自律，重解决具体问题、轻制度机制建设等。尽管从上到下花了不少精力、增加了不少投入，维护社会稳定的成本不断增加，但并没有取得应有的成效。在错综复杂的社会形势下，传统的社会管理模式、手段和制度越来越难以奏效，更难以从根本上解决层出不穷的新问题。

（五）社会事业领域开放度不够，社会组织数量少、质量差

当前，“一政独大”的行政管理思维及行为习惯依然是制约河南社会事业发展的体制性障碍，直接导致全省范围内开办社会事业的活力严重不足。一是观念滞后。一些地方及部门因循守旧、不思进取、畏首畏尾、顾虑重重，

在发展社会事业中视市场化和产业化服务为畏途，总是在思想和行动上比别人慢半拍。比如，广东早在2002年就提出社会事业开放的理念，向民资和外资陆续开放基础设施和公共事业领域，而河南直到2010年在《河南省“十二五”规划纲要（草案）》中才明确提出“努力打造内陆开放新高地，以开放促发展、促改革、促创新”，也仅局限于文化、教育等领域。二是开放力度不够。2004年，广东仅向外资开放部分公用事业项目就抛出100亿元的绣球，而河南在2014年面向社会资本推介的所有社会发展领域建设项目才达300亿元；香港人口为600多万人，政府购买服务中年均向社工投入60多亿港币，人均达1000多港币，郑州城镇人口也接近600万人，但目前在这方面的投入远低于香港。三是开放领域不宽。在广东，对于基本公共服务，凡是市场主体能够以更低成本提供同样甚至更好服务的，原则上都采用政府购买服务的方式；而河南则出于某种顾虑，在医疗卫生、科技教育、网络文化服务等方面对社会力量的信任度依然不足，对其进入基本公共服务领域的限制依然较多。因此，在吸引社会力量参与社会事业发展和公共服务方面，河南与广东相比存在较大差距。四是河南的社会组织数量少，枢纽型社会组织更少。2012年，河南省社会组织有21088个，同期的山东省则高达40515个，比河南多出近一倍（见表1）。许多社会组织因无法注册而疏于管理、引导和服务。

表1　2012年社会组织发展情况河南与外省比较

单位：个，亿元

省份	社会组织	社会组织增加值	省份	社会组织	社会组织增加值
山东	40515	52.22	江苏	43119	68.12
浙江	31880	36.65	广东	35324	83.07
河北	32637	19.94	河南	21088	8.20

资料来源：《中国统计年鉴（2013）》。

（六）城乡居民收入过低，与同期经济增长速度及全国平均水平不相协调

近年来，虽然河南省城乡居民收入水平有大幅度提高，但与同期的经

济增长速度相比显得较为滞后，与全国平均水平相比也有不小的差距。因此，城乡居民整体收入水平偏低，成为制约全省经济社会持续发展的主要因素。

其主要原因在于，河南省人口基数大、农业生产效率不高且产值占国民生产总值比重大、现代工业基础弱且起步晚、资源配置不均等。2013 年，河南城镇居民人均可支配收入为 22398.03 元，为全国平均水平的 83.09%，并且自 2009 年以来与全国平均水平的比值持续下降，差距逐渐增大；农村居民人均纯收入为 8475.34 元，为全国平均水平的 95.03%，绝对值相差 421 元；并且全省低收入人数较多。根据全省近 10 年抽样数据分析，全省约有 60% 的居民收入低于全省平均水平，其中有 40% 的居民收入低于全省平均水平的 75%，低收入人数多成为居民收入增长的难题。

不过可以预见的是，随着户籍新政的实施，城乡融合步伐的加快，社会保障体系的不断健全，收入分配制度改革的力度不断加大，城乡之间、地区之间、行业之间的收入差距会趋于缩小。

三　2015年河南社会发展基本态势与政策建议

（一）基本态势预测

1. 公共服务需求快速增长，社会服务业发展空间巨大

随着经济的持续快速增长，物质财富积累不断增多，人们的需求也在不断转型升级，已由过去的“柴米油盐酱醋茶”转变为“衣食住行游购娱”。尤其是城镇化的快速推进，车子、房子、保健、宽带等日益成为人们的基本需求。吃饭讲营养、住房讲宽敞、衣服讲品牌、车子讲高档正逐步成为生活新常态。医疗卫生、老年护理、空巢陪护、幼儿看护、信息服务、金融保险、文化旅游等需求将迅速膨胀。医药生产、老年用品、残疾人辅助器具研发生产等亟待转型升级。物流快递、售后服务等日益从制造业分离出来而成为独立且专业的服务领域。

在就业市场相对不景气的情况下，社会服务业的发展壮大必将提供巨大的就业空间。尤其在养老服务领域，其就业带动作用更为明显。随着人口老龄化、高龄化时代的来临，以民办非营利为主体的养老服务业的大发展必将成为未来几十年一项重要的社会政策导向，并将带动一系列相关集群产业的发展，届时可以为全省提供大约400万个就业岗位。而目前这一领域的就业人口不足30万，也就是说，可以提高大约12倍的就业量。

随着社会事业领域走向大面积开放，政府直接办服务的局面将会得到扭转。社会办医、社会办学等服务领域中民营资本所占份额会越来越大。随着人们的需求向多元化、专业化、职业化、品质化、精细化转变，服务的组织化、生态化、集群化、智能化、层次化、社会化、均等化等特点也日益显现。社会企业等带有公益慈善性质的社会组织及服务机构必将迎来快速发展的机遇。政府购买服务的领域、范围和数量将不断扩大和增多，人民群众将更多地从中受益。

政府在整合、配置社会资源方面的宏观作用将得到充分发挥。更加充分有效地整合、公平合理地配置各类社会资源，使之倾斜于社会服务领域，使城乡居民都能享受到大体均等的公共服务。同时，鼓励个人、社会组织、经济组织以捐款、赠物、捐技术、捐股份等形式投资社会服务领域。通过必要的培训和辅导，提高从业人员的专业素质和服务技能。公共服务体系将趋于健全，财政支出向公共服务薄弱领域倾斜，向着城乡一体化、设施共享化、标准趋同化、投入均等化、制度一元化方向发展。

2. 社会突发事件点多面广，爆发力减弱，持久度降低

在工业化、城镇化、市场化、信息化和国际化过程中，新的社会阶层不断成长，社会组织不断发展，社会事务不断出现，社会舆情不断变化，社会矛盾不断产生，这些新问题对社会管理体制提出了新的要求和挑战，社会管理工作日益繁重，如在城镇化过程中，流动人口的管理，农民市民化的转变，农民工问题以及与之相关的农民工子女教育问题、医疗问题和城市融入问题，城中村的改造，城郊接合部的管理等。

在经济社会不断发展进步的同时，也出现了许多新的社会问题和社会矛盾，如土地问题、拆迁问题、干群矛盾、劳资冲突、医患关系紧张、本地人与外地人的矛盾、城乡之间的矛盾、贫富差距加大、黄赌毒、互联网风险、库区移民、环境污染、事业单位改革等。如何更好地反映和协调各方利益，如何更好地突破体制壁垒、加强顶层设计、促进社会和谐，无疑是深化社会管理体制改革的一项新的、具有很高难度的挑战。

网络舆情事件的强度降低和持续性减弱，这一方面反映了政府处理问题的及时性，另一方面也说明网民的公共事务参与度降低。在社会问题和矛盾日益凸显、社会热点有增无减的情况下，网络发声不断趋于弱化，表明网络舆论的活力已经遭受不同程度的抑制，民意难以通过网络这一重要渠道得以充分表达。如何有效应对社会舆情复杂多变的态势，营造良好的社会舆论生态和健康的社会心态，已成为提高社会治理能力的重要课题。

3. 社会事业开放程度不断提高，带动各个行业向纵深发展

社会事业是关系人民群众切身利益的公共事业，既是人民群众共享经济社会发展成果的基本标志，又是实现人的全面发展必不可缺的重要条件和手段。今后一个时期，面对国际、国内经济格局的深刻调整和社会事业市场化、社会化、均衡化、国际化深入发展的新形势，河南社会事业的开放与发展将面临许多机遇与挑战。全球化趋势使得社会事业开放发展的国际交流水平更上一个新层次。国际合作，特别是教育、科技、卫生、社会保障、公共危机管理等领域，不仅呈现相互交流、互通信息的交流新机制，也出现相互帮助、共克难关的共生局面。大量外资和外来人员来到国内，带来了发展资金、技术和人才；大量外出人员和社会产品走向世界，提供了发展舞台、空间和市场。对福利国家制度的新认识也为社会事业的开放发展提供了新思路。随着经济的发展和居民生活水平的提高，广大人民群众的物质文化需求日益增长，对社会领域服务消费的需求不断增加，也对社会事业各行业发展的质量与水平提出了更高要求。这就需要通过市场化融资聚集更多优质资源、配置更多优质服务，避免政府责任过宽而影响基本需求的保障。

4. 强化户籍改革政策指向，统筹推进相关制度改革

河南省日前制定印发的《河南省人民政府关于深化户籍制度改革的实

施意见》（以下简称《意见》）明确提出，取消农业户口与非农业户口的性质区分，统一登记为居民户口，并全面实施居住证制度。根据《意见》，公民离开常住户口所在地到其他设区的市级以上城市居住半年以上的，可以在居住地申领居住证。居住证持有人享有与当地户籍人口同等的劳动就业、基本公共教育、基本医疗卫生服务、计划生育服务、公共文化服务、证照办理服务等权利。

逐步剥离附着在户籍制度上的福利，突破户籍与福利合一的社会管理制度。要快速推进城镇化、改变户口的二元性质，放开落户只是第一步，接下来还有很多配套工作要做。比如，户籍放开，会有越来越多的新居民落户城市，首当其冲的是义务教育压力。可以通过购买公共服务，让民办学校承担一部分随迁子女的教育任务。社会保障制度要进行一系列的调整与整合，注重发挥社会保障制度在收入分配过程中的均等化功能。尽快出台将农村养老保险和医疗保险纳入城镇社保体系的实施细则，让进城农民同样享受住房、教育、社保、医疗等公共资源。将外来人员和城中村流动人口纳入社会保险、住房保障及社会管理的范围。进一步改善全省户籍管理的计算机网络，保证人员自由顺畅地流动。

5. 社会治理形势更加严峻，治理难度加大，任务繁重

信息化时代既带来了巨大的机遇，也加剧了风险的传播与扩散。传统安全风险依旧存在，网络信息安全更加突出。信息化过程，面临着互联网等新兴媒体管理、新的社会舆情与新的社会心态的挑战。随着互联网大众化、便捷化和互动化，在贫富差距逐步拉大、利益群体逐步形成的过程中，人们面对改革的心态也发生了变化，一部分人特别是那些在改革中失利的群体对改革开始产生怀疑甚至抵触心理，仇富、仇官心理在少数人心中滋生。自然灾害、传染病、恐怖活动，种种社会矛盾和群体性事件的频发与叠加，对健全公共安全体系和提高社会治理现代化水平提出新的要求。

伴随信息化快速发展，互联网对政治、经济、社会和文化的影响更加深刻，围绕信息获取、利用和控制的国际竞争日趋激烈，保障信息安全、消除网络风险和负面影响成为各国重要议题。在经济全球化和网络信息化的大背景下，河南经济社会发展如何更好地适应国内外的新常态，积极应对一系列风险和不确定因素，避免应急管理中出现信息失真、沟通不畅的问题，从而更好地推进经济社会协调发展，也是社会管理体制改革要着力解决的一个新课题。

6. 社会治理重心下移，治理水平和治理能力进一步提高

社区在社会治理中的作用将得到充分发挥。通过完善社区管理格局、强化社区自治机制、增强社区维稳机制等工作，社区将成为加强和创新社会管理的重要基石。网格化管理服务的组织架构及规章制度将更加健全，基层综合服务管理平台得以搭建，层级化管理与扁平化管理将实现有机结合，基层社会管理服务的人性化、现代化程度将大大提高。在社会管理工作重心下移的趋势下，将把更多的人力、财力、物力投到社会基层，把做好基层社会管理工作、维护好广大基层群众的利益，作为加强和创新社会管理的出发点和落脚点。

通过城乡社区管理体制改革，基层自治与服务能力得到强化。村（居）委会的基层社会管理与服务能力进一步提高，行政色彩进一步淡化。基本实现行政管理与基层自治相衔接，政府依法行政和居民依法自治良性互动。以“建制度、进社区、做帮扶”为重点，全省各地社区居委会均建有设施完善的社区服务站点或服务中心。弘扬志愿服务文化，搭建并拓宽志愿服务平台，建立志愿服务供需对接机制和志愿者招募注册制度。各级党政机关和企事业单位普遍建立志愿服务组织，全省注册志愿者人数大大增加，注册志愿者人数占全省人口的比例明显提高，初步建成覆盖全社会的志愿服务体系。

城市社会管理服务体系向农村延伸，适应新农村建设需要的农村社区组织体系进一步健全。打破城乡分治，促进城乡互动，全省80%以上的农村基本实现社区化管理与服务，做到共建、共享、共治。农村公共设施、基层管理、政权建设、村民自治、专业合作社等进一步完善和强化。以城乡接合部、治安重点地区、城中村、相邻街乡边界为重点的公共服务、基层警务、社区矫正等设施标准化建设全面完成，公共安全和社会治安保障能力大大增强。

（二）政策建议

1. 创新社会治理的体制机制，提高社会治理水平

充分发挥政府在社会治理中的主导作用，加强党的领导，强化政府社会管理职责，积极引导社会力量发挥协同作用，调动广大民众广泛参与社会治理。一是加强党对社会治理的领导，合理配置党委与政府在社会治理中的职责权限，积极探索党委领导下政府主导的社会治理机构设置模式。在机构设置上，总结国内成功经验，探索成立社会建设工作领导小组，作为党委的高层次议事协调机构，负责统一领导和统筹协调本地区包括社会治理在内的社会建设工作，政府各部门在各自职责范围内承担具体工作。二是加快政府社会治理职能转变，优化政府社会治理机构，创新政府社会治理方式，充分发挥政府在社会治理中的主导作用。改进政府提供公共服务的方式，推广政府购买服务，凡属事务性管理服务的，原则上要向社会放权，通过合同、委托等方式向社会购买。强化政府效能建设，增强政府公信力、执行力和服务力。三是进一步激发社会组织在社会管理中的潜能与活力。通过加快实施“政社分开”，促使社会组织在提供优质公共服务、有效整合公共资源、积极动员社会资源方面充分发挥作用；进一步改革社会组织管理制度，降低社会组织登记门槛，促进社会组织快速增量提质；加强枢纽型社会组织建设，发挥其在引导社会组织自我管理、自我监督、自我服务、自我约束、自我完善中的桥梁和纽带作用。四是创新社会治理方式，坚持系统治理，坚持依法治理，坚持综合治理，坚持源头治理。

2. 深化社会事业管理体制改革，不断扩大和提高社会事业开放的范围和层次

把深化社会体制改革作为扩大社会事业开放的突破口和关键环节，不断改革和完善人、财、物的资源配置体制。在重点领域和关键环节的改革上取得突破性进展，建立起政府引导、企业主导、市场推动的体制机制，全面推进社会事业全方位、宽领域、多层次对内对外开放，进一步增强社会事业发展的内生动力和活力。清理行业准入壁垒，放宽市场准入，加快实施负面清

单管理模式，鼓励民资进入电信、铁路、航空、公路、水运、金融、市政、教育卫生、文化旅游等领域。引导民企通过参股、控股、资产收购等形式，参与机构改制重组。对民营性养老机构，免征所得税。鼓励社会资本参与公立医院改革，为社会资本进入医疗卫生领域提供更加宽松的环境。

3. 加快老龄服务体系建设，以适应全省人口加速老化的严峻形势

深化养老机构改革。按照“公办民营、民办公助”的方式深化养老机构改革，采取多种形式积极扶持，吸引社会各界和个人广泛参与养老事业。在“一院两制”模式的基础上创建新的经营机制，以保障“三无”、低保、特困老人为主，新建养老机构要按市场化要求运作。

加快老龄服务体系建设。各级政府要加强对土地等资源的统筹协调，规划安排老年设施用地，在城乡建设、旧城改造、住宅小区开发时保证一定数量的老年设施和场所。在对闲置厂房、宾馆、幼儿园、小学、职工医院以及乡镇合并过程中的办公用房进行调整流转时，优先考虑养老服务设施需求。

出台并落实操作性强的优惠政策，支持社会资本参与养老服务体系建设，尽快形成多元化的投资格局。重点支持为农村“三无”“五保”及低收入的高龄、独居、失能等养老困难的老人提供居家养老服务，并为这些老人提供家庭无障碍设施改造等便利性服务。

扩大政府购买服务的数量和规模。政府向社会组织购买养老服务，由社会组织在社区的支持下建立社区养老服务中心或日间照料中心等专业性社区养老服务机构，而后向社区居民提供服务并收取低廉费用。

4. 积极稳妥地推进农地和住宅制度改革，妥善解决新型农村社区建设遗留问题

按照2014年中央一号文件要求，保障农民公平分享土地增值收益，调整和完善对被征地农民的补偿办法，除补偿农民被征收的集体土地外，还必须对农民的住房、社保、就业培训等给予合理保障。要因地制宜地采取留地安置、补偿等多种方式，确保被征地农民长期受益。同时，还要警惕强势利益集团的违规操作和不正当获利。

首先，加快农地、宅基地、住房的确权办证。为了让农村的集体建设用地收益最大化，从政策层面同等对待农村集体建设用地和国有土地，使之都能进入市场交易，让农村集体建设用地上的房屋产权最大化，摒弃“小产权”壁垒，按照“一户一宅”的农村宅基地基本制度，拓宽农村建设用地以及集体用地上农民房屋的交易范围，最大限度地增加农民的财产性收入。通过无权资产的逐步确权，使农民从中获得大量益处，真正实现有恒业、有恒产、有恒心。

其次，在土地集体所有属性不变的前提下，保持土地承包关系长久不变。比如，《土地管理法》规定承包期为30年，这个“长久不变”可能会突破30年，甚至达到50年或者更长时间。在承包期内土地可以有偿退出及抵押、担保、继承。鼓励有条件、有能力、有意愿的农民将自己土地的经营权转让给能手大户，实现土地的集约化、规模化经营。

最后，认真解决新型农村社区建设的遗留问题。对于在建社区要给予特殊的优惠政策，尽快将工程进行到底。除对开发商、当事村民进行资金扶持外，还要鼓励农村居民跨社区、跨乡镇购房居住，并享受同等优惠政策。必要时，可以允许城镇居民下乡购房，当然价格要适当上浮。这样可以让开发商尽快回笼资金，减少资源的闲置和浪费。

5. 提高网络治理能力和水平，正确疏导与规制网络舆情

在信息互联、网络覆盖的大数据时代，人们的生产生活变得十分便捷，同时也为政府的社会治理带来新的考验。一方面，网民关注公共事务，通过网络发声，为政府广泛征集民意、集中民智、推动民主科学决策提供了新渠道。另一方面，网络舆情的突发性、复杂性以及“来无影、去无踪”的隐蔽性等极易成为事件的“助推器”“放大器”和“扩音器”。不断提升快速应对网络舆情、正确引导网上舆论、及时有效处理网络舆论危机的能力，是当前各级党委政府和领导干部面临的一项十分重要和迫切的新任务。

首先，要正视网络的优点和缺点，对网络舆论信息及时进行收集整理、分析研判，采取有力措施，不断加强网上思想舆论阵地建设。及时跟踪回应社会的种种关切和质疑，始终保持信息披露渠道畅通，不为小道消息和谣言的传播提供空间。加强与事件当事人、重点关注人、舆论推动人及媒体界和法律界有关人士的沟通交流，及时向他们介绍真实情况，澄清事实真相，建立舆论引导的“统一战线”，进而化危为机，优化社会治理环境，推动德政和善治。

其次，要树立包容心态。应以开放的胸襟、开明的态度和阳光的心态面对网络舆情，对网民的一些尖锐批评、负面声音，要有足够的心理准备和周全的应对预案。对于反映情况失实或恶语中伤的，要通过正当途径公开辟谣、以正视听；对于不当炒作、可能引发重大不稳定事件的，必须依法妥善处置。

最后，要用正确的方法驾驭舆情。网络舆论是一把双刃剑，把握得当，网络舆论能推动社会稳定健康发展，反之则会演变成为“舆情危机”。要重视和深入认识网络舆情，积极探索处理“舆情危机”的办法。

B.2

2014年度河南十大社会热点问题分析报告

河南省社会科学院课题组 *

摘 要： 2014年，河南经济社会涌现许多涉及深层次体制问题的热点事件。本文经过认真筛选和梳理，精选了高考制度改革、治理公路三乱、野蛮拆迁、基层官员作风建设、依法行政、政府信息公开、空气污染治理、预防和惩治腐败体系建设、南水北调库区移民稳定发展、户籍制度改革等十个问题进行简要评析，以期对进一步深化改革提供有益借鉴。

关键词： 河南 社会热点 热点分析

2014年是深化各项改革的重要一年，在改革向纵深发展的过程中，河南经济社会涌现许多热点事件。这些事件暴露出来的问题与2013年的问题相比更为复杂，很多问题都涉及深层次的体制问题，因此，解决的难度也更大。鉴于事件与问题本身的复杂性，课题组经过认真梳理和筛选，以问题为导向（很多问题包含多个事件），并通过征求专家意见，精选以下十个问题进行简要的评析，以期达到推动政府持续改进这项工作之目的，其分别是：高考制度改革、治理公路三乱、野蛮拆迁、基层官员作风建设、依法行政、政府信息公开、空气污染治理、预防和惩治腐败体系建设、南水北调库区移民稳定发展、户籍制度改革等。

---

* 课题组负责人：牛苏林；课题组成员：殷辂、刘振杰、罗英豪、张侃；执笔人：冯庆林。

热点问题一：高考替考事件凸显高考制度改革的必要性

2014年6月17日，央视新闻频道报道了有人组织武汉在校大学生充当“枪手”，前往河南杞县、通许县等高考考点进行替考的事件。从组织者招聘“枪手”、打点考场到组织“枪手”参加高考等一系列流程来看，其俨然形成一条有组织的地下利益链。事件一经报道，立即在全国引起广泛的关注和讨论，讨论的焦点主要集中于权力和利益勾结下的高考公信力如何沦陷，并指出破坏高考公平这一根本底线对社会心理所造成的极大冲击和伤害。其实，国家为防止高考舞弊事件的发生，无论是监考制度上还是监考技术手段上，都一直在不断改进和完善，但从全国范围来看，近年来高考舞弊事件仍然时有发生，其中的原因值得深思。

首先，从河南的高考现状来看，河南省曾经连续多年都是高考人数最多的省份，2014年高考报名人数也达72.4万人[①]，考生规模依然排在全国前列。与之相对的是，河南没有一所985高校，211大学也只有郑州大学一所，优质高等教育资源相对匮乏是高考舞弊事件发生的客观原因。其次，替考事件中的组织者、“枪手”、考生家长、监考者等参与者在利益面前的社会道德沦落和权力沦陷是高考舞弊事件发生的直接原因。再次，“一考定终生”的高考评价制度本身也在某种程度上促进了高考舞弊事件的发生。由此来看，大力发展优质高等教育，重塑社会伦理底线，固然是解决高考舞弊事件发生的根本之策，但从现实情况来看，还必须回归制度本身来解决问题，只有彻底改革现行高考评价体制，变一次考试为过程考试，变一张试卷评价为综合素质评价，才是当务之急。国务院于2014年9月及时发布了《关于深化考试招生制度改革的实施意见》，考试招生制度改革掀开新的篇章。河南也要积极响应国家宏观政策，及时制定出台适合本省的考试招生政策，为考生营造一个更为公平的高考竞争环境。

---

① 《2014年河南高考报名人数为72.4万人，连续6年下降》，《大河报》2014年5月30日。

热点问题二：公路乱收费事件考问“三乱”之毒如何解

公路三乱是指在公路上乱设站卡、乱罚款、乱收费的行为。2013 年 9 月以来，河南已有多起公路乱收费事件被媒体曝光，对河南的整体形象造成极大伤害，也严重损害了政府的公信力。一起是 2013 年 11 月 30 日，央视《经济半小时》栏目播出了河南永城一位女货车车主，因涉嫌超载，被当地运政、路政部门接连处罚，在出示月票和年票求情无果后当场喝下剧毒农药的报道。[①] 该节目播出后引发社会各界对公路三乱的广泛关注，永城也进行了整改。此后记者于 2014 年 4 月 18 日，再次来到永城暗访整治情况，结果显示，道路交通执法上公然的违法行为虽有所减少，但选择性执法、私下勾结、放纵超载超限现象依然存在。[②] 另一起是 2014 年 4 月 16 日，央视七套《聚焦三农》节目报道了 219 省道河南驻马店境内正阳、汝南、上蔡三县的乱罚款现象，在短短 60 多公里的距离内就设置了三个交通检查站和一个超限检查站，几乎是逢车必检、每车必罚，而且罚款理由毫无根据，甚至看都不看，直接罚款。[③] 还有一起事件是 2014 年 11 月 24 日，因不满商丘市民权县罗庄公路超限站的处罚决定，在多次协商无果的情况下，货车车主张高兴和妻子侯燕喝下了农药，造成一死一伤。[④] 一起起血淋淋的事件时刻提醒着人们，必须根治公路三乱问题。那么，公路三乱为什么屡禁不止？治理难度又在哪里？应该如何进行治理？所有这些问题都值得思考。

从以上几起事件可以发现导致公路三乱的一些共性问题：一是税费改革后，运管、路政的财政经费得不到保障，形成了罚款返成的路径依赖；二是道路运输方面存在多头管理现象，涉及治理“三乱”的有关部门就有十几个，包括交警、运政、路政、城管、环境、卫生、林业、盐业、质监、工商等，政出多门，甚至部门和部门之间的法规互相打架，职能重叠；三是执法

---

① 《女车主不堪超载罚款服毒自杀》，央视网，2013 年 12 月 1 日。

② 《央视再曝河南永城公路乱收费乱罚款屡禁不止》，网易河南，2014 年 5 月 20 日。

③ 《219 省道上的罚款盛宴》，央视网，2014 年 4 月 16 日。

④ 《河南民权发生车主服毒事件致一死一伤》，新华网，2014 年 11 月 25 日。

队伍的人员超编问题，如商丘市梁园区境内管护的公路只有110公里，而执法人员竟高达200人，也就是说两个人管一公里，只能依靠罚款来承担超编人员费用；四是公路运输行业的商业环境问题，陷入不超载就没有营利空间的恶性循环。这些问题暴露出交通行政执法领域长期存在的多头执法、以罚代管、人员膨胀、趋利执法等体制机制性问题。

由于牵涉地方政府的部门利益，治理公路三乱必须由省级政府出台政策。针对交通运输执法管理中存在的这些问题，河南省政府于2014年8月21日出台了《河南省人民政府关于全省交通运输行政执法体制改革的意见》，全面启动全省范围的交通运输行政执法体制改革，并要求一个窗口对外、一支队伍执法，从体制上解决多头执法问题；严格财政保障机制，从机制上解决趋利执法问题；从严核定人员编制，从制度上解决人员膨胀问题。① 这也是党的十八大以来，全国首个在交通运输行政执法领域启动改革的省份，相信经过这次改革，公路三乱能彻底走出屡治屡乱的怪圈。

热点问题三："半夜强拆"和"艾滋病拆迁队"事件诘问野蛮拆迁何时休

近年来，随着城镇化进程的推进，全国各地掀起了大规模的旧城改造和城市扩张运动，拆迁工作量不断加大，对房屋拆迁问题而产生的暴力拆迁、野蛮拆迁的报道也不断见诸报端。2014年，河南发生两起拆迁事件在全国引起广泛关注，对河南形象造成极大伤害。一起是政府主导的拆迁事件。2014年8月11日，人民网图片频道报道了家住河南新郑市龙湖镇107公路旁的一对夫妇，在睡梦中被十几个不明来历的人撬门掳走，并被带到墓地控制近四个小时，回家后发现房屋已成废墟。② 该事件被称作"新郑半夜强拆"事件在网络上迅速传播。另一起是开发商主导的拆迁事件。2014年12月22日，《生活新报》一条"河南南阳惊现艾滋病拆迁队：不搬走就感染

① 《深化执法体制改革解决公路三乱》，《河南日报》2014年9月30日。

② 《河南夫妻半夜被抛墓地，回家房屋成废墟》，人民网，2014年8月11日。

你”的消息在网络上迅速传播并引发热议。报道称，南阳市一小区有人组织艾滋病感染者组成拆迁队，对小区居民进行威胁拆迁，并扬言“不搬迁就感染你”，其中的图片显示，多处白墙被人刷上了“艾滋病拆迁队”六个红色大字。① 两起事件一经报道，立刻引起网民的极大愤慨，也引来了新一轮关于野蛮拆迁的关注和讨论。《国有土地上房屋征收与补偿条例》以及中央纪委监察部发布的《关于进一步规范征地拆迁行为的通知》，均明确规定严禁违法违规强制征地拆迁。在国家三令五申严禁各种形式的强制拆迁的今天，为什么各地还在不断上演拆迁闹剧，甚至是悲剧？如何协调好拆迁者与被拆迁者之间的利益关系，杜绝野蛮拆迁，值得深思。

野蛮拆迁之所以频发，其原因有很多：首先，我国还没有出台规范各种拆迁行为的法律法规，没有形成一套规范的操作方法，“先征先拆”“边征边拆”现象严重，从而导致拆迁行为的失范。在政府主导的拆迁过程中，一些地方政府为规避行政违法的责任，违法将拆迁工作委托给一些不具备拆迁资格的组织或开发商，实行包干制，甚至交给一些法律意识淡薄的执行人员进行拆迁。这种“委托社会力量动手，自己背后撑腰”的征迁方式，是产生各种野蛮拆迁、暴力拆迁事件的重要原因。再如，在开发商主导的拆迁过程中，官商勾结形成的利益同盟，使政府部分放弃自身的监督监管职责，从而造成野蛮拆迁的发生。其次，公平补偿原则难执行是导致野蛮拆迁的现实原因。政府、开发商、被拆迁户三者都从自身利益出发展开博弈，其中不乏政府和开发商为了自身利益而损害被拆迁户利益的现象，当然也存在被拆迁户漫天要价并选择成为“钉子户”来抗衡的现象。最后，缺乏权威的征收纠纷调解机制是造成野蛮拆迁的制度原因。现有的征收拆迁纠纷通常以裁决和诉讼程序来解决，有些拆迁户还会通过上访来表达自己的利益诉求。但是，无论是上访，还是裁决、诉讼，都是政府部门裁决案件，其公正性有待商榷，这在一定程度上影响了政府的公信力。

① 《河南南阳回复“艾滋病拆迁队”：正向发布者核实》，中国新闻网，2014 年 12 月 23 日。

征收拆迁是城镇化发展进程中不可回避的问题，也是容易引发社会矛盾的重点领域。随着城镇化进程的加快，拆迁任务还在不断加大。如何终结"野蛮拆迁"，实现"和谐拆迁"，是各级地方政府亟待解决的现实问题。从以上分析来看，只有在完善法规、规范拆迁行为的同时，坚持政府主导，加强监督与责任的落实，并引入独立权威的第三方拆迁中介组织，切实维护群众的合法权益，及时解决群众合理诉求，才能最终有效避免"野蛮拆迁"事件的发生。

热点问题四：基层"悍吏"现象暴露地方官员"作风顽疾"犹未除

"悍吏"旧指凶暴的小官吏，横行霸道、欺压百姓是其典型特征。在当前的中国基层社会，可以随处看到这群人的"劣迹"：骄纵、狂妄、腐败、吃拿卡要、粗暴执法，等等。他们虽然级别不高、人数不多，但因其发生在群众周围，直接为群众所感受，对社会风气和政府形象造成极大危害。2014 年，河南基层社会就暴露出许多这样的"悍吏"事件，如据新华网报道，一名"浑身酒气"的男子因为车位被堵，故意毁坏别人车辆，并当场殴打车主，面对警察还自称"高级领导干部"。后经证实，这名男子为河南省卢氏县文广新局局长。① 比如，河南鹤壁淇县的一位电管所所长，酒后因不满 KTV 的服务，率众打砸，并叫嚣"让你们知道知道电老虎的厉害"，导致淇县城区近半区域大规模停电。② 再如，濮阳市城管队员十几个人街头围殴一名疑似肇事司机，该事件被冠以"城管街头寻仇"之名进行了报道。③ 此外，还有"新郑半夜强拆"事件以及"超载罚款"事件等，这些都是"悍吏"事件的典型代表。在党的群众路线教育实践活动持续深入开展的情况下，为什么还会出现如此多的"悍吏"？"悍吏"产生的原因是什么？又应该如何加强基层官员作风建设？这些问

---

① 《"高级干部"酒后打人，莫把"官位"当"私产"》，新华网，2014 年 5 月 1 日。

② 《河南淇县电管所长自称"电老虎"报复 KTV 断电 5000 户》，《法制晚报》2014 年 11 月 9 日。

③ 《城管街头"寻仇"，围殴农民扣了车》，《大河报》2014 年 11 月 28 日。

题都值得思考。

“悍吏”的产生，无非有以下几方面的原因：一是行政运行的体制问题。基层政府的很多行政任务都是一级一级压下来的，下级不按时完成上级交办的任务就会受到问责，导致下级会不择手段地完成任务。譬如“超载罚款”事件中的执法人员，每人定的都有月度任务，完不成任务就扣发奖金和工资；再如“强拆”事件，本来跟拆迁户谈判拆迁补偿标准应该是政府的职责，却被层层分包出去。二是权力作祟下的官僚主义作风问题。“有权就是爷”“官大一级压死人”等，是基层官僚主义作风的真实写照，这跟整个社会的“官本位”风气密不可分，以至于使其忘记了手中的权力最初是由人民赋予的根本事实。三是官员自身的素质和修养问题。有的官员面对手中的权力能够洁身自好，并能时刻提醒自己用好手中的权力；而有的官员则把权力当作谋取私利的工具，面对群众才会喊出“我是高级领导干部”“让你们知道知道电老虎的厉害”等不知廉耻的话。

习近平总书记在党的群众路线教育实践活动总结中曾经谈道：“‘由俭入奢易，由奢入俭难。’教育实践活动有期限，但贯彻群众路线没有休止符，作风建设永远在路上。”① 因此，要整改地方官员的“作风顽疾”，除理顺并规范行政运行体制外，还必须紧紧扭住“四风”不放松，持之以恒地改变群众身边的不正之风，把改进作风成效落实到基层，这样人民群众才能真正受益。

热点问题五：“训诫中心”事件揭示“劳教痼疾”难根除

据《新京报》报道，河南南阳市民发微博称，其近 70 岁的母亲赴外地上访后，被当地政府工作人员“拘禁”于“南阳市卧龙区非正常上访训诫教育中心”。此后，《新京报》记者查询河南政府官方网站发现，在南阳、驻马店、新乡等地均建有类似的“非正常上访训诫教育中心”，职能

① 《习近平：作风建设向基层推进》，《京华时报》2014 年 1 月 21 日。

多为对非正常上访人员“进行24小时不间断训诫、警告和劝导教育”。[①]事件一经报道，立即引发网友广泛关注，不少网友质疑其为变相的劳教所，直指政府公然违背宪法规定，非法限制访民的人身自由。在当前劳动教养制度已被依法废止的情况下，为什么还会有这样的机构存在？除此以外，是否还存在其他“劳教痼疾”？应该如何根治这种现象？所有这些问题都值得深思。

劳动教养制度是中国特定历史条件下的产物，在当时具有一定的积极作用，但鉴于其本身的法理缺陷，经常被有关部门滥用以非法限制公民的人身自由，因而广受非议，已于2013年12月28日被全国人大常委会依法废止。所谓“劳教痼疾”，在这里定义为政府部门以“行政权力”做后盾，无视宪法赋予公民的基本权利以及其他法律法规的相关规定，违法违规侵害公民利益的一些现象。本质上看，“劳教痼疾”是“权大于法”的典型表现，体现的不是政府的“法治”精神，而是政府不依法行政的问题。如“野蛮强拆”“公路乱收费”等事件就是这种现象的生动反映。关于如何推进依法行政的问题，河南省政府办公厅于2014年4月18日，专门下发了《关于做好2014年度全省推进依法行政工作的通知》，从建设法治政府和服务型政府、推进民主决策等九个方面做出了安排。[②]此外，2014年10月召开的党的十八届四中全会专题讨论了依法治国的问题，因此2014年也被网友称为中国的“法治元年”。相信在全国同心协力推进法治建设的大环境下，真正“依法执政”的政府距离大家也不会太遥远。

热点问题六：“官员失联”事件折射政府信息公开有待加强

2014年9月14日，有网友发帖称“洛阳市副市长郭宜品带着当地房地产老总三人跑路”，同时还曝光了一份落款时间为2014年9月13日的《8·5专案排查提纲》，称郭宜品或失踪于8月5日，当地专案组正组织人员满

---

① 《河南多地建“非正常上访训诫中心”》，《新京报》2014年2月13日。

② 《河南省人民政府办公厅关于做好2014年度全省推进依法行政工作的通知》，河南省政府法制网，2014年4月18日。

世界找人。9 月 16 日，洛阳市委宣传部向中新社记者证实洛阳市副市长郭宜品确定失联，公安部门已介入排查。① 事件一经报道，立刻引起媒体和网民的广泛报道和关注，并以“副市长去哪儿了”为标题，直指政府官员的监管漏洞以及政府信息公开制度的滞后。郭宜品在就任副市长之前，就因涉嫌以权谋私等问题遭多次举报，此次失联更加重了民众的“腐败猜想”。副市长到底去哪了，去因与去向皆成谜，委实备受关注。但更大的谜团则是，郭宜品或于 8 月 5 日失联，而专案组直到 9 月 14 日才开始进行排查，一个多月时间里，政府公共行政领域到底发生了什么？为什么公安部门迟迟未动？副市长缺位，其分管的工作又是如何运转的？所有这些问题，都需要给公众一个交代。一般而言，官员失联，往往被视为当地官场的“丑闻”，最起码也表明对官员动向的监管形同虚设。现代公共行政的一个基本准则是信息公开透明，包括官员行踪在内的各种行政权力运行信息，都在政务信息公开的范围内。从这个意义上讲，当地政府惮于“丑闻”的负面效应而“捂盖子”，只能让民众对官场的猜测更为浮想联翩。因此，这次事件也折射出当前政府信息公开制度存在的漏洞，如何完善该项制度，避免此类事件的再次发生，值得大家思考。

在经济全球化和信息化时代，瞬息万变的信息已成为经济社会发展的决定性因素。作为最重要的信息资源——政府信息在信息化社会也扮演了极其重要的角色，它既是公众了解政府行为的直接途径，也是公众监督政府行为的重要依据。因此，政府信息必须公开。2014 年，河南省为推进政府信息公开相继出台了许多措施。4 月 18 日，河南省政府办公厅下发《关于做好 2014 年度全省推进依法行政工作的通知》，其中对推进政务公开、增强政府工作透明度做出明确说明：要求全省推行各级政府及其部门的权力清单制度，依法梳理审核行政职权，建立行政职权职责目录，公开行政职权责任主体和权力运行流程，细化行使标准和规则；深化政务公开和各领域办事公开，所有面向社会服务的政府部门都要全面推行办事公开制度；为保障人民

---

① 《官方确认洛阳市副市长郭宜品失联，公安介入排查》，中国新闻网，2014 年 9 月 16 日。

群众的知情权，要求凡是不涉及国家秘密、商业秘密和个人隐私的政府信息，都要向社会公开。[①] 此外，河南省政府办公厅又于5月30日下发《关于进一步加强政府信息公开工作的意见》，从政府主动公开信息、政府信息依申请公开、政府信息公开平台建设、重点领域信息公开等方面，全面推进政府信息公开工作。相信经过政府自身的不断努力，政府的公信力一定会大幅度提升。

热点问题七：空气污染事件警示环境治理势在必行

空气污染问题近年来越来越受到人们的关注。2014年，河南省发生了两起在全国影响比较大的有关空气污染的事件。一起是2014年9月9日，河南省获嘉县民众因不满城郊的中新化工厂散发异味，聚集在该县政府、街道抗议污染企业。该事件经媒体报道后引发网民关注。17日，网上再次曝出该县副县长在与抗议民众对话的过程中，有警察持枪撑伞护卫，从而把该事件推向舆情高潮。[②] 另一起是郑州一位市民因为持续的空气严重污染问题，在微信朋友圈转发自写的《致郑州市市长马懿的公开信》，随后郑州市市长马懿通过网络公开进行回应的事件。[③] 两起事件都反映出公众的环境意识在不断提升，唯一的区别在于应对方式不同而造成的结果也不一样。获嘉化工厂污染事件由于政府应对不够及时，形成群体性事件。郑州雾霾信事件由于官方回应及时，受到市民一片赞许。抗议也好，赞许也罢，问题的关键在于使民众能够呼吸到新鲜的空气。

以雾霾为代表的空气污染，其背后隐藏的是发展方式、产业结构和消费观念、生活习惯等一系列深层次问题。[④] 经济发展方式、产业结构与本地的自然资源禀赋和政府的经济发展决策密切相关。消费观念、生活习惯则与人

---

① 《河南省人民政府办公厅关于做好2014年度全省推进依法行政工作的通知》，河南省政府法制网，2014年4月18日。

② 《河南获嘉化工厂污染群体事件舆情解析》，《乐思舆情》2014年9月18日。

③ 《市民写雾霾信质问市长马懿后，郑州开会商讨治霾措施》，《大河报》2014年11月24日。

④ 《治霾，多管齐下寻突破》，《人民日报》2014年2月12日。

文素养紧密相连。要想将空气污染问题解决好，就必须考虑对上述因素进行综合治理。环境污染的本质是发展问题，更是民生问题，因此，要切实转变经济增长方式，促进经济和环境协调发展。政府不能再为 GDP 和税收的增长，而选择重增长、轻环保的污染保护主义行为，也不能为招商引资而以环境为代价。环境是全体人民的共同财富，也只有依靠全体人民共同持之以恒地加以保护和呵护，环境污染问题才会得到有效解决，人们赖以生存的共同空间才会日益亮丽宜居。

热点问题八：河南密集反腐引关注

2014 年的中国，因反腐力度空前而被称为中国的“反腐元年”。河南也不例外，从中央巡视组进驻河南，到省委巡视组覆盖全省各地市，河南反腐也是重拳频出。据河南省人民检察院对外通报称，2014 年 1～11 月，全省共立案侦查职务犯罪案件 3049 起 4342 人，查处县处级以上干部 248 人，其中省级干部 1 人、厅级干部 35 人。[①] 随着一个个“老虎”和“苍蝇”的落马，反腐也成为民众热议的话题之一。热议之余，也要反思，为什么随着反腐力度的不断加大，腐败现象却越来越多，似乎陷入打而不绝的境地？以及如何建立一套有效的预防和惩治腐败机制，从而从根源上遏制腐败的高发态势等，所有这些问题都值得思考。

从近年来查处的腐败案件可以看出，腐败问题会越反越腐，主要有以下几个原因。一是权力缺乏有效监督是造成腐败的根本原因。“权力产生腐败，绝对权力产生绝对腐败”，缺乏有效制约的权力必然导致腐败。二是社会风气日下是造成腐败的社会原因。一方面，公众对腐败现象深恶痛绝；另一方面，当涉及自身利益时，又往往能够网开一面。再加上中国传统人情社会、关系社会的各种潜规则等，整个社会大环境也为腐败现象提供了滋生的土壤。三是常态性的制度反腐失灵是造成腐败的制度原因。制度性反腐无法发挥作用，预防腐败依然是未解之题。

---

① 《前 11 个月查办县处级以上干部 248 人》，《河南日报》2014 年 12 月 29 日。

了解了腐败的根源所在，也就不难开出治疗的处方。谢伏瞻省长在年初的廉政工作会议上强调，要打造制度反腐的“铁笼子”，扎紧公共资金的“钱袋子”，形成不敢腐的惩戒机制、不能腐的防范机制、不易腐的保障机制，从源头上防治腐败。[①] 河南省政府也于2014年出台《建立健全惩治和预防腐败体系2013～2017年实施办法》，从加强党的作风建设、坚决有力惩治腐败、科学有效预防腐败等方面详细构建了具有河南特色的惩治和预防腐败体系。[②] 此外，河南省委在落实中央巡视组的意见过程中，从党风廉政建设、执行中央八项规定、干部选拔任用、维护群众利益等方面也采取了一系列措施。[③] 相信经过这些改革，政府系统的反腐倡廉建设一定能开创新局面。

热点问题九：南水北调移民精神受称赞

2014年12月15日上午，随着南水北调总干渠刘湾口闸门徐徐升起，南水北调水流进入郑州市刘湾水厂，标志河南省南水北调工程正式通水。[④] 在迎来这一喜讯的同时，南水北调的移民精神再一次受到人们的关注和称赞。正是这群移民，为成就中国半个多世纪的调水梦想，舍小家、为大家，放弃了世世代代赖以生存的家园和生计，欣然接受离开故土迁徙外地的命运。如果没有他们的坚韧付出和巨大牺牲，南水北调这项世纪工程就不可能成功。因此，如何妥善安置移民也就成为各级政府的工作重心。河南省为确保丹江口库区移民“搬得出、稳得住、能发展、可致富”，实现和谐搬迁，在农村移民安置中，坚持以人为本，实行开发性移民、多种渠道综合安置等措施，使移民搬迁后的生产生活条件较过去有很大改善，并于2011年8月全部完成搬迁安置任务。[⑤] 然而，搬迁安置任务的完成也只是

---

① 《谢伏瞻强调反腐倡廉：形成不敢腐不能腐不易腐的机制》，《河南日报》2014年2月28日。

② 《河南省建立健全惩治和预防腐败体系2013～2017年实施办法》，《河南日报》2014年5月22日。

③ 《中共河南省委关于巡视整改情况的通报》，新华网，2014年10月14日。

④ 《河南省南水北调工程今日正式通水》，新华网，2014年12月15日。

⑤ 《河南省南水北调库区农村移民集中搬迁结束》，中国经济网，2011年8月26日。

阶段性的胜利，今后一段时间内，如何保证移民的后续稳定发展问题依然值得思考。

俗话说，搬迁易，扎根难。河南省委、省政府高度重视移民后期的帮扶工作，为此，专门出台了《关于加强南水北调丹江口库区移民后期帮扶工作的意见》等一系列政策和措施，要求省直25个部门参与帮扶工作，并将移民后期帮扶情况纳入省政府督察范围，定期进行督察；建立了信访问题联席会议制度、接访处访制度、挂销反馈制度、集中会诊制度、督察督办制度、社会管理制度、发展帮扶制度七项维稳长效制度。一系列政策和措施，有力地促进了移民搬迁村的社会稳定，河南省移民工作的良好成效也引来各方赞誉，并被称为“河南经验”在全国推广。[①] 相信在各级政府的不断努力下，一个个富裕和谐的移民新村定会活力迸发地展现在中原大地。

热点问题十：河南户籍改革出新政

为深入贯彻落实党的十八大、十八届三中全会关于进一步推进户籍制度改革的要求，促进有能力在城镇稳定就业和生活的常住人口有序实现市民化，稳步推进城镇基本公共服务常住人口全覆盖，国务院于2014年7月30日发布了《关于进一步推进户籍制度改革的意见》。河南为响应国务院的号召，继黑龙江之后，于2014年11月4日率先出台《关于深化户籍制度改革的实施意见》（以下简称《意见》），全面部署户改新政。《意见》一经发布，立刻引起广大学者和民众的热烈讨论和关注，讨论的焦点主要集中在户籍改革新在哪儿、对农村转移人口有什么利好消息、推行户籍改革会面临哪些难题等。

从《意见》中可以看出，这次户籍改革的亮点主要体现在以下几个方面：一是充分尊重农民意愿，不强迫农民办理城镇户口，杜绝了某些地方为了城镇化率而强迫农民入户的现象发生。二是调整了户口迁移政策，因地制

---

① 《“河南经验”破解移民稳定发展难题》，《河南日报》2014年10月8日。

宜地实施差别化的城镇落户政策，并配合以居住证制度，进一步降低了农民进城落户的门槛，使那些有落户城镇意愿的农业转移人口看到了希望。三是切实保障进城落户农业转移人口合法权益。提出不得以退出土地承包经营权、宅基地使用权、集体收益分配权为农民进城落户的条件。此外，还从就业、住房、随迁子女教育、社保等多个方面完善机制，切实保障他们的合法权益。四是差别化的城镇落户政策以及以居住证为载体、与居住年限等条件相挂钩的基本公共服务提供机制的确立，有助于合理引导农业转移人口落户城镇的预期和选择，有序引导人口流向，从而推动大中小城市和小城镇协调发展。

户籍制度改革是一项复杂的系统工程，是“牵一发而动全身”的基础性改革，因此，在改革推进过程中必然要面临一些难题。首先是农业转移人口市民化成本该由谁买单的问题。《意见》提出要建立健全由政府、企业、个人共同参与的农业转移人口市民化成本分担机制，公共服务支出政府占大头，社保支出主要由企业和个人分担。但随着进城落户的农业转移人口越来越多，政府能否负担得起越来越大的公共服务支出则成问题。为此，有专家建议，针对城市公共服务产品的类别，应采取差异化的转移支付与财政分担体系，以“谁受益，谁承担”来明确主体责任，让“钱跟人走”，形成成本分担的合理机制。[①] 河南在这方面仍需探索。其次是如何解决大城市“爆棚”、小城镇“缺人”的大中小城市协调发展问题。很多小城镇早已放开落户限制，但依然吸引不了农业转移人口落户，究其原因还是小城镇缺少就业机会以及公共服务水平不及大城市。下一步如何增强小城镇的吸引力仍然是一个难题。最后是要警惕户籍制度改革而造成的农村衰落。《意见》提出要取消农业户口与非农业户口的性质区分，统一登记为居民户口。虽说名称上得到了统一，但真正的区别在于附着于户籍上的权益不均等。户籍制度改革的目的不仅是推进城镇化，保障城乡居民的权利均等才是终极目标。因此，在当下大力强调城镇基本公共服务要覆盖到

① 《关注城镇化成本（下）：市民化成本该谁买单》，《人民日报》2013 年 12 月 15 日。

常住人口的同时，也不能忘记农村的基本公共服务同样也需要大量真金白银的投入。

河南作为全国户籍人口第一大省，户籍制度改革事关亿万百姓福祉，改革能否闯出一条新路，为全国户籍制度改革提供可资借鉴的样本，笔者拭目以待。

体制改革与社会治理篇

Reports on System Reform and Social Governance

B.3

河南社会组织建设与管理的现状分析与趋势展望*

罗英豪**

摘　要： 河南社会组织不断发展壮大，已成为推进社会治理创新的重要力量之一，其社会组织建设与管理取得显著成效，但也存在一些问题，与社会和民众的需求尚有一定距离。型塑现代理念，强化顶层设计，建构现代社会组织体制，建立健全政府购买服务制度，完善培育机制，创新监管体制，强化自身建设，是社会组织发展的有效路径，也是新时期深化社会管理体制改革的应有之义。

关键词： 河南　社会组织　建设管理

* 本文是国家社会科学基金项目“社会学理论的流变与方法论意义研究”（12CSH002）的阶段性成果。

** 罗英豪，河南省社会科学院社会发展研究所助理研究员。

近年来，顺应世界潮流，我国社会组织蓬勃发展，目前已达56万多个，现代社会组织体系初步形成。紧随全国步伐，河南社会组织不断发展壮大，24000余个社会组织的“触角”延伸至社会生活的各个领域，已成为联系政府与民众的桥梁和纽带，“平安河南”建设的“活细胞”。

一　社会组织在推进社会治理创新中的积极作用日益彰显

一般而言，人们为实现特定目标而建立的共同活动群体被称为社会组织，也可称作NGO或非政府组织。在我国，社会组织（或民间组织）特指政府与事业单位之外，面向社会提供专门领域社会服务的法人实体，主要有社会团体、民办非企业单位和基金会三大类别。

社会组织是社会建设与社会治理的重要载体。在推进社会治理创新中，河南社会组织与全国社会组织一起发挥积极作用，包括：有效表达民众多元诉求、传达政府的治理意愿及方针政策等，为社会和公众提供便捷、高效、优质的公共服务和专业化、职业化、个性化服务，增强自律、规范行为，是协调社会关系的“润滑剂”，化解社会矛盾的“稀释剂”，增进社会融合的“黏合剂”，规范社会行为的“度量衡”，维护社会稳定的“安全阀”。同时，社会组织也是促进政府职能转变的“加速器”，弥补政府公共服务不足、市场失灵的“营养液”，对社会建设和社会治理产生着重大影响。不断发展壮大的社会组织有力地促进了政府职能转变，推进了社会事业的开放与发展，促成了现代社会管理体制，加快推进社会改革开放。社会组织通过有效承接政府转移给社会的职能，在养老、医疗、教育、新型服务业、助残、社会服务等领域兴办社会事业，拓展开放领域、加大开放程度，引导民众有序参与政治、理性表达诉求，促进社会自我发展，改变了“政府办社会”的格局，推进现代社会管理格局的形成，促进政府与社会走向“协商、合作、互利共赢”的良性互动。

二　河南社会组织建设与管理成效显著

新时期以来，河南经济社会快速发展，社会组织也随之崛起并不断发展壮大，社会组织建设与管理取得显著成效，其主要表现为以下方面。

一是社会组织数量快速增加，规模日益扩大，现代社会组织体系初步形成。到2014年第二季度，全省共有社会组织24113个①（其中社会团体10835个、民办非企业单位13172个、基金会106个）、省管民间组织1700多个。河南省社会组织种类繁多、形式多样，活跃于养老医疗、科技教育、助残、环保、社会服务等诸多领域，如洛阳市有2870个社会组织（其中社会团体927个、民办非企业单位1943个），其中文化体育类社会组织420个、行业协会商会120余个，② 洛阳市成为民政部确认的“首批全国社会组织建设创新示范区”之一。目前，在河南，多层次、广覆盖的现代社会组织体系已经初具规模，为全省社会发展、经济建设做出极大贡献。

二是基层社会组织大量涌现，服务社会成效显著。近年来，河南省降低门槛、简化手续，采用登记备案方式，社会组织数量增长较快，由2007年的16964个增加到2012年的21088个、2013年的22983个，2014年第二季度已达到24113个（见表1），年增长率约5%，全省四类社会组织取消前置审批后年增长率将会提高到6%，养老机构、社工机构增长趋势较为明显。各种公益性、行业性社团（全省有3000多个）、协会、基金会遍布全省，其充分发挥机构优势和专业特长，有效维护特定群体利益。如通过政府购买服务、创新社会工作方式，郑州市金水区政府出资公开招标26个社工岗位

① 资料来源：中华人民共和国民政部网站，http：//files2. mca. gov. cn/cws/201407/20140724193211196. htm，2014年7月24日。

② 洛阳市政府：《河南洛阳采取有效措施助推社会组织健康发展》，河南省政府网，2014年11月25日。

项目，宝丰县开展“留守儿童暑期日间托管”项目试点工作，金水区的15家民间社工机构、200多名专业社工师，宝丰县的8名专业社工师协同相关部门发挥优势，提供高效优质的专业化、个性化服务，满足了社会与个体需求，弥补了政府公共服务不足和市场失灵的弊端，获得社会认可，民政部授予郑州市金水区“全国社会工作人才队伍建设试点示范区”，确定宝丰县为首批全国社会工作服务示范地区。①

表1　河南省社会组织登记数量

单位：个

类别＼年份	2007	2012	2013	2014年6月
社　团	9252	11022	10817	10835
民　非	7690	9989	12068	13172
基金会	22	77	98	106
合　计	16964	21088	22983	24113

资料来源：《中国统计年鉴》；《2014年2季度各省社会服务统计数据》，中华人民共和国民政部网站。

三是法规政策不断完善，制度创新初见成效。近年来，河南省关于社会组织的规范性文件、法规条例及配套政策、改革举措等相继出台，如《河南省〈社会团体登记管理条例〉实施办法》《河南省取缔非法组织暂行规定》、河南省《关于加快行业协会商会改革和发展的实施意见》《企业所得税法》《公益事业捐赠法》《民办教育促进法》，以及近期出台的《河南省政府购买社会工作服务实施办法》《关于四类社会组织直接登记的通知》等，社会组织建设日益法制化、规范化、制度化。在推进监管制度创新中河南省一直走在全国前列，如2004年启动商会与行政机构脱钩试点，目前已在郑州、平顶山、安阳、新乡、濮阳等地试点“去行政化”；郑州市青年联合会2008年设立的“社会自组织”界别开全国之先例；2012年已在郑州、安阳、新乡等地试点部分社会组织向民政部门“直接登记”，从2014年9月1日起，全省四类社会组

① 王长河：《宝丰县创新方式开展社会工作》，《平顶山日报》2014年5月6日。

织即行业协会商会类、科技类、公益慈善类及城乡社区服务类可直接登记，实行“宽进严管”，逐步取消双重管理制度；郑州市积极推进社会组织管理创新，加快“去行政化”步伐，从2014年上半年起，异地商会和非公募基金会的登记管理权限向下延伸到县级民政部门；2014年5月，洛阳市已将组织检查督促行业协会商会与政府机关实现“五分开”，即在机构、职能、资产、财务及人员方面分开，行业协会领导以非现职公务员兼任为主，等等。

四是积极推进政府购买服务工作，社会化运作初步显现。紧随中央精神，河南省不断增强开放意识，扩大交流合作，借鉴各地成功经验，积极推进政府购买服务工作。从2011年起在郑州市金水区、宝丰县等地试点政府购买社工服务，取得良好成效后于2013年出台《河南省政府购买社会工作服务实施办法》并在全省推广，经费列入财政预算，引入市场机制进行公开招标，具有3A级以上资质的公益服务类社会组织为主要承接方，建立第三方评估机制，强化监管制度，及时进行结项验收。[①] 郑州市金水区的做法具有典范性。金水区民政局早在2006年就创新推出“居家养老政府埋单”的新型养老模式，2011年居家养老模式开始在全省推广；2011年投入130万元，以“岗位+项目”方式，在教育、养老等领域设立26个首批政府购买社工服务岗位，开创了河南“政府出资购买优质社工服务，社会组织搭建第三方平台承接政府公共服务职能”之先河；[②] 2012年投入250万元设岗50个；2013年投入275万元开展政府购买社工服务项目，通过“项目购买”实现社会组织服务与政府需求直接对接；2014年将购买岗位工作纳入政府采购程序。同时，各地市也不断加大支持力度，如洛阳市民政局2013年出资50万元扶持社区社会组织发展，大大激发了社会组织活力。

三　河南社会组织建设与管理中存在的主要问题

现阶段，河南省社会组织发展迅速，但在认识引导、数量规模、管理体

---

① 李红：《河南出台办法促社工服务社会化专业化五类人群受益》，《河南日报》2013年10月22日。

② 宗雷：《专家：政府购买社会工作服务是大势所趋》，《河南商报》2013年10月24日。

制、政府购买服务、社会组织承接服务能力等方面还存在一些问题，与社会需求也有一定差距，主要表现为以下方面。

一是认识不足，引导不力。受传统和现实等多重因素影响，社会组织的社会认可度较低，普通民众、领导干部等都或多或少存有一定偏见，积极作用未能被充分认识和利用；政府支持不力，在引导、推进社会组织强化自身建设、有序发展等方面尚不到位。同时，社会组织对自身认识不清、定位不准，对政府存有一定的依赖思想，独立性不强，民间性、公益性不足。

二是整体规模偏小，服务社会能力较低。总体上，河南省社会组织数量较少，发展缓慢，力量偏弱，意识淡薄，全职义工缺乏，“多活动少项目”，“基本处于自生自灭状态”，且存在较多“黑户”现象。从 2012 年起，河南省已在郑州、安阳等地试点“直接登记”，但两年来社会组织登记数量没有出现爆发式增长，目前郑州市直接登记的社会组织只有 80 余个。[①] 全省社会组织与人口比偏低，仅为 1∶3899，与全国平均水平、江浙、山东等还存在一定差距，与发达国家相距甚远（见表 2）。社会组织服务社会能力有限，承接公共服务能力偏低，不能有效对接社会的多元化、个性化需求，如 2014 年的政府购买社会工作服务中“医务社工、社会工作行政管理”两个岗位因无合适的承接机构被取消。

表 2　河南省社会组织与人口比和全国及其他省市对比

单位：个，人

类别	全国	江苏	浙江	上海	北京	四川	广东	山东	河南
社会组织	561438	59351	37162	11860	8814	35526	43647	39358	24113
人口	13.39 亿	7866 万	5443 万	2302 万	1961 万	8042 万	1.04 亿	9579 万	9402 万
社会组织/人口	1∶2386	1∶1325	1∶1465	1∶1941	1∶2225	1∶2264	1∶2382	1∶2434	1∶3899

资料来源：《2014 年 2 季度各省社会服务统计数据》，中华人民共和国民政部网站；《2010 年第六次全国人口普查主要数据公报（第 1 号）》，中华人民共和国国家统计局，2011 年 4 月 28 日。

---

① 赵强：《河南 4 类社会组织可直接登记宽进势必严管》，《河南商报》2014 年 9 月 16 日。

三是管理体制滞后，社会组织发展活力不足。长期以来，出于多种原因，社会组织登记注册受到较多限制，注册资金要求偏高，双重管理体制控制过严，导致登记难、注册难、监管难，也造成职能重叠、责任推诿、“行政化”倾向，使民间自发的社会组织因不能获取“合法”身份而游离于体制之外，社会组织的健康发展受到较大制约。郑州市水上义务搜救队、焦作“黎明脚步”等在登记注册时就遇到了这样的难题。成立于 2005 年 9 月的水上义务搜救队直到 2012 年 5 月被郑州市红十字会正式“吸收”，身份难题才得以解决。①

四是培育扶持不足，政府购买服务力度较小。在资金、人才、政策、税收等方面资源不配套，支持力度不大，政策落实不到位，政府购买的服务极为有限，岗位少、待遇低。2014 年河南政府购买的社工服务仅有 14 个项目、8 个岗位。法规体系不够健全，致使社会组织在运作与活动时缺乏规范性，影响公信力，也不利于统一监管。

五是社会组织自身建设不力，作用发挥有限。社会组织整体素质不高，组织机构不完善；自治程度偏低，行政色彩较为浓厚，部分领导干部兼职社团现象较为突出；透明度、职业化、专业化程度较低，公信力不足，专业机构、人才较少。目前，全省已完成注册的社工机构仅 29 家，社会工作专业毕业生数量有限，就业于社工领域的不到 30%，其更愿意到“北上广深”发展，从事社会工作的人员绝大部分不是专业社工，全省有社会工作者职业水平资格证的仅为 3014 人，专业社工难找，长期留住更难。如郑州和勤公益社目前正式员工仅 5 人，3 人持有社工证，开展活动主要靠义工和志愿者，而全职义工极为缺乏。② 同时，社会组织的机制（如自律机制、诚信机制、财务监督机制等）不健全，部分社会组织遵纪守法意识不强，存在有法不依、无法可依、乱收费、不参加年检等不规范现象。另外，品牌意识不强，河南特色缺失，都影响社会组织的发展壮大，制约其积极作用的发挥。

---

① 王向前：《河南社会组织登记难“黎明脚步”解决身份难题》，《河南商报》2012 年 5 月 21 日。

② 韩俊杰、张玉甫：《河南首次政府购买社工服务却遇“粥多僧少”》，《中国青年报》2014 年 7 月 25 日。

四 推进河南省社会组织有序发展的对策建议

现阶段，河南省社会组织蓬勃发展，在社会建设与社会治理中发挥着积极作用，但总体来看，其参与水平和服务能力与政府、社会、民众的需求还有一定距离，仍面临着一些“发展中的问题”。因此，应形塑现代理念、完善枢纽型社会组织体系、建立健全政府购买服务机制、做好“大培育大监管”、强化自身建设，推进社会组织有序发展。

第一，形塑现代理念，强化顶层设计，注重经验推广。理念与认识是行动的先导，是推进社会组织健康有序发展的基础。首先，统一认识，提升社会组织社会认可度，充分肯定其积极作用，倡导公共精神，培育公民社会，增强民众参与社团的主动性、积极性，正确认识“治理主体多元化”的发展趋向，为社会组织发展营造良好环境；倡导“参与型、多元共治”理念，秉持“民主、法治、合作”精神，坚持“大培育大监管”发展思路，跨越双轨制，宽进严管；形塑“合作治理、良性互动”理念，强化政府与社会、政府与市场的“合作互动”关系，实现政府与社会相互增权。其次，应做好顶层设计，加大简政放权力度，把社会组织纳入河南省经济社会发展的总体规划，着力加强制度建设，激发社会组织活力；坚持政府引导、市场发力，注重强化政府职责，引入竞争机制，发挥规划引领作用；建立第三方评估机制，强化监管验收，将部分适宜由民间机构承担的事项，如资质资格的认定及评审、评比等，分类有序地交给具有一定资质能力的社会组织。最后，应做好宣传推广工作，借鉴发达国家政社合作治理的成功经验，参照京沪、江浙、广东等省市培育监管社会组织的本土模式，及时总结河南省各地市在实践探索中形成的好方法、好经验，加以提炼升华，形成范例，加以推广，打造河南知名品牌。

第二，建构现代社会组织体制，完善枢纽型社会组织体系。现阶段，应改革社会组织管理制度，建构“政社分开、权责明确、依法自治”的现代社会组织体制，实行分类登记管理，行业协会商会类、科技类和公益慈善类及城乡社区服务类等采取直接登记注册制度，其他类别仍采取双重管理制度；实施管办分离，积极推进政社分开和“去行政化”，向领导干部兼职说“不”；引入竞争机制，通过“一业多会”等方式促进“良性竞争”，激发、释放内在活力，增强法治意识，彰显主体作用。应明确枢纽型社会组织和政府各自的职责与边界，处理好它们之间的关系，认清枢纽型社会组织的本质是社会组织，要增强自主性，保障独立性；应明确枢纽型社会组织与纽扣型社会组织的关系，避免出现原主管部门、枢纽型社会组织同时存在的状况，必要时给予纽扣型社会组织自主选择的空间；应提高枢纽型社会组织管理服务能力，通过准确定位、竞争参与、合理配置资源、提供有效服务、扩大影响力来赢得纽扣型社会组织及社会的认可；应科学划分枢纽型社会组织层次，合理确定管理幅度，同时避免“政社混淆、资源垄断、危及公平”的不良现象。

第三，加大支持力度，建立健全政府购买服务制度。社会组织的有序发展与政府的有力支持紧密关联，因此，应加大扶助力度，为社会组织发展营造良好环境。要建立健全法规政策，完善激励措施；搭建参与平台，积极推行民办公助、公建民营、政府购买服务等方式，鼓励社会组织兴办社会事业；加大资金投入，设立专项发展基金，政府购买服务经费列入财政预算，重点培育、优先孵化四类社会组织；强化机构建设，成立社会工作委员会，完善社会工作制度，健全人才培养体系，建立健全社会工作职业资格认证机制，发展壮大专业社会工作者、志愿者、义工队伍，借鉴德国经验，构建职业导向型高等教育体系，采取“双元制”校企合作模式，[①] 培养高素质专业人才。应从理论向度研究有关政策体系，如向社会组织转移职能、购买服务等，建立相对普遍的政府购买服务机制；创新公共服务供给方式，改革政府采购体系，建立“政府采购、定项委托、合同管理、集中支付”的公共服务方式；制定有关法规文件，出台政府采购、监督检查、绩效评估、社会组织培育等措施。在具体举措上，可借鉴北京、青岛等地做法，确定具体项

① 郁建兴、任婉梦：《德国社会组织的人才培养模式和经验》，《中国社会组织》2013 年第 3 期。

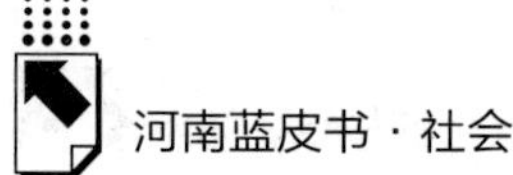

目，予以重点推行，做好示范效应；明确购买内容，以民生保障、行业管理、社会治理等为主，彰显公共性、公益性；规范主体范围，政府机关、有实力的企业等都可作为购买主体；市场化运作，以竞争择优方式选择承接主体，资质条件好、承接能力强的社会组织优先考虑，“以事定费、费随事转”；建立绩效管理与评价体系，优胜劣汰。

第四，打造知名品牌，完善培育机制。根据中央精神，结合河南实际，重点培育、优先发展部分社会组织，主要以行业协会商会类、科技类和公益慈善类及城乡社区服务类为重点，采取直接依法申请登记方式，实施分类管理，放宽市场准入；出台有关文件，明确政社边界，确保各归其位，政府要正确行使权力、履行职能，“法无授权不可为”，不可出现越权侵权现象，以为社会组织兴办社会事业、开展公共服务营造平等参与、公平竞争的良好环境为主要任务，凡是法律法规没有明令禁入的领域，都可向四类社会组织及相关社会资本开放，同时不断扩大开放领域；实施试点培育工程，选好切入点，在社会组织发展基础较好的地市，在具有现实性、可行性和易操作的领域如养老医疗、科技教育、城乡社区、公益慈善等进行试点创新，确定具体项目，予以重点培育孵化，给予资金、场地、人才支持，落实税收优惠政策，做好示范引导工作；同时，重点宣传、推广省内已有较大影响力的草根组织如郑州市水上义务救援队、洛阳神鹰救援队、焦作“黎明脚步”协会等，重点打造一批“品牌响、影响大、特色突出、亮点缤纷”的社会组织，聚焦于“社会力量的兴趣点、群众需求的对接点、可持续发展的平衡点”，释放其内在的活力与潜力，凸显本土特色，彰显河南优势，真正发挥其“提供服务、反映诉求、规范行为”的能力和作用。

第五，创新监管体制，强化自身建设。现阶段，社会组织登记注册要求“放宽”，但“宽进必须严管”，为此，应创新监管方式，处理好“管”与“放”的关系，强化监督，指导社会组织兴办的各种机构完善管理规范，着力推进事中事后监督与管理以及服务工作；健全第三方评估机制，增强信息透明度，提高综合监管效力；建立多部门联合执法机制，依法处理违法、非法社会组织，加强行业自律，增强独立性；加强社会组织党建，壮大草根组织党员队伍，做好模范表率，发挥非公党组织的监管效力。社会组织只有强化自身建设，提升服务能力水平，增强公信力、透明度和承接能力，才能真正“接得住、接得好”政府转交的职能。

参考文献

《河南省政府下发关于四类社会组织直接登记的通知》，河南省民政厅网，2014 年 9 月 5 日。

《河南省政府购买社会工作服务实施办法》，河南省民政厅网，2013 年 10 月 28 日。

李立国：《简政放权应发挥社会组织积极作用》，《经济日报》2014 年 9 月 30 日。

张开云、张兴杰：《科学构建枢纽型社会组织》，《人民日报》2013 年 3 月 27 日。

马庆钰：《纠正枢纽型社会组织的发展偏向》，《行政管理改革》2014 年第 9 期。

郁建兴、任婉梦：《德国社会组织的人才培养模式和经验》，《中国社会组织》2013 年第 3 期。

蒋积伟：《社会组织管理体制的重构》，《党政论坛》2014 年第 3 期。

B.4

社会工作参与社会治理的契机、路径及探索

——以河南经验为例

范会芳　苏彦玲*

摘　要：随着党的十八届三中全会提出把创新社会治理体制作为推进国家治理体系和治理能力现代化的重要内容以来，河南省在推进社会治理方面做出了本土化的探索。本文在论述河南做法的基础上，试图探索社会工作这一新型社会组织形式在参与社会治理过程中的具体路径和经验，旨在为河南省社会治理向纵深推进提供可行的参考和依据。

关键词：社会治理　河南经验　政府购买

一　新形势下社会治理呼唤社会工作的参与

党的十八届三中全会明确指出，要把创新社会治理体制作为推进国家治理体系和治理能力现代化的重要内容。同时强调，提高社会管理科学化水平，必须加强社会管理体制机制、能力和人才队伍等方面建设，引导社会组织健康有序发展，充分发挥群众参与社会管理的基础作用。大

* 范会芳，郑州大学公共管理学院社会工作系副教授；苏彦玲，郑州大学社会学专业2014级研究生。

会把社会治理体制创新概括为“改进社会治理方式、激发社会组织活力、创新有效预防和社会矛盾化解机制、健全公共安全体系”四个方面，提出构建“党的领导、政府负责、社会协同、公民参与、法制保障”的社会治理格局。

就社会工作而言，早在2006年党的十六届六中全会就通过《中共中央关于构建社会主义和谐社会若干重大问题的决定》，做出“建设宏大的社会工作人才队伍”的重大战略部署，提出2020年要培养200万名专业社会工作人才。2012年，民政部等18个部委联合下发文件，鼓励政府购买社会工作服务。2013年11月，民政部、财政部印发《关于加快推进社区社会工作服务的意见》，指出社区是社会工作专业人才开展服务的重要平台，并将社区社会工作服务纳入政府购买服务的范围。由此可见，在政府层面，中央已经充分认识到社会工作对和谐社会建设以及社会治理的作用，并且明确了社会工作参与社会治理的思路和路径。

二　社会工作参与社会治理的必要性与可行性

社会工作是遵循以人为本、助人自助、平等公正的专业价值观，在社会服务及社会管理等领域，综合运用专业知识、技能和方法，帮助有需要的个人、家庭、群体和社区，整合社会资源、协调社会关系、预防和解决社会问题、促进社会稳定和谐的专业和职业。

社会治理，即政府、社会组织和公众在沟通、协商的基础上基于共识而运用各种资源和手段，对社会生活、社会事务、社会组织进行规范、协调与服务的一系列活动及其过程，以规范社会成员的社会行为、管理与服务各类社会群体、协调社会利益关系、预防和应对风险及组织和整合社会各系统为主要内容，实现解决社会问题、化解社会矛盾、维护社会稳定、促进社会公正、激发社会活力、增强社会凝聚力和提高社会生活质量等目标。通过对二者内容的观察可以发现，社会工作和社会治理具有很强的同构性，笔者将从以下几个方面来探讨社会工作参与社会治理的必要性。

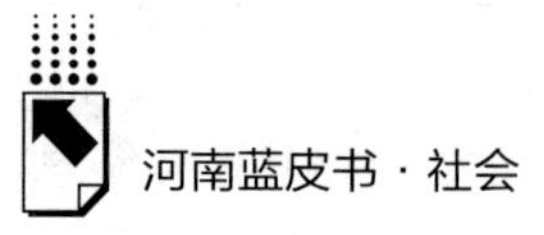

（一）社会工作参与社会治理的必要性

1. 社会工作参与社会治理是时代的必然要求

党的十八届三中全会明确提出要鼓励多方主体参与到社会治理中。当前，我国改革已进入攻坚期与深水区，要跳出过去社会管理中“一管就死，一放就乱”的历史怪圈，就需要引入第三方力量。而社会工作作为介于政府和民众之间的第三方组织参与到社会治理中来，有助于创新社会治理方式，更加便于服务群众，更广泛地改善民生。

2. 社会工作是社会治理的重要手段

社会工作从其产生之初就承担着服务弱势人群和输送社会福利的职能，这种性能上的特质使得社会工作成为社会治理的操作化载体，从而平等地参与到社会治理中。在具体的实务中，社会工作承担政府社会治理中“非行政性部门”的职能，是一种基于平等和独立条件的实践角色。社会治理注重原则和框架，社会工作不但具有和社会治理一致的要素框架，而且更加细化和可操作化。因此，社会工作将会承担起政府赋予的相关职能，成为社会治理的重要手段。

（二）社会工作参与社会治理的可行性分析

1. 社会工作和社会治理具有目标一致性

社会治理是以优化社会秩序为核心的系统工程，是当代中国社会的理性选择。社会治理追求的是社会中多方主体的参与，实现合作治理。坚持利他主义的助人理念、以科学知识为基础、用科学方法助人的社会工作在个人层面上追求的是解救危难、缓解困难、促进发展，在社会层面上追求的是解决社会问题、促进社会公正。可以看出，二者在目标上具有内在一致性，都是追求社会的良性运行和协调发展。正是二者在目标上的一致性，使得社会工作作为合作伙伴协同参与社会治理具有可行性。

2. 社会工作具有三大优势

社会工作的三大优势主要包括专业价值优势、科学知识优势和实践行动优势。社会工作是一项专业性的助人服务，它自身具备专业的助人知识和技巧，实务性是社会工作的基本属性。在社会工作的行动框架中，正是这三大优势使得社会工作参与社会治理成为可能。

3. 社会工作的强大功能

功能是一个与系统相联系的概念，它指的是在系统内部各部分之间的联系中，部分对整体的贡献。社会工作的功能可以从服务对象和社会两个层面来阐述。在个人层面上，社会工作具有提供物质帮助、给予心理支持、促进能力发展的功能；在社会层面上，社会工作具有促进社会稳定与社会和谐、促进制度建设与社会进步、增加社会资本与促进社会协调发展的功能。正是从微观作用到宏观作用的广泛性发挥，使得社会工作在参与社会治理的过程中能够充分发挥其独特功能，促进社会秩序的良性建构。

三　社会工作参与社会治理的探索——河南经验介绍

河南从 2011 年开始，在中部地区诸省份中率先探索社会工作参与社会治理的路径。迄今为止，该探索已经有三个年头，因此，可以对之前所做的探索和工作做一个全面和深入的总结。由于河南地处中原腹地，其经济发展模式和社会生态环境都不同于深圳、广州等地，社会工作在参与社会治理过程中也显现出独特的特色，在本文中姑且称为“河南经验”。

（一）社会工作参与社会治理的契机与背景

客观而言，河南地处中原，又是一个人口大省，其经济发展水平与北京、上海、广州等地相比不具有明显的优势，甚至在很多方面远远落后于发达城市和地区。那么，河南省为何能够在国内较早地推动社会工作参与社会治理？其动因和契机是什么？

从宏观层面来看，2006 年以来，由民政部牵头出台的一系列重要文件为社会工作参与社会治理提供了最为直接的依据和合法化的参与路径。社会工作职业水平考试标志着社会工作职业化进程迈出了关键的一步；社会工作人才被列入国家中长期人才发展纲要中意味着社会工作者的作用和功能得到国家的认可；政府购买社会工作服务办法的出台则为社会工作参与社会治理提供了制度保障和资金支持。上述这些政策的出台为河南社会工作的快速发展提供了制度保障。

从中观层面看，河南目前已经有十多所高校开设社会工作本科专业。其中，郑州大学作为全国较早设立社会工作专业的211高校，在全国率先获得MSW（社会工作专业硕士）学位授予权。高校的教育资源为社会工作在河南的发展提供了人才保障。此外，河南高校的社会工作教育者，也积极参与推动社会工作发展的实践过程中。比如，2009年郑州大学张明锁教授主持制定金水区社会工作发展5年规划，河南财经学院、郑州大学教师积极创办社会工作机构等。上述条件是河南社会工作开展不可或缺的人力资源。

从微观层面看，河南做法中的“金水模式”“中原模式”都是社会工作参与社会治理的典范。下文将进行详细论述。

（二）“河南经验”的类型

1. 金水模式

郑州市金水区是郑州市各县区中经济条件较好的地区，辖区内经济贸易繁荣，商业企业林立。而金水区民政局多年来一直是民政部试点，各项工作的成绩均名列前茅。

早在2008年，金水区民政局就在社区服务、居家养老方面进行了先行的尝试和探索，积极引入社会下岗人员参与社区服务，并且率先推行居家养老便民服务等各项措施。

2009年，金水区民政局投入8万元，聘请郑州大学社会工作专家张明锁教授带领团队，制定社会工作发展5年规划。2010年开始，金水区民政局组织团队到深圳考察社会工作机构，积极主动推动社会工作发展。为了吸引社工界“凤凰”到金水区注册、安家落户，金水区民政局还主动帮助新成立的社工机构找房子、租场地，同时还给予一定的资金补贴，以帮助新成立的社工机构渡过难关。

从 2011 年开始至今，先后有近 30 家社工机构在金水区民政局注册成立，社工机构在郑州市金水区的发展速度和数量远远高于全省其他地区。这充分体现了金水区社会工作发展模式的独特性和魅力。

金水区社会工作参与社会治理的具体途径如下。

（1）依托社工岗位，参与社会治理

2011 年是金水区尝试政府购买社工服务的第一年，主要是学习深圳模式，购买社工岗位，依托岗位，开展专业社会工作服务，社工通过参与各职能部门的工作进而参与社会治理。2011 年共设立社工岗位 25 个，涉及街道办事处、民政局社工科、区团委、区妇联、区残联等，每个岗位每年拨付资金 5 万元，用于支付社工工资、社保以及机构的管理费用等。社工依托岗位，直接或者间接地参与社会治理和社会服务。但是，由于职能部门工作的惯性以及多数人对于社工的不接纳和不认可（多数人抱有怀疑态度），这一阶段，社工参与社会治理的作用发挥得不明显，同时也出现了岗位社工行政化的倾向。

（2）依托社工项目，社工直接参与社会治理

为了充分发挥社工的作用，同时避免岗位社工行政化，金水区民政局从 2012 年开始采取岗位与项目相结合的办法推进社会工作。所谓的项目，就是政府在社会治理过程中将部分治理任务交给专业的社会工作机构来承接的做法，比如失独老人项目、社区服务项目等。通过项目委托的形式，社工更直接地获得参与社会治理的合法性和现实路径。

2. 中原模式

所谓的“中原模式”，在本文中主要是指郑州市中原区自 2011 年以来在社区治理和社区服务方面积极引入社工的实践和探索，本文将此称为“中原模式”。

中原区位于郑州市西侧，辖区内有若干个国棉厂和数量不少的老旧单位制小区，属于郑州市四区中经济发展较落后的区域。中原区率先推行社会工

作参与社会治理的实践以及做出政府购买社会工作服务的尝试，与高校学者积极的宣传和推动密不可分。

借助郑州市大力开展社区建设的契机，中原区辖区内注册成立的第一家社会工作机构——郑州市中原区龙腾社会工作服务中心（以下简称龙腾社工），从成立之初就立足于社区服务和社区建设，同时借助郑州大学社会工作专业的科研、教学平台，三年来一直在基层社区进行积极的实践和探索。其实践的过程和效果可以作为社会治理实践的一个生动事例。

中原区社会工作参与社会治理的经验和模式可以概括为如下几个方面。

（1）双向选择，彼此融入

作为一种新兴的力量，社工如何融入社区居委会以及社区居民，如何参与社会治理呢？首先，在选择社区试点时，采用双向选择的办法。一方面，社工机构依据社区的硬件、社区领导对社工的了解和接纳程度等标准在中原区范围选择社区；另一方面，所有社区也可以根据试点的要求积极向民政局提出申请，主动报名。这样，在双方自愿的基础上签订项目合作协议，确保社工进社区后，居委会对社工的接纳和认可。在合同中明确规定，社工与居委会之间是一种基于共同目标（为社区居民服务）的合作伙伴关系，社工根据项目需要独立开展相关活动，必要时社区出面协调关系，加以配合。

（2）专业服务，相互影响

虽然社工机构与社区、街道办以及民政局签订了项目合作协议，但是让社区居委会的工作人员从内心真正接受和认可社工，还得靠社工的专业表现。龙腾社工从进驻社区开始，就秉承“助人自助、利他服务”的价值理念，无论是社区居民的需求评估，还是开展的个案、小组，年轻的社工都表现出他们敬业的工作态度、专业的服务理念。他们以其优质、独特的服务获得了融入社区、参与社区治理的合法性。

（3）立足社区、服务居民

围绕“和谐社区建设”的主题，从2012年初开始，龙腾社工和郑州市中原区民政局签署了“共创和谐社区，同建美好家园”项目。该项目秉持“助人自助、创新关怀”的设计理念，服务人群以社区老年群体、儿童及青少年群体为主；旨在通过优质的专业服务，促进居民身心健康发展，发掘培养社区共识，强化邻里互助意识，提升社区整体凝聚力，打造一个充满人文关怀气息的和谐社区。

社工在社区内开展各种居民文化活动，社工在暑期针对中小学生开展的“道德小讲堂”“快乐阅读”等系列活动，极大地增强了社区凝聚力，推动了和谐社区建设，受到社区居民和居委会的一致好评。

3. 省民政厅：社工项目与岗位齐头并进

为进一步加快社会工作在社会治理中的作用，河南省民政厅于 2014 年 7 月开始，面向全省范围内的社会工作机构以及各省直单位，公开进行社会工作岗位和服务项目的筛选和确定，最终确定若干个项目与岗位。至此，河南省民政厅迈开了政府购买社会工作服务的关键性步伐，开始在全省范围内大力推广社会工作服务。

在全省多个地区开展社工岗位设置，是对社工合法地位的一种确立，也为社会工作者为基层群众提供专业性服务搭建了一个广泛性平台。这种方式的大力铺展，将有助于老百姓对社会工作的进一步了解，提升其知名度，从而为后续工作的开展打下良好的基础。

（二）社会治理之“河南经验”的总结与概括

河南在开展社会治理过程中的做法呈现以下几方面的特点。

第一，地方政府高度重视社会工作在社会治理中的作用。无论是金水模式、中原模式还是省民政厅的举措，都是政府自上而下强力推动社会工作参与社会治理的结果。这和河南省的基本民情是密切相关的。河南省人口众多，地大物博，但是面临着问题庞杂、人手缺乏以及专业化不足的困境。设置专门的社会工作岗位，可以为社会治理提供更加专业化的人员队伍，从而建立正规的渠道来处理方方面面的工作。社会工作者利用专业知识和实务技能，可以为基层群众提供更加人性化和高效的

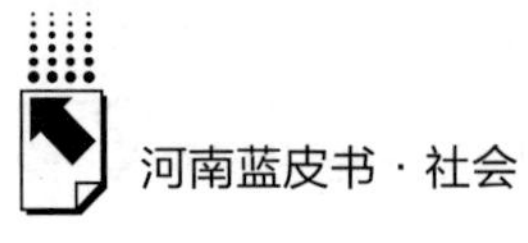

服务。

第二，突出政府购买。政府购买社会组织的服务是大势所趋，河南省在这方面走在各省市的前列。以往依托慈善机构和民间捐赠的方式来维持社会组织的运转，使社会组织的发展缺少一个长效运营机制，以至于其在具体的工作开展过程中显得能力有限、后劲不足。政府购买社会组织的服务，一方面，有助于社会组织资金的周转和日常的运营；另一方面，政府以这种方式也是对于庞杂的政府事务的选择性外包，不仅可以大大提升政府的工作效率，还能减少社会运营的成本，做到利益最大化。

第三，高校社工师资力量在社会工作的发展过程中扮演关键角色。无论是金水区还是中原区，社会工作参与社会治理在很大程度上与高校社工教师的深度参与、积极推动是密不可分的。作为提供专业化服务的强力支撑，高校教师的角色扮演在很大程度上构成了“河南经验”的一部分。

第四，一把手效应。在“河南经验”中，地方基层政府一把手对于社会工作作用的认识在很大程度上决定了社会工作参与社会治理的进程和成效。以金水区为例，该区的民政局局长对于社会工作有着非常深入的了解和认识，属于基层领导中非常懂行的“专家”，而副局长则是社会工作专业出身。因此，金水区在大力推动社会工作参与社会治理的过程中，就完全不需要借助外县专家学者的劝说、游说或者奔走呼吁。

第五，摸着石头过河。河南本土的文化特质和经济社会条件都区别于深圳、广州等地，因此，因地制宜开展社会工作服务是“河南经验”中非常重要的一个亮点。以中原模式为例，社会工作参与社会治理的契机就是依托社区建设，参与社区治理的过程，社会工作者既是专业的狭义社工，又是广义的社区社会工作者。他们在高校社工专业背景和价值理念的支撑下，积极探索适合本土的社区社会工作模式，以能够解决问题、有效开展社区社会参与为标准，不局限于专业，不拘泥于书本，开创了“河南经验”的“中原模式”。目前，社工在社区建设中的作用已经获得区领导、街道办事处领导的高度肯定和认可。在接下来的工作中，将会扩大试点社区的数量和规模，同时尝试多元主体购买社工服务的模式。

四　新形势下社会工作参与社会治理的具体路径

（一）宏观层面：建立制度保障，完善社会工作的岗位设置

在党的十八届三中全会对社会治理格局提出具体要求的条件下，地方政府应该大力落实政策，拓宽社会组织参与社会治理的准入机制，建立制度保障，完善社会工作的岗位设置。确立社会工作在参与社会治理过程中的合法性地位，对其功能职责进行准确定位。政府应该做到对于社会工作等社会组织的岗位提供，使得他们有一个明确、正当性的身份来参与社会治理。对其工资待遇、福利状况进行配置和规定，从而使社会工作作为一种长效机制参与到具体的社会治理的任务中，打破过去社会工作提供服务“名不正言不顺”的尴尬处境。

（二）中观层面：转变观念，促进社会治理的现代化发展

从中观层面来讲，政府应转变过去自上而下的命令式的社会管理方式，加大社会组织参与社会治理的宣传倡导。改变过去那种行政性命令式治理方式，切实从人民群众的利益出发，造就自己的服务意识，真正成为人民的公仆。与此同时，也要设法转变政府和老百姓对于社会工作的模糊的甚至是负面的印象，提升其对社会工作服务理念和具体功能的认知程度。

就具体的社会治理来说，应该在社会上形成一种社会组织参与社会治理的风气，政府应该对社会组织具有价值认同和行动认同，使得治理的向度由“单向”向“互动”转变，做到上下互动、平等参与。就具体的社会工作来说，应该提升自己的专业性和职业性，积极地参与到社会治理中来，使更多的基层群众了解到社会工作的职能和价值，为更多的人接受。

（三）微观层面：做好“赋权”，让渡社会工作参与社会治理的空间

就微观层面而言，地方政府应贯彻党的十八届三中全会提出的关于社会治理的具体方针政策，让渡社会组织参与社会治理的空间，做好社会工作处理具体社会事务的“赋权”工作。在具体的实践过程中，应该做到治理主体由过去的“政府”一元，到今后“政府、市场、社会组织”多元的转变。使政府购买服务成为支持社会组织发展的常态，甚至在可能的情况下，对相关社会组织实行免税政策。社会工作作为社会组织的一种典型代表，在已经开展的政府购买社会工作服务项目中展现了专业优势。在这种合作的过程中，政府通过采购程序选定相应的社会组织，其自身发挥的是提出规则和监督执行的职能。这种合作模式类似于一种“外包”，双方在平等互利的基础上实现了利益最大化和高效率的运作。

结　语

社会工作作为多元化主体参与到社会治理中是大势所趋，也是一种理性选择。社会工作者需要在坚持其专业性和职业性的前提下根据中国的实际情况，本土化地运用相关的方法和技巧开展实务活动。与此同时，政府也应做到理念的转变，引领多元主体参与社会治理，给予他们相应的发展空间。大力推进政府对社会工作服务的购买，设置社工岗位，给予其合法性地位和明确的职责划分、角色定位。二者的平等合作将会大大有助于中国社会的基层治理，从而有助于构建一个更加美好和谐的中国社会！笔者也期待着河南省政府在创新社会治理过程中探索出标本性的模式，做出突出的贡献！

B.5 河南省农村土地制度改革的现状分析及政策建议

柏必成*

摘　要：近年来，河南省农村土地制度改革富有成效，但也存在一些不容忽视的问题，诸如土地流转程序不规范、土地用途发生改变、强制流转土地现象普遍存在、农村宅基地有偿退出机制欠缺等。本文认为，推进河南农村土地制度改革的路径主要包括：建立规范的土地流转制度和体系；探索农户土地承包经营权和宅基地使用权的有偿退出机制；加大治理农村土地违法违规现象的力度。

关键词：河南　农村土地制度　宅基地

随着改革开放进程的日益深入，我国生产力发展水平、城乡关系、农民的收入水平和收入结构都发生了巨大变化，在这一背景下，农村土地制度问题又凸显出来，成为专家学者争论不休的话题，一些学者认为坚持土地集体所有、农户承包经营的土地制度已不能适应现代化和全面建成小康社会的要求。河南省从2000年起开始农村土地制度的第四次改革，只不过这种改革是自发的、市场化的而不是政府主导的，其突出的表现是农村土地的流转和宅基地的有偿转让。《中共中央关于全面深化改革若干重大

* 柏必成，河南省委党校讲师，管理学博士。

问题的决定》（以下简称《决定》）与2014年中央一号文件（《关于全面深化农村改革加快推进农业现代化的若干意见》）发布，进一步引起了人们对农村土地制度改革的热烈讨论，学界积极进行相关的理论探讨和经验总结，力求探索出一条符合我国国情的农村土地制度改革道路。结合《决定》和2014年中央一号文件及《土地管理法》《农村土地承包法》，总结和分析河南农村土地制度改革的现状、问题，研究制定相关的政策措施，这对于河南省农村土地制度改革的健康推进以及土地法律法规的有效实施具有重要意义。

一 河南省农村土地制度改革的现状和问题

（一）土地流转是农村土地制度改革的主要形式

如前所述，河南省自发的农村土地流转早已悄然进行，2002年出台的《农村土地承包法》肯定了土地流转的合法性[①]，更是加速了农村土地的流转。伴随工业化、城镇化与农业现代化的发展，农村土地制度改革不断深化，农民的土地承包经营权出现了诸如入股、互换、出租、托管等多种流转形式，农村土地流转规模逐渐扩大。河南省地方经济社会调查队于2014年4月中旬在全省17个省辖市、40个县（市、区）的120个乡镇中，抽选了600个农户对土地流转情况进行了问卷式调查。调查结果显示，在600个农户中，2010年参与土地流转的有97户，流转面积为477.8亩，2014年达到379户，流转面积为1993.5亩，其中70.7%是流转给了土地经营大户，流转给一般农户的占29.3%[②]。另据《河南日报》报道，2013年全省农村土地流转面积达2824万亩，占家庭承包耕地面积的29%；目前，河南省有农

① 《中华人民共和国农村土地承包法》第十条规定："国家保护承包方依法、自愿、有偿地进行土地承包经营权流转。"

② 河南省统计局：《河南省农村土地流转情况调查报告》，http://www.zyjjw.cn/news/jjwk/2014－06－19/171035.html，2014年6月19日。

民专业合作社6.5万个，种粮大户及家庭农场15538个，规模种植“大户”成为粮食增产的“中流砥柱”①。具体到河南省地市一级的情况来看，据漯河市政协的调查，截至2014年6月底，漯河市农村土地流转面积达122.1万亩，占家庭承包耕地面积的52.9%。全市100亩以上的经营大户1536个，经营面积为43.2万亩。其中，100～500亩的经营大户1342个，经营面积为24.2万亩；500～1000亩的经营大户122个，经营面积为7.5万亩；1000～2000亩的经营大户61个，经营面积为7.7万亩；2000亩以上的经营大户11个，经营面积为3.8万亩。在漯河市临颍县的杜曲镇，土地流转面积达到4.93万亩，占本地耕地面积的比例高达93%。

（二）土地增减挂钩、人地挂钩是农村建设用地改革的主要内容

2009年河南省人民政府办公厅印发了《河南省城乡建设用地增减挂钩试点暂行办法》，该暂行办法第一章第二条对“城乡建设用地增减挂钩”予以了明确界定：依据土地利用总体规划，将若干拟整理复垦为耕地的农村建设用地地块（即拆旧区）和拟用于城镇建设的地块（即建新区）共同组成拆旧建新项目区（以下简称项目区），通过拆旧建新和土地整理复垦等措施，实现项目区内增加耕地有效面积，提高耕地质量；在确保建设用地总量不增加的前提下，实现节约集约利用建设用地、城乡用地布局更合理的目标。2011年《国务院关于支持河南省加快建设中原经济区的指导意见》则对“人地挂钩”做出了明确的政策规定：在严格执行土地利用总体规划和土地整治规划的基础上，探索开展城乡之间、地区之间人地挂钩政策试点，实行城镇建设用地增加规模与吸纳农村人口进入城市定居规模挂钩、城市化地区建设用地增加规模与吸纳外来人口进入城市定居规模挂钩，有效破解“三化”协调发展的用地矛盾。通过旧村的拆迁复耕来弥补社区建设的占地，节约出来的土地可以用于公益设施建设和工商业的发展，也可以通过土地指标交易平台获得土地出让收益。如漯河市源汇区大庙王村，通过社区建

① 胡心洁：《“大户”成粮食增产“中流砥柱”》，《河南日报》2013年11月28日。

设，复耕了500多亩耕地，已出让200亩建设用地指标，实现了1700万元的土地收益，如果将土地指标全部出卖大约可以获得4000万元的收益，农民入住新房基本上不花钱，走出了一条宅基地换新房、旧村换社区的路子。土地的增减挂钩、人地挂钩这一改革打通了农村建设用地在城乡之间、地域之间流通的渠道，通过对农民多余建设用地的复垦来保障城镇建设用地的需要，农村宅基地变成农民手中的资本。中原经济区建设要求走出一条不以牺牲农业和粮食、生态和环境为代价的“三化”协调科学发展的路子，而城镇化、工业化的占地从哪里来？使农民宅基地资本化，推行土地增减挂钩、人地挂钩和宅基地有偿退出的政策，实现农村建设用地指标空间流动是唯一的途径。

（三）河南省农村土地制度改革中存在的问题

总体来看，河南省农村土地制度改革是富有成效的，正在向农村土地承包经营权的市场化发展，唤醒了农村宅基地和其他建设用地巨大的沉睡资产，促进了农村人口向城镇的转移，打开了农村建设用地在城乡之间、区域之间的流通渠道。

但是，河南省在农村土地制度改革中也面临一些不容忽视的问题。一是土地流转程序不规范。在河南省目前的土地流转中，协议流转和口头流转并存，政府或村委会主导流转与农户自发流转并存，缺乏一套规范的流转程序。根据对漯河市土地流转情况的调查发现，除承包大户、农业企业、农业合作社外，相当一部分农户之间是自发流转、口头约定。目前，全市签订合同的流转面积有63万亩，仅占流转面积的51.6%，近半数的土地流转只是通过口头约定，没有书面合同。就是签订了合同的，合同文本也不够规范，条款不完备。这些状况很容易造成流转双方的纠纷，使双方的权益都得不到保障。二是改变土地用途以及流转土地“非粮”化的日益加重。不能改变土地用途是我国农村土地制度改革的底线，但从全省范围来看，各地私自改变土地用途的事件还时有发生，有的土地流入方并没有在流转的土地上从事粮食生产活动，甚至没有从事农业生产活动，而是私自在流转的土地上建设房屋和其他非农设施。河南省地方经济社会调查队通过对全省600个农户土地流转情况的抽样调查发现，高达40%的流转土地并没有用于粮食生产，而土地经营大户的“非粮”比例更是从2010年的43.7%快速上升至目前的60%。如果以2013年全省农村土地流转比例33%计算，目前全省有超过13%的家庭承包耕地没有用于种粮。如果任其发展下去，势必影响河南省粮食产量以至威胁我国粮食安全①。三是强制流转土地的现象普遍存在。依法、自愿、有偿是农村土地承包经营权有序流转必须坚持的基本原则，但在有些地方，由政府主导的土地统一流转是违背部分村民意愿的，政府往往把规模种植户放在主要地位，首先满足他们的意愿，而将分散的农户置于次要地位，使其意愿难以满足。四是农村宅基地有偿退出机制没有建立起来。通过高考、经商、务工等途径，大量的农村人口向城镇转移，不少农户全家迁移到城镇。这部分人长期居住在城镇，对宅基地没有了需求，但是缺乏宅基地的有偿退出机制，造成农村宅基地的闲置和资源的浪费，或者引起宅基地的私下交易。

以上问题的存在，一是由于制度上的不完备。首先，从国家对集体土地所有权的规定来看，农村土地名义上归农民集体所有，而农民集体是一定范围内全体农民的集合，集体所有也就是这些农民共同所有。但是，“农民集体”不是法律上的“组织”，难以有效地对土地进行监督管理，集体所有实际上成为村干部、基层政府所有②。因此，集体土地所有权存在着主体虚位、错位的问题，集体中农民的权利不能得到有效体现。其次，从国家关于所有权、承包权、经营权三权分立的规定来看，这种规定在实际中存在概念模糊、边界不清的问题。从逻辑上讲，财产所有者拥有对财产的处置权、收益权，但集体作为土地所有者，其对土地的处置权是被大大弱化了的，因为国家的土地政策对这种处置权进行了严格的限定，表现在赋予农民长久不变的承包权，允许农民在承包期内对所承包的土地在不改变土地用途的情况下

① 河南省统计局：《河南省农村土地流转情况调查报告》，http://www.zyjjw.cn/news/jjwk/2014-06-19/171035.html，2014年6月19日。

② 王燕霞：《新形势下农村土地制度改革研究》，《河北法学》2014年第4期。

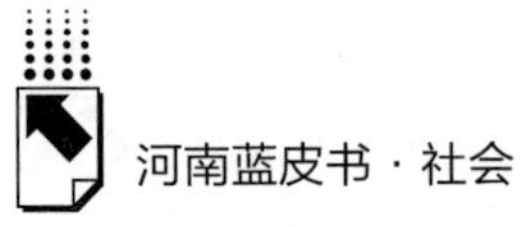

进行处置。农民个人拥有了处置权，集体就没有处置权，这事实上弱化了土地集体所有的性质，甚至使其名义化，而经营权与承包权的分离更是加剧了这种弱化，这必然导致集体对土地管理的弱化。二是由于执行中的偏差。国家关于农村土地制度改革的政策到了地方，往往要有一个政策的细化与具体化过程，对政策予以细化与具体化是政策执行当中的一个重要环节，人们因此也将政策的执行视为政策制定过程的延续①。然而，在细化政策的过程中，政策的执行主体由于不能准确把握政策的精神实质以及受自利动机的影响，很可能使国家的政策发生扭曲和变形。

二 对农村土地制度改革的两点理论思考

解决河南省农村土地制度改革中的问题，首先要在准确理解和把握中央关于深化农村土地制度改革的指导思想、目标方向以及大政方针的基础上，对有关的理论问题予以澄清。

（一）对农村土地集体所有家庭承包经营的理论思考

党的十八届三中全会做出的《决定》对深化农村土地制度改革进行了专门论述，明确要求“坚持农村土地集体所有权，依法维护农民土地承包经营权，发展壮大集体经济”，“稳定农村土地承包关系并保持长久不变，在坚持和完善最严格的耕地保护制度前提下，赋予农民对承包地占有、使用、收益、流转及承包经营权抵押、担保权能，允许农民以承包经营权入股发展农业产业化经营。”根据以上规定，深化农村土地制度改革，有三个关键点需要把握：一是农村土地集体所有的属性不能改变；二是在土地集体所有属性不变的前提下保持土地承包关系的长久不变，《土地管理法》规定承包期为30年，这个“长久不变”可能会突破30年，甚至达到50年或者更长时间；三是赋予农民更多的权利，在承包期内土地可以有偿退出及抵押、

① 李瑞昌：《中国公共政策实施中的“政策空传”现象研究》，《公共行政评论》2012年第3期。

担保、继承。

第一个关键点：农村土地集体所有是农村土地制度改革的底线。中共中央将农村土地集体所有的属性不改变作为农村土地制度改革的底线，这是在充分把握三农现实情况和总结历次土地改革经验教训的基础上得出的结论，是符合我国农村发展实际也是符合整个经济社会发展实际的，这一底线不能动摇和怀疑，各种改革模式的探索也都不应越过这条底线。近年来，在理论界，主张农村土地私有化的声音一直不断，一些学者认为农村土地私有化是土地制度的彻底改革，是解决三农问题的根本出路。这种主张的理论逻辑是，土地的私有化和市场化必然带来多方面的良好效果[①]：一是土地私有化可以形成全国统一的土地市场，能够实现土地的自由买卖、合理流转与资本化，从而促进农业产业结构的调整优化以及土地的高效配置和利用；二是土地私有化能够解除土地对农民的束缚，促进农民进城务工经商，实现农民非农化与农地非农化；三是土地私有化能够“还产于民”“还权于民”，把官方控制的资源特别是最重要的资源——土地减到最少，铲除官权、特权、专制、腐败产生的经济基础，从根本上防止在土地问题上产生各种侵犯农民权益的行为。上述逻辑不能说完全谬误，但笔者认为，土地集体所有制更有利于解决三农问题，更符合我国国情，更有利于工业化、城镇化与农业现代化的协调发展。一是公有制经济是社会主义制度的基本特征，是社会主义社会的经济基础，在我国农村，公有制经济主要就表现在土地的集体所有，如果将农村土地私有化，那么这个基本特征和经济基础便会失去，坚持社会主义制度决不能改变土地集体所有这一属性。二是农村集体经济具有日益重要的地位，发展集体经济是增加农民收入和实现共同富裕的必由之路。发展壮大集体经济的基础和前提是土地的集体所有制，如果没有这个基础和前提，发展壮大集体经济就无从谈起。经过改革开放30多年的发展，河南省农村集体经济的规模和总量在不断发展壮大，涌现出大批集体资产超过亿元的村，如新乡的七里营刘庄村、漯河的南街村和干河陈村。

① 简新华：《中国土地私有化辨析》，《当代经济研究》2013年第1期。

第二个关键点：集体土地家庭承包长久不变。土地承包权长久不变，赋予了农民长期的土地使用权利，这种使用权又将转化为农民的财产权，从而解决了土地公有制和家庭经营私有制的矛盾。如果土地承包权频繁变化，那么土地的经营权与使用权是不可能转化为农民的财产权的。以家庭承包经营为基础、统分结合的农村双层经营体制本身也在渐进的深化，实行初期农村土地承包关系一般是三年一调整，以适应人口变化，《农村土地承包法》规定了30年不变，2014年中央一号文件又规定长久不变。以上调整并不是随意的，笔者认为起码有三个方面的原因，一是减缓土地公有制与家庭经营私有制的冲撞，农民尽管说没有私有的土地，但在承包期内具有承包经营权，这个承包经营权就是农民手中的资本；二是随着工业化、城镇化的发展，更多的农民转入了第二、第三产业，对土地的依赖性逐渐减弱，收入结构发生了质的变化，新增的人口在没有土地的条件下也能够生存，可以想象，如果农民90%以上的收入依靠经营土地，土地承包经营权长期不变就有很大问题，家庭会因人均土地的不同而造成贫富差别；三是农业现代化发展的需要，土地承包经营权的长期不变为土地流转创造了条件，没有土地流转就没有规模化经营，没有适度规模化经营就很难实现农业现代化。

第三个关键点：农民可以对自己的承包经营权进行出租、抵押、担保。通过以上形式实现承包经营权的资本化，这就解决了土地的流转问题和农村人口向城镇的转移问题，既保持了土地的公有制性质，又赋予了农民更多的财产权利。笔者认为承包权和经营权是难以分离的，有承包权就有经营权，如果农民把土地流转出去，也就同时把承包权和经营权流转了出去，土地流出方获得约定的流转收益，土地流入方则享有承包经营权。

以上三个方面是统一的，不能分割，土地集体所有是前提，不能搞土地的私有化，土地承包权长久不变和赋予农民更多的财产权利则是改革的方向与路径。

（二）对农村宅基地改革的理论思考

党的十八届三中全会做出的《决定》为农村宅基地和经营性建设用地

的改革确定了原则和方向。《决定》要求“保障农户宅基地用益物权，改革完善农村宅基地制度，选择若干试点，慎重稳妥推进农民住房财产权抵押、担保、转让，探索农民增加财产性收入的渠道”。以上规定是对农村宅基地包括地上房产改革的重大突破。长期以来，农民宅基地归集体所有，而房产归私人所有，这一对公与私的矛盾使农民的房产不能物权化，只能居住不能买卖。不需要在农村居住的或者说迁移到城镇的农民，既不能把宅基地交给集体，因为交给集体其房产不能变现；又不能在市场上交易，因为土地是集体的。面对以上问题，如何保障农民宅基地的用益物权？中央提出了明确的改革方向，那就是房产权的物权化，房产权可以抵押、担保、转让。有了这个政策上的突破，农村的宅基地随同房产可以在市场上交易，因为二者是无法分开的。事实上，在城中村改造和城市建设对农民的住房拆迁安置补偿中，地随房走、一并补偿已经成为事实。另外，农村建设用地减少和城镇建设用地增加相挂钩的政策，也为农村宅基地的物权化打开了通道。这样，农民宅基地使用权的退出就有了两种途径，一种是在市场上交易，另一种是交给集体复耕，其建设用地指标得到的收益作为宅基地退出的补偿，不再考虑其房产的价值，因为这种收益完全来自宅基地的面积，与房屋面积的大小和质量无关。以上改革措施是盘活农村宅基地资产、实现宅基地有偿退出的重要途径，在实践中需要认真探索。

三　政策建议

（一）农村土地制度改革应把握的几个关键之处

农村土地制度改革牵涉广大农民的切身利益，牵涉城乡的协调发展，也直接地影响现代化进程，看似简单的土地权属的转让和交换，其实是一个复杂的综合性、系统性工程，既要稳妥慎重，又要积极推进。在改革的推进中必须正确把握改革的方向和重点，使改革沿着正确道路不断深入。

第一，明确改革的根本目标。改革的根本目标是利用市场机制优化配置农村土地资源，充分发挥土地的生产功能，增强土地的财产功能，增加农民的土地收益。因此，必须将农村土地制度改革与新型农村社区建设统一起来，与节约集约用地统一起来。

第二，农村土地制度改革要和农业现代化的发展方向一致。农村土地制度改革要有利于农业现代化的发展，农业现代化的基础是适度规模经营。因此，农村土地制度改革要促进分散的家庭承包经营向规模经营转变，促进土地向规模集中。

第三，农村土地制度改革要适合新型城镇化发展的要求。新型城镇化首先是人的城镇化，土地制度改革要有利于农村人口向城镇的转移，有利于农业劳动向务工经商的转变。

第四，既要发挥好政府的作用，也要大力发挥市场配置资源的作用。农村土地制度改革离不开政府的积极推进，同时也要充分尊重农民群众的意愿，使市场在土地资源配置中的作用得到有效发挥，不能一味通过强制手段搞土地制度改革。

第五，要严守土地制度改革的底线。中央农村工作领导小组副组长、办公室主任陈锡文强调农村土地制度改革有三条底线不能突破①：其一，不能改变土地所有制，就是农民集体所有制；其二，不能改变土地的用途，农地必须农用；其三，不管怎么改，都不能损害农民的基本权益。这三条底线也是农村土地制度改革的基本原则，在实践当中必须坚守，不能走样变形。

（二）对河南省农村土地制度改革的几点建议

1. 建立规范的土地流转制度和体系

土地流转是农村土地制度改革的主要形式，也是实现土地资本化的主要途径，如果依法有序、程序规范的流转，流转双方的权益都会得到保障，土地流转关系比较稳定，土地用途也不会发生改变。但在目前的土地流转中存

① 冯华、陈仁泽：《农村土地制度改革，底线不能突破——专访中央农村工作领导小组副组长、办公室主任陈锡文》，《人民日报》2013 年 12 月 5 日。

在两种极端形式：一种是地方政府主导下的土地流转，带有一定的强制性；另一种是完全自发的流转。这两种形式都有弊端，前者容易忽视农民的主体地位，政府成为集体的法人代表；后者容易背离法律法规的要求，无法确保土地用途的不改变和耕地的不减少，也难以保障流转双方的权益。应建立政府指导下的土地流转中介服务组织，使之成为政府、农户与市场之间的纽带，其主要功能是服务于流转双方，规范流转程序，保证土地的依法有序流转。

2. 探索农户土地承包经营权和宅基地使用权的有偿退出机制

河南省是人口大省，也是农业人口大省，人多地少的基本省情没有改变。2014 年 6 月 9 日，河南省人民政府新闻办公室向社会发布了《关于第二次全省土地调查主要数据成果的公报》，调查数据显示，河南省有耕地 12288 万亩，占全国耕地总面积的 6.05%，居全国第三位，但人均耕地面积仅 1.23 亩，仍低于全国水平，并且郑州、许昌、漯河、商丘等市的耕地后备资源已近枯竭[①]。

河南省要尽快实现土地的规模化经营，不仅要减少农业人口，还要减少对土地占有的人口，增加务农人口占有土地的面积。《农村土地承包法》第二十六条规定，“承包期内，承包方全家迁入设区的市，转为非农业户口的，应当将承包的耕地和草地交回发包方。承包方不交回的，发包方可以收回承包的耕地和草地。”根据这一规定的要求，转为非农业户口的农民应把承包土地交给集体，但这一规定是难以落实的。因为作为村民小组的集体名存实亡，使有的承包方愿意交而交不出去，有的则因为有土地收益而不想交。另外，《农村土地承包法》提出“保护农村土地承包关系的长期稳定”，2014 年中央一号文件又提出“稳定农村土地承包关系并保持长久不变”，这使农民在承包期内不退出土地承包权也有了一定的法律和政策依据。于是现实中便产生了这样一种结果，虽然农村人口减少了，农民人均土地并不能得到增加，家庭的经营规模也不能得到扩大，如果要扩大生产规模只有租赁别

---

① 米方杰：《河南省耕地面积居全国第三》，《东方今报》2014 年 6 月 10 日。

人的土地。很多报道都指出了土地的非粮化问题严重，甚至威胁粮食安全，这是因为规模种植大户的土地都是租来的，存在一个租赁成本，种粮效益低甚至赔钱，他们只有种植效益较高的经济作物。但可以想象，近50%的土地都用来种植经济作物，必然受到市场需求的限制，也不可能会赚钱，这反过来还会限制土地的规模经营。因此，政府应出台相关的政策措施，鼓励农转非人口退出承包土地，对土地流转的价格也要有指导性意见，用于种粮的土地租赁价格要低于用于种植经济作物的土地租赁价格。

同时，还应建立宅基地的有偿退出机制。河南省农村空壳化的现象比较严重，主要是因为没有建立起宅基地有偿退出机制，很多农村宅基地空置了相当长的时间，房屋接近倒塌，宅基地荒芜。笔者认为可以成立宅基地有偿退出基金，对于长期不在农村居住的家庭，通过对宅基地的适当补偿鼓励其退出，如果不退出就要征收空置费，退出的宅基地则交给集体复耕，建设用地指标则进入交易市场。还可以考虑实施增减挂钩、人随地走的政策，以县或乡镇为单位在城郊和小城镇为农民建设社区，农民可以用宅基地换新房①，以旧村换社区，同时对旧村进行整治复垦，占补平衡后节约的建设用地指标进入交易市场，以此获得的收入则作为对农民宅基地和房屋的补偿。

3. 加强对农村土地违法违规现象的治理力度

在河南省农村，以下违法违规事件还时有发生：①超规模占用宅基地；②私自在承包地上建住宅和其他设施，私自改变土地用途；③集体建设用地随意买卖，私自改变用地规划，农村土地先用后征、以租代征、征而不用；等等。这些乱象如果得不到治理，农民的利益就难以得到有效保障，同时也会影响农村土地制度改革沿着正确的轨道进行。

治理农村土地违法违规现象需要从以下几个方面着力：一是要建立健全农民群众的参与机制。土地的流转、宅基地的规划、农村土地的征用、建设用地指标的交易、新型社区的建设等，都要积极吸收农民群众参与进来，充

① 向农民在社区的房屋颁发房产证，使其可以用于抵押、担保，也可以在全县、乡镇农户之间进行交易，由此实现农民房屋的物权化。

分听取农民的意见，不能由地方政府和村干部包办。二是要加强对土地承包合同的管理。在不少地方，集体没有与农民签订承包合同，对土地的经营权没有明确界定，致使农民随意改变土地用途。针对这种问题，应尽快签订土地承包协议，协议必须明确规定承包户具有改良耕地、保护耕地、不改变土地用途的责任，农民对土地的自主经营必须在不改变土地用途的前提下进行，如果不履行合同，就要给予相应的处罚或收回承包地。三是要有效制止超占宅基地和闲置宅基地的现象发生。为避免超占宅基地，可以对超出规定宅基地使用面积的部分征收有偿使用费；为了避免闲置宅基地，可以征收宅基地闲置费。四是要建立土地升值利益分配机制。在征地过程中，农民得到的补偿与土地转为工商业用地之后的市场价格悬殊，少则几十倍，多则上百倍甚至上千倍。农民感到自身利益受到极大损害，所以土地征用中的农民抗争事件不断发生。对于土地的增值收益，不能使之全部进入政府财政，而应从中划出合理的部分对农民进行补偿。另外，在土地的二级市场上，政府应该征收高额的土地增值税和所得税，防止投机商囤地生财。五是要改革现行的征地制度。有学者提出这样的改革设想①：除非满足《土地管理法》第五十四条规定的四种符合公益要件的征用集体土地，否则政府一律不准征地，所有工商业用地均由农村土地产权主体与土地利用者按照市场经济原则进行交易；政府可以根据不同的土地交易类型采取有差别的税收政策，同时要依法加强对土地市场的监督和管理。施行这样的改革将会对提高农民的土地收益、减少非农占地以及制止征地中的种种乱象起到积极作用。

① 陆子修、吴镕、史啸虎、湛中林：《关于农村土地产权制度改革政策建议》，http：//www.21ccom.net/articles/zgyj/ggcx/article_ 2013102294038_ 2.html，2013 年 10 月 22 日。

B.6

河南省农村基层政府治理的状况与问题研究*

杨林霞**

摘　要：河南省农村基层政府虽历经数次改革，但当前其治理仍面临各种问题，主要包括资源严重不足、治理任务繁重、治理环境复杂、职能转变困难、治理主体单一等。本文在对河南省乡镇政府治理现状及问题分析的基础上，提出应通过改革并完善现行乡镇政府财政体制、转变基层干部治理观念、畅通民众参与治理的渠道、改进乡镇政府干部考核机制等举措，多头并进，全面推进河南省农村基层政府治理。

关键词：河南　农村基层政府　治理问题

一　问题的提出

党的十八届三中全会做出的《中共中央关于全面深化改革若干重大问题的决定》明确提出要“推进国家治理体系和治理能力现代化”，十八届四中全会又进一步提出“良法善治”的治理理念，这充分表明，在今后相当

* 本文是笔者主持的2013年教育部人文社科基金青年项目“运动式治理的‘常态化’困境及民众参与机制研究”(项目编号:13YJC840043)的阶段性成果。

** 杨林霞，中原工学院法学院讲师，社会学博士，主要研究方向为社会问题。

长的时期内，国家治理都将成为全面深化改革不可忽略的内容。作为国家治理体系的重要组成部分，农村基层政府既是联系无形的“国家”和有形的“农民”的重要桥梁，也是农村经济社会与文化全面发展的领导力量、各种社会矛盾冲突的化解力量以及新农村建设的重要推动力量，同时更因其与广大村民直接打交道的频率最高、涉及事务的范围最广而成为农民眼中“政府”这一抽象概念的现实具象。需要指出的是，学界对“农村基层政府”这一概念的界定并不一致，广义上农村基层政府可以包括县政府、乡镇政府甚至“村委会”这一“准政府组织”，狭义上则专指直接与农民、农业、农村打交道的乡镇政府，本文使用的是狭义上的农村基层政府概念，即乡镇政府。在相当程度上，农村基层政府的治理状况直接关系社会主义新农村建设的成效，进而成为判断整个国家治理状况与水平的重要指标。河南省是无可争议的农业大省，农业人口众多，在此意义上，河南省农村基层政府的治理研究就显得尤为重要。

二　河南省农村基层政府的概况

在农村基层政府治理改革的过程中，乡镇机构尤其是税费改革之前的乡镇机构因其机构臃肿、人员超编、人浮于事、以罚代管、管理混乱、矛盾激化等问题被视为改革的重头戏。作为农业大省，河南省历来重视农村基层政府的职能转变及其基层治理问题，并为此在乡镇机构改革方面进行了积极探索和行动。

自从 20 世纪 80 年代改革开放以来，河南省分别于 1983 年、1992 年、1998 年、2001 年、2005 年进行了多达五次的乡镇机构改革，其最终目的就在于通过改革政府机构，裁减冗余部门和人员，转变政府职能，进行更好的基层社会治理。虽然这些改革并非全部收到预期效果，但能够从中看出政府改革农村基层治理的决心。2005 年，在认真汲取前四次乡镇机构改革失败教训的基础上，河南省从 9 月到 12 月短短三个月内共撤并乡镇 236 个，合并各类事业站所 3117 个，清退和分流人员近 20 万人。以宝丰县为典型代表，最能反映此次改革的雷厉风行。宝丰县在此次改革中，共撤并 1 个乡，分流乡镇正式人员 601 人，清退乡镇机构临时人员 151 人，而这些工作从 11 月 3 日开始进行改革动员，到 11 月 20 日改革结束，前后只用了 18 天时间。可以说，就精简机构、裁撤冗员而言，这次的乡镇政府机构改革取得了显著成效。

然而，经历了“撤并改”之后，作为人口大省、农业大省的河南省乡镇政府机构数量仍然是庞大的。河南统计网的数据显示，截至 2013 年底，河南省共有乡镇 1844 个，比上年减少了 9 个，其中 1064 个建制镇、780 个乡。建制镇中包含 100 个城关镇、203 个国家重点镇以及 83 个县级政府所在地的镇。然而，与乡镇政府管辖的机构与人口相比，乡镇政府机构显然面临着巨大的基层治理压力。同一统计数据显示，全省乡镇共有 44586 个村委会，乡镇常住总人口为 7955.95 万人，乡镇户籍人口 8607.72 万人，全省乡镇行政区域面积达 1574.26 万公顷。可见，作为河南省农村基层治理的负责机构，河南省乡镇政府所要治理的对象和范围依旧广泛，而且更不容乐观的是，在当前的治理过程中也面临各方面的复杂问题。

三　当前河南省农村基层政府治理面临的问题及原因分析

随着经济社会的发展和税费改革的实现，“撤并改”之后的河南省各乡镇政府面临的治理难题因为具体地区、经济发展水平和模式、乡村城镇化水平等的不同而呈现不同特点。但大致而言，这些问题可概括为责大能小、财政、制度环境、角色转变、治理主体、治理对象、治理方式、治理效果等方面的问题。

（一）资源严重不足

乡镇机构改革为农村基层政府治理奠定了相对合理的组织基础，但其自身所拥有的各类资源与其应负的繁重的治理任务却不成比例，财政资源、行政资源、智力资源、人力资源都远远不足。

仅就财政资源而言，2005 年，河南省在全省范围内取消了农业税以及各种专门面向农民的集资收费项目，并对种粮农户实行补贴。税费改革一方面使广大农民得到真切实在的好处，缓和了原本乡镇基层政府同广大农民的矛盾，有利于农村基层政府的社会治理。数据表明，河南省进行税费改革前，全省农民负担为 101 亿元；取消农业税后，减负达 29 亿元。但另一方面，税费改革也使河南省大部分以传统农业为主的地区基层政府遇到更为严重的财政问题。取消农业税后，算下来每个农户只少交了 30 元，但这却是之前大多数乡镇一级公务机构经费的主要来源。缺少了这一项重要的经费来源，在中央及上级政府财政转移支付力度不到位的情况下，地方政府唯有大举借债度日。2014 年年初公布的政府性债务审计结果显示，截至 2013 年 6 月底，全国乡镇政府负偿还责任、担保责任或救助责任的债务分别达 3070. 12 亿元、116. 02 亿元和 461. 15 亿元；国家审计署报告则显示，全国有 3465 个乡镇政府负有偿还责任债务的债务率高于 100%。在这种情况下，乡镇财政支出不得不一缩再缩，道路建设、水利建设、基础教育投入等都受到严重影响。沉重的债务负担既妨碍了农村基层政府的功能发挥，又侵害了广大相关债权人的权益，同时这种长期的“欠债不还”情况也给基层政府带来了严重的债务风险和信任危机。

（二）治理任务繁重

在现有压力型体制下，作为“上面千条线、下面一根针”的乡镇基层政府，是整个国家治理体系的最基层和最末梢的组成部分。其不仅有作为地方基层政府自身的政策目标，同时还要接受来自上级层层下达、不断加码的各项任务。可以说，中央政府和上级地方政府所有与“三农”相关的政策基本上都要通过农村基层政府来贯彻实施，而乡镇政府存在的价值就在于执行中央和上级地方政府的各项命令政策，其政绩亦根据命令政策的贯彻执行情况来考核。税费改革后，农村基层政府对于上级政府财政转移支付的依赖性以及可调动资源的有限性，使得乡镇政府不得不将上级政府下达的各项政策任务作为工作核心，其本身的政策目标被淹没在上级的各项政策目标之中。

在这种情况下，农村基层政府基于自身利益往往会被迫或主动有选择性地展开行政作为，在某些如招商引资等能带来好处或者如秸秆禁烧、计划生育等易被上级一票否决的工作任务上，显示出超强的行动能力；对于那些与自身利益关系不大的公共服务之类的工作任务，则是能推就推、能拖就拖。乡镇政府这种“对上负责”“顾一头”的“选择性”“运动式”治理，造就了太多的形式工程、政绩工程，却鲜见实在工程、惠民工程，故而群众对其治理工作不认同、不支持，缺少了群众基础，前期治理效果往往难以固化，从而不得不进行重复性治理，客观上使得治理任务更为繁重。

（三）治理环境复杂

乡镇政府实际上面临的治理环境也非常复杂。首先，各乡镇之间的强异质性与自上而下发布的“一统性”的政策指令之间的冲突。可以说，绝大多数乡镇政府都遇到收支平衡、工资兑现、工作运转、债务消化及地方经济发展等方面的困难，但客观地讲，河南省各地经济社会发展程度很不均衡。具体到各乡镇之间，仅建制镇与乡相比，河南统计网《2014 年河南省乡镇经济社会发展报告》表明，河南建制镇平均每个镇的人口达 4.71 万人，人口集散效应明显，比全省乡镇平均水平（4.31 万人）高出 9.24 个百分点；经济实力更强，公共财政收入达 3245.99 万元，比全省乡镇平均水平（2422.66 万元）高出 33.99%；同时，建制镇的基本社会服务也更完善。

其次，传统农村社会治理本身的特点也加剧了农村基层政府治理环境的复杂性。农村社会的治理要更多地考虑当地的风土人情、传统习惯、家族势力、血脉关系等，官方的正式的治理手段往往行不通，所以才有了孙立平等人总结的“正式权力的非正式运作”现象①。与此同时，考虑到乡镇政府作

---

① 孙立平：《“软硬兼施”：正式权力非正式运作的过程分析——华北 B 镇收粮的个案研究》，谢立中主编《结构 - 制度分析，还是过程 - 事件分析?》，社会科学文献出版社，2010，第 155 ~ 185 页。

为基层执行机构并不具备完全意义上的决策权，乡镇政府领导团队本身因为专业素养和决策技能的限制，其决策质量总体上难以让人满意。同时，自乡镇政府机构改革后，乡镇政府通过撤并站所、裁员分流等手段，严格精简机构、控制在编人员数量，当自上而下的治理任务接踵而至时，便会呈现财政、行政、智力、人力等多方资源的不足，从而难以应对复杂的治理环境。

故而，在农村基层政府的治理工作中，自上而下的“一统性”政策忽视了各地具体差异，再加上农村社会本身的特点，乡镇政府缺少自主性，治理面临着复杂的环境，对其治理能力提出了较高的要求。

（四）职能转变困难，公共服务能力差

就乡镇政府自身而言，税费改革后，其重要工作职能开始从以往“要钱、要粮、要命”的“三要”工作中抽离，其政权性质也相应地由传统的“汲取型政权”试图向“服务型政权”转变①。吴理财教授的课题组对农村基层干部的问卷调查结果显示，取消农业税以来，以前乡镇政府的主要工作如“征收税费”（9.4%）、“办理上级人民政府交办的事项”（37.9%）等都已经不再为人们所认同，而“为农民更好地服务”（66.7%）、“发展经济”（69.5%）、“维护治安”（66.1%）等各项为农村提供公共服务和公共产品的事务被认为是乡镇政府的主要工作，有61%的基层干部同意乡镇改革应着手于“转变政府职能，增强公共服务能力”方面。

但在当前财政空壳化的背景下，基层政府在改变以往“汲取型政权”角色的同时，其所拥有的拮据的财政和有限的行政、人力、智力等资源又限制了其公共服务职能的发挥，尤其是财政资源，65.8%的调查对象都认为“乡镇政府财力不足，无钱办事”是乡镇政府职能转变中的难点。资源的匮乏使得乡镇政府不得不选择那些与自己利益息息相关的工作任务来进行治理，而其原本最基本的职能——面向本地区提供相应的公共服务和公共产

① 周飞舟：《从汲取型政权到悬浮型政权：税费改革对国家和农民关系之影响》，《社会学研究》2006年第3期。

品——却无法实现。在同一调查中，就有41%的农村基层干部认为“乡镇政府的公共服务能力差”是当前乡镇治理中的主要问题。由是，当前乡镇政府未能如期由以往的“汲取型政权”转向“服务型政权”，而是在资源紧缩的过程中转化成远离农村广大村民的“悬浮型政权”，从而更不利于其基层社会治理的展开和推进。

（五）治理主体单一

伴随着新型城镇化的推进，农村生活方式正在发生深刻变化，许多农村劳动力离开土地进城打工挣钱。上海财经大学2013年“千村调查”项目调查发现，在年龄、教育水平相似的情况下，选择外出务工可以显著提高农村劳动力的收入水平，因此，大批农村劳动力选择了进城挣钱。根据国家统计局抽样调查结果显示，2013年全国农民工总量达26894万人，同年中国官方公布的《中国的就业状况和政策》白皮书统计数字表明，河南有1300万人外出打工，而2014年的《河南统计年鉴》则显示，2013年年底农村人口总数为5958万人。除去老弱病残人数，外出打工人数在农村青壮年人群中所占比例甚高，可以说“能出去的都出去了”。

而在这个庞大的农民工群体背后，是普遍出现的农村空心化趋势。空心化的村庄使地方自治力量大为削弱；再加上税费改革后农村基层政府“悬浮”状态下难以实现对民众力量的发动，包括村民自治在内的农村治理都出现了“村民主体缺席”的尴尬局面，社会治理沦为农村基层政府的独角戏，进而直接影响治理工作的推进和治理的最终效果。

四 多头并进，全面推进河南省农村基层政府治理

（一）改革并完善现行乡镇政府财政体制

税费改革后，乡镇政府的财政困境日益严重，甚至成为影响其职能转变的首要因素。上级政府的财政转移支付不能充分满足其多项支出需求，而它

也不能像以往那样通过自主设立收费项目来弥补财政缺口，于是转而向社会企业贷款，结果引发严重的地方债务，并反过来影响地方公共服务和产品的提供。

为继续深化农村税费改革，保护改革成果，上级政府必须合理加大财政转移支付的力度，为乡镇政府的职能转变提供财力上的基本保障。在此基础上，乡镇政府还要对自身进行改革。首先，发展壮大乡村经济，增加地方财政收入总量，从根本上化解基层政府债务；其次，加强乡镇财政管理，对财会人员进行法律知识、业务知识培训和职业道德教育，规范经费开支行为，严格控制非生产性费用开支的标准；再次，继续推行乡镇政府机构改革，消除机构臃肿、人浮于事的现象，提高工作效率，减轻财政负担。简言之，乡镇政府要在“开源节流”的基础上，“好钢使在刀刃上”，花好每一笔财政收入。

（二）转变基层干部治理观念，从管理者向服务者角色转化

税费改革后，乡镇政府不再是以往“要钱要粮要命”的汲取型政权，与农村基层社会的关系也不再是直接的管控关系。可以说，乡镇政府的职能被期待更多地转向公共产品和服务的提供，这就需要农村基层干部相应地更新治理理念，从以往农村社会的管理者向地区公共产品和服务的提供者的角色过渡。

为此，首先，基层干部要自觉地意识到伴随政府机构改革、职能转变，自身亟待发生重要角色转变；其次，上级政府也要定期或不定期地对基层干部队伍进行业务素质的培训和提升，使相关认识能达到一定的理论深度和高度，并提高整体素质。

（三）畅通民众参与治理的渠道，减轻乡镇政府治理负担

地方社会的治理从来都不是基层政府单方面的事情，其治理的成效也有赖于政策指令在基层社会的认可度、支持度。在当前基层政府治理过程中，公共产品和服务是由乡镇政府全面负责提供的，受主观或客观因素的制约，

地方力量被主动或被动地排除在治理主体之外，治理效果也显而易见。而作为农村基层政府服务的对象，或曰公共产品的“消费者”，民众应该有合理有效的参与渠道，使他们面对与自己利益息息相关的事情，有发表意见、提出建议的权利。

因此，要想方设法发动民众参与到基层政府治理行动中。首先，拓宽民众参与治理的方式，可以充分利用信息化时代的沟通优势，开通各类信息沟通平台，最大限度地听取民众的意见和建议并给予及时的反馈。其次，要构建相应的奖励机制，鼓励民众对地方经济和社会发展献策献计，并对那些好的建议进行一定的物质奖励和精神表彰。再次，提供良好的地方政策和制度环境，吸引那些在外积攒了一定经验和技术的有能力的乡村精英回乡创业，拉动地方经济社会发展。

（四）改进乡镇政府干部考核机制

在现行的基层干部考核上，考核制度、政绩评价标准均来自上级政府，乡镇干部为达标，必须对上级政府负责，为此，乡镇干部纷纷把工作精力集中在完成相关的政绩工程上，其工作实质上是为上级考核而为之，远远偏离了“向下服务”的原初目标。

针对这种现状，必须大力改进原有乡镇政府干部的单方考核机制。建议考评干部业绩时，在降低原有上级政府考核的评分比重的基础上，另外加上乡镇领导干部小组互评和群众民主测评两项。因为相较于上级考核，后两项考核人员能更真实地了解到基层干部的实质工作。当然，在实际操作中，应该注意避免考核本身落入形式主义窠臼，甚至只是变相增加基层干部的工作负担而不能收到任何好的工作效果。

参考文献

狄金华、钟涨宝：《变迁中的基层治理资源及其治理绩效：基于鄂西南河村黑地的分析》，《社会》2014 年第 1 期。

李国波：《农村基层政府依法行政的困境与出路》，《求实》2013 年第 S1 期。

吴理财：《用“参与”消解基层“选择性治理”》，《南风窗》2009 年第 2 期。

张新光：《我国乡镇政府职能转变的演进路径分析——以河南省乡镇机构改革为例》，《岭南学刊》2007 年第 2 期。

B.7

河南省社会保障财政供给体制优化研究

董振廷 张玉峰*

摘 要：本文采取实证分析的方法，对河南省社会保障财政供给体制现状进行认真分析，总结了社会保障供给的发展成果，比较分析了社会保障财政支出水平。本文研究发现，河南省社会保障财政供给体制存在的主要问题是缺乏财政支持社会保障发展的常态化机制、缺乏财政对社会保险的支出结构和支出额度的合理化机制、缺乏健全的社会保障财政支出的监督制约机制，并针对这些问题提出了相应的意见建议。

关键词：社会保障 财政供给 体制优化

社会保障是民生工作的重中之重。近年来，各级政府逐步加大对社会保障的投入，河南省社会保障体系建设取得了历史性突破，实现了跨越式发展，为促进经济社会协调发展和社会公平正义、让广大人民群众共享改革发展成果、推进加快转变经济发展方式做出了巨大的贡献。但随着河南省经济社会以及社会保障和财政体系的快速发展，现有的社会保障财政供给体制也存在许多新问题，面临新挑战。本文就河南省社会保障财政供给体制的现状、问题进行研究、分析，并提出进一步完善的政策建议。

* 董振廷，中央财经大学社会保险学院学生，主要从事研究财政社会保障工作；张玉峰，河南省财政厅社会保障处主任科员、会计师职称，从事财政社会保障管理工作12年，长期参与河南省财政社会保障体系制度设计与优化。

一　河南社会保障财政供给体制现状

（一）河南社会保障供给的发展成果

1. 社保项目明显增加，制度体系趋于健全

一是建立覆盖城乡的养老保障体系，基本实现老有所养目标。着力推进建立城乡居民社会养老保险制度，完善企业职工基本养老保险制度，积极推动事业单位养老保险制度改革，解决未参保集体企业退休人员等的养老保障问题。养老机构数量不断增加，养老服务产业和服务规模有所扩大。二是建成全民共享的基本医疗保障体系，有效缓解“看病难、看病贵”问题。建立和完善新型农村合作医疗制度、城镇居民基本医疗保险制度和城乡医疗救助制度，深化城镇职工基本医疗保险制度改革，为实现病有所医奠定了制度基础。三是推进建设全方位的社会救助体系，有效保障低收入人群和弱势群体基本生活。逐步建立并完善城乡居民最低生活保障制度，建立流浪乞讨人员救助保护制度，推进农村危房改造，社会救助体系建设取得了明显进展。四是进一步健全失业保险与促进就业相结合的就业保障体系。通过税费减免、小额担保贷款贴息等政策，鼓励劳动者自谋职业、自主创业；通过社会保险补贴、公益性岗位补贴等政策，扶持就业困难人员就业；通过免费的公共就业服务、职业介绍补贴、职业培训补贴等政策，提高劳动者职业技能和就业能力。

2. 社保扩面成效显著，全覆盖目标基本实现

随着社会保障制度体系的不断健全，制度覆盖面从就业人员扩大到非就业人员，从城市居民扩展到农村居民，越来越多的城乡居民被纳入社会保障制度覆盖范围。一是社会保险覆盖人群大幅增长。养老保险制度已基本实现城乡全覆盖，参保人数超过 5800 万人，全省享有基本医疗保障的人数达 1 亿人，基本实现全民医保。二是社会救助制度基本实现应保尽保。2013 年全省城市低保对象达 129. 1 万人，农村低保对象达 392. 3 万人，五保供养对

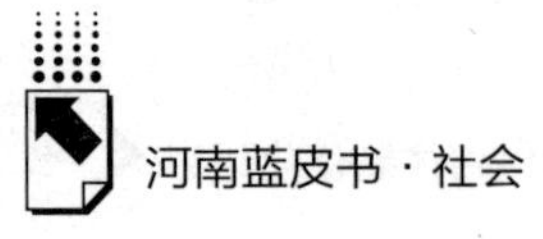

象达 48.4 万人。

3. 社保水平大幅提高，人民群众生活得到更好保障

各项社会保障的待遇水平不断提高，广大社会保障对象对经济发展成果的分享进一步得以体现。一是连续 10 次提高企业退休人员基本养老金，月均标准由 2002 年的 569 元提高到 2014 年的 1940 元左右，增长 2.4 倍。二是大幅提高医疗保障水平。2014 年，新型农村合作医疗和城镇居民医保人均筹资标准达 380 元，比制度启动之初 2003 年的人均 30 元增长了 11.7 倍。城镇职工医保、城镇居民医保和新农合政策范围内住院费用报销比例分别达 75%、70% 和 70%。三是多次提高低收入者生活保障标准。城市低保月人均补助水平由 2002 年的 55 元提高到 2014 年 197 元，增加 142 元，增长 258%。农村低保月人均补助水平由 2006 年的 20 元提高到 2014 年的 99 元，增加 79 元，增长 395%。农村五保集中供养标准由 2005 年的 1200 元、分散供养 1000 元分别提高到 2014 年的不低于 3200 元和 2220 元。

4. 社保资金规模迅速壮大，管理水平得到提高

2013 年，全省各级财政预算安排社会保障支出 1223 亿元，是 2002 年的 8.9 倍。2013 年，社会保险基金收入 1487 亿元，是 2002 年的近 11.6 倍，相当于全省财政收入的 40.3%；支出 1199 亿元，是 2002 年的近 10 倍，相当于全省财政支出的 21.5%。累计结余达 1561 亿元，是 2002 年的 19 倍多。为加强对各类社会保障资金的管理，提高资金的安全性和使用效益，2010 年起建立社会保险基金预算制度，健全财务制度并规范资金管理办法。同时，积极推进政府采购、国库集中支付、收支两条线管理及重大财政社保支出项目绩效考评，建立社会保障支出统计指标体系，全面反映社会保障资金支出状况。

（二）近年河南社会保障财政支出情况

1. 河南省财政社会保障支出水平比较

社会保障财政支出占财政支出的比例反映了财政对社会保障的支出强度，而社会保障财政支出占地区生产总值的比例则反映了经济对社会保障的

支撑能力，这两个比例构成衡量社会保障财政支出相对规模的主要指标①。表1给出了2003～2013年河南省社会保障财政支出的变化情况，其中社会保障财政支出包括社会保险、社会救助、社会福利、社会优抚以及就业和医疗卫生支出。财政社会保障支出由2003年的159亿元增长到2013年的1223亿元，增长率达669%，高于同期GDP 368%的增长率；其中财政社会保障支出占GDP的比重增加了1.48个百分点，占财政支出的比重在21%上下浮动。总体来说，十年中河南省社会保障体系不断完善，保障项目也在逐步增加，但是社会保障财政支出占财政支出和GDP的比重依然很低，财政支持社会保障的力度有待加大。

表1　2003～2013年河南省社会保障财政支出水平

单位：亿元，%

年份	社会保障财政支出	财政支出	GDP	社会保障财政支出占财政支出的比重	社会保障财政支出占GDP的比重
2003	159	717	6868	22.18	2.32
2004	181	880	8554	20.57	2.12
2005	209	1116	10587	18.73	1.97
2006	274	1440	12363	19.02	2.22
2007	380	1871	15012	20.31	2.53
2008	476	2282	18019	20.85	2.64
2009	627	2906	19480	21.57	3.22
2010	731	3416	23092	21.41	3.17
2011	909	4249	26931	21.40	3.38
2012	1055	5006	29810	21.08	3.54
2013	1223	5582	32156	21.91	3.80

资料来源：河南省财政决算、河南省历年统计年鉴。

2. 河南省社会保障财政支出结构比较

表2反映了2009年以来河南省社会保障财政支出在不同保障项目中的

① 郎大鹏：《社会保障的供给及其财政责任研究——以北京市为例》，《技术经济与管理研究》2012年第10期。

表 2　2009～2013 年河南省社会保障财政支出情况

单位：万元

年份	社保财政总支出	社会保险	社会救助	社会福利	社会优抚	就业	医疗卫生
2009	6267671	2405743	678449	31379	217699	220838	2231495
2010	7314310	3295949	777301	48422	244275	264739	2702070
2011	9094422	3712368	1006875	79801	283992	299450	3614775
2012	10554655	4481615	981315	104025	394441	344886	4256304
2013	12238950	5384894	1122846	126409	484635	349493	4924837

资料来源：河南省财政决算。

分布情况，财政支出结构主要包括社会保险、社会救助、社会福利、社会优抚、就业和医疗卫生。其中，随着城乡居民养老保险、城镇职工养老保险以及基本医疗保险参保人数的增加，社会保险财政支出逐年增长，并且占社会保障财政总支出的较大份额；社会救助和就业财政支出也呈增长趋势，但是社会救助所占份额有下降趋势，今后财政应向这两方面倾斜，尤其是对社会福利的支持力度需要加强；医疗卫生所占的比重呈增长趋势，这一方面是因为这里的统计口径将医疗保险也包含在医疗卫生里，另一方面是近年来河南省加大了对就业和医疗卫生的重视和投入。未来河南省面临的就业压力尤其是高校毕业生的就业压力仍然很严峻，需要财政采取更加多样化的方式加以支持。为了更加直观地说明 2009 年至今河南省社会保障各子系统财政支出的变化趋势，本文以两个扇形图加以展示，具体支出比重详见图 1、图 2。

3. 河南省18个地市的财政支持力度比较

河南省下设 18 个省辖地市，受社会、经济和文化等因素的影响，每个地市的发展程度不尽相同，财政对社会保障的支持力度也呈现出差异。目前，河南省社会保障体系有很多保障项目，比如城乡居民社会养老保险、城乡居民社会医疗保险、生育保险、工伤保险等仍然停留在市级或者县级统筹层次。因此，有必要了解 18 个地市各自的财政支持社会保障的情况，从而发现地区差异，为调整下一步的社会保障财政工作方向提供依据。

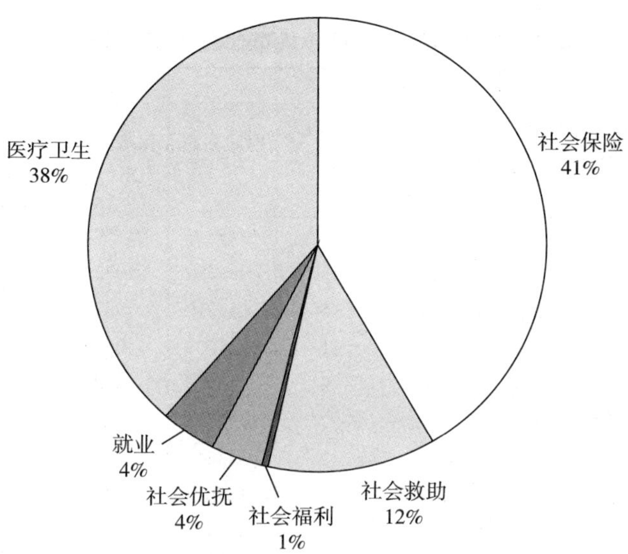

图1　2009年河南省社会保障财政支出分布情况

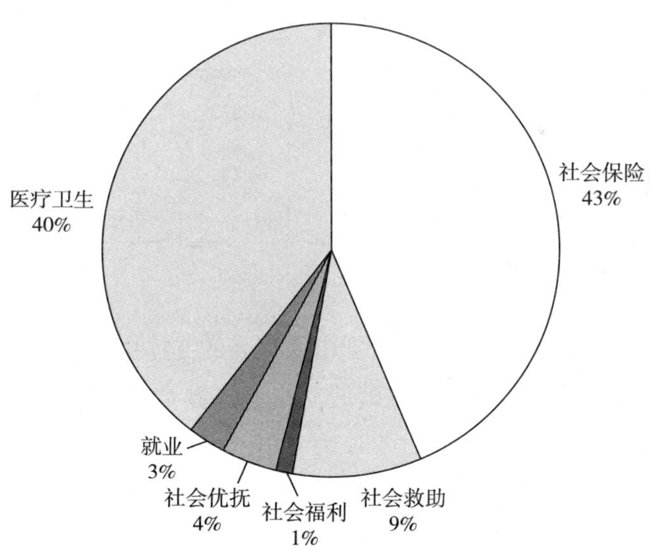

图2　2013年河南省社会保障财政支出分布情况

表3给出了河南省18个地市人均GDP和人均社会保障财政支出的排名情况。2013年人均GDP排名第一的是郑州市，然后依次是济源、三门峡、

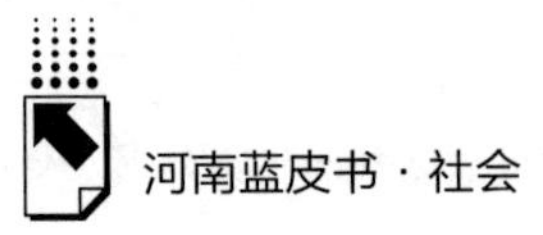

表 3　2013 年河南省 18 个地市社会保障支出水平

地名	人口规模（万人）	GDP（亿元）	人均 GDP(元)	人均 GDP 排名	社会保障财政支出（万元）	人均社会保障财政支出(元)	人均社会保障财政支出排名	社会保障财政支出占 GDP 比重(%)
郑州市	919	6202	67476	1	1245528	1355	2	2.01
开封市	465	1364	29349	13	498150	1072	7	3.65
洛阳市	662	3141	47478	5	653016	987	12	2.08
平顶山市	496	1557	31406	11	524602	1058	10	3.37
安阳市	509	1684	33078	9	440674	866	18	2.62
鹤壁市	161	622	38665	7	170616	1060	9	2.74
新乡市	568	1766	31121	12	513463	905	16	2.91
焦作市	351	1707	48586	4	360053	1025	11	2.11
濮阳市	358	1130	31542	10	434315	1212	3	3.84
许昌市	430	1903	44292	6	380545	886	17	2.00
漯河市	258	862	33458	8	253887	986	13	2.95
三门峡市	224	1205	53754	3	246551	1100	5	2.05
南阳市	1009	2499	24764	15	959182	951	15	3.84
商丘市	728	1538	21138	17	795990	1094	6	5.17
信阳市	638	1581	24794	14	628320	985	14	3.97
周口市	878	1791	20385	18	939803	1070	8	5.25
驻马店市	690	1542	22363	16	792935	1150	4	5.14
济源市	72	460	64354	2	105675	1478	1	2.30

资料来源：2013 年《河南统计年鉴》。

焦作、洛阳，而人均社会保障财政支出前五名的排序中上述五个城市有两个退出。人均 GDP 和人均社会保障财政支出并不是严格的正相关关系。经济发展水平较高的几个市的人均社会保障支出水平反而低于经济较为落后的地区，比较典型的如洛阳、许昌、漯河、安阳、周口、驻马店、商丘、濮阳八个地市的对比。可能的原因是：经济较为落后地市的社会保障支出结构比较偏向于社会救助这种纯粹依赖政府财政全部供款的项目，而经济较为发达地市的社会保障财政支出更多地倾向于保险性质的社会保险。因此，从这个角度去理解表 3 中所呈现的地市差异也就不足为奇了。值得注意的是，近年来，随着河南省社会保障体系的逐步发展与完善，社会保障支出结构应该向社会福利方面倾斜，比如随着人口老龄化的逐步加深，具有福利性质的老年服务亟待政府加大资金支持力度和政策扶持力度。另外，各地市社会保障支出水平呈现差异，从另一方面说明了提高社会保障各个项目的统筹层次的必要性。

二　存在的问题

社会保障财政支出现状和近年来的数据对比分析反映了河南省社会保障财政支出力度和结构的各种不足，概括说来，主要是缺乏财政支持社会保障发展的常态化机制、缺乏财政对社会保险的支出结构和支出额度的合理化机制、缺乏健全的社会保障财政支出的监督制约机制等。

（一）缺乏财政支持社会保障发展的常态化机制

1. 各级政府社会保障事权与支出责任划分不清

长期以来，我国政府事权和支出责任划分、收入安排、转移支付领域存在一些不容忽视的问题，1994 年的分税制改革没有从根本上改变政府事权和支出责任划分，之后虽然多次微调，但目前仍是“上下一般粗”，应由政府承担的职能基本上仍是上下对口，上边出政策，下面对口执行，任务都压到了基层政府，出现所谓的“上面千根线，基层一根针”的局面，结果是大量事项由中央和地方财政共同承担，效率低下，政策目标难以实现[①]。社会保障方面同样如此，一是中央应该负责的事务，交给了地方管理。如涉及国防、军队的财政支出，应全部由中央负担，而实际上地方承担了很多责任，河南省作为兵源大省在这方面压力很大。二是应该交给地方管理的事务，中央承担了较多的支出责任。如中央补助重大公共卫生资金甚至包括农村改水改厕，中央基建投资补助甚至具体到村卫生室。三是中央和地方的职责重叠，共同管理的事项较多。如城镇企业职工基本养老保险、城乡居民养

① 楼继伟：《中国政府间财政关系再思考》，中国财政经济出版社，2013。

老保险、城乡居民医疗保险、公共卫生、城乡低保等。职责重叠、共同管理，使得中央与地方通过各种形式进行博弈，容易造成职责不清、互相挤占或双方都不管、无从问责。

2. 社会保障筹资渠道过于单一

目前，河南省社会保障筹资的渠道主要包括财政拨款、企业缴费、个人缴费三方面。其中财政保障占主要部分。通过2013年社会保险基金决算分析，当年财政对城镇企业职工基本养老保险的补助为163亿元，占当年筹资额的21.6%。对城乡居民养老保险补助101亿元，占当年筹资额的68.2%。对新型农村合作医疗补助235亿元，占当年筹资额的81.3%。对城镇居民医疗保险补助31亿元，占当年筹资额的83.8%。另外，在社会救助、就业、医疗卫生方面，绝大部分都是财政投入。2013年，彩票公益金用于社会保障方面的支出仅为26.3亿元，占当年社会保障财政支出的2.2%。财政投入在社会保障筹资中比例过大，社会捐献、基金的运营增值及彩票收入等方面对社会保障的补充太小，而如国家通过减持国有股、变现国有资产、发行长期国债等其他筹资方式在河南省还没有实施。同时，河南省社会保险费由各个社会保险经办机构征收，征收机构分散，征收力度不大，漏征现象突出。

（二）缺乏财政对社会保障的支出结构和支出额度的合理化机制

1. 社会保障投入仍有不足，保障水平偏低

与其他地区相比，河南省社会保障财政支出占财政总支出的比例差距较大。2005年部分发达国家社会保障财政支出占财政总支出的比例分别为：福利性国家有瑞典（42.5%）、荷兰（44.6%）、加拿大（43.8%）、新西兰（42.3%）、瑞士（45.6%）、英国（35.8%）；保险型国家有德国（52.6%）、美国（30.2%）、澳大利亚（30.8%）、日本（31.7%）。发展中国家如巴西在1996年社会保障财政支出占财政总支出的比例就达36.7%。与其他省份相比，河南省社会保障支出（包括就业和医疗卫生支出）占财政总支出的比例长期在21%左右徘徊，与河南省长期快速发展的经济形势不相适应。2014年，河

南省城市最低生活保障人均补差水平为每人每月 195 元，农村最低生活保障水平为每人每月 99 元，五保供养标准为每人每年集中供养 3200 元、分散供养 2220 元，四项排名均居全国倒数几位。

2. 支出结构不合理

据统计，2012 年底，河南省 60 岁及以上老年人口达 1195 万人，占全省常住人口的比重为 12.7%，65 岁及以上老年人口达 786 万人，占全省总人口的比重为 8.36%。国际上通常把 60 岁以上的人口占总人口的比例达 10%，或 65 岁以上人口占总人口的比例达 7%，作为一个国家或地区进入老龄化社会的标志。上述两个比重分别超过 10% 和 7% 的人口老龄化预警线，说明河南省已进入人口老龄化省份的行列。随着人口老龄化趋势的逐步加深，具有福利性质的老年服务亟待政府加大资金支持力度和政策扶持力度。但通过 2009 ~ 2013 年河南省社会保障财政支出结构分析，河南省财政对社会福利的支出长期处于较低水平，仅占当年财政社会保障支出的 1%，社会保障支出结构应该向社会福利等方面倾斜。通过各省辖市社会保障人均支出情况对比，经济发展水平较高的几个市的人均社会保障支出水平反而低于经济较为落后的地区，比较典型的如洛阳、许昌、漯河、安阳、周口、驻马店、商丘、濮阳八个地市，这些地方有必要调整支出结构，加大对社会保障的投入。

3. 制度碎片化严重，统筹城乡均等化程度不够

如养老保险，区分不同对象，有城镇企业职工基本养老保险、城乡居民社会养老保险、被征地农民养老保险，还有即将开展的机关事业单位养老保险。医疗保险包括职工医疗保险、城镇居民医疗保险、新型农村合作医疗、大病保险等。新出台的社会救助暂行办法明确有八项救助制度：包括最低生活保障、特困人员供养、受灾人员救助、医疗救助、教育救助、住房救助、就业救助和临时救助等制度。其中，低保制度还分为城市居民最低生活保障制度和农村居民最低生活保障制度。医疗救助制度还分为城市医疗救助和农村医疗救助。另外，还有针对特殊群体的救助，如孤儿救助、流浪乞讨救助、艾滋病导致单亲家庭救助等，碎片化十分严重。

（三）缺乏健全的社会保障财政支出的监督制约机制

通过近年来的审计报告发现，河南省社会保障财政管理方面仍存在很多问题。如城镇居民与新型农村合作医疗重复参保问题，城乡低保人情保、关系保问题，违规向不符合保障条件的人员发放养老保险问题，企业通过少申报缴费基数而少缴纳社会保险费问题、企业以虚假培训骗取就业补助资金问题等。目前，社会保障财政资金仍存在重分配、轻管理的问题，社会保障资金绩效考核尚未全面开展，部分社会保障资金监督管理不到位，需要在以后的工作中加以改进。

三　河南社会保障财政供给体制优化建议

健全社会保障体系是当今社会发展的必然要求，党的十八大报告提出了健全和完善社会保障体系的新方向，即在全覆盖、保基本、多层次和可持续方针的指导下，坚持以增强公平性、适应流动性、保证可持续性为重点，全面建成覆盖城乡居民的社会保障体系。河南省社会保障体系建设虽然已经取得了很大成就，但仍需要进一步完善，这需要财政为其提供强有力的扶持，以下从建立财政支持社会保障发展的常态化机制、健全社会保障财政支出结构和支出额度的合理化机制、完善社会保障财政监督制约机制等方面提出河南省社会保障财政供给体制优化建议。

（一）建立财政支持社会保障发展的常态化机制

1. 合理划分各级政府社会保障事权与支出责任

中央与地方社会保障事权和支出责任应按照通用的三原则划分。一是外部性原则，凡是跨区域有影响的，应由中央负责，反之应由地方负责。二是信息处理复杂性原则，凡是信息处理比较复杂、高层不易掌握的事项，应由地方负责。三是激励相容原则，凡是地方按照有利于自己利益最大化去做，同样也可使全局利益最大化的事项，应由地方负责，反之应由中央负责[1]。根据以上原则，对社会保障项目中央与地方社会保障事权和支出责任提出以下建议：就业、城镇企业职工基本养老保险涉及劳动力跨区域转移，优抚安置政策涉及国家安全，公共卫生中的传染病防治、计划免疫和食品药品安全有明显的外部特征，这些都应该划为中央事权，由中央承担支出责任。而基本公共卫生、社会救助、失业保险、医疗保险、城乡居民养老保险等具有信息处理复杂性，应划为地方事权，但中央应相应扩大一般性转移支付规模。

2. 拓宽社会保障资金筹资渠道

一是加大彩票公益金等政府基金支持社会保障的力度。二是探索通过减持国有股、变现国有资产、发行长期国债等方式筹集社会保障资金。三是在完善法规、严格监管、保证基金安全的基础上，适当拓宽社会保险基金投资渠道，推进社会保险基金投资运营。四是在实施税务代征社会保险费的基础上，建议国家开征社会保障税，以强化社会保险费的征收。

（二）健全财政对社会保障的支出结构和支出额度的合理化机制

1. 进一步加大对社会保障的投入

增加社会保障财政投入，提高社会保障财政支出占一般预算支出和地方生产总值的比例。到2020年，社会保障财政支出占一般预算支出的比例应达到25%，占地区生产总值的比例应达到5%。在财力允许的情况下，应进一步加大对社会保障的财政投入。

2. 优化社会保障支出结构

一是加大对农村社会保障的投入。河南省城市居民最低生活保障补助水平约为农村居民最低生活保障补助水平的2倍；企业职工人均养老金水平约为城乡居民人均养老金水平的32倍；职工医疗筹资标准约为新型农村合作医疗筹资标准的8倍。城乡之间保障水平差异很大，要进一步加大对农村社会保障特别是困难地区的投入力度，以提高农村社会保障水平。二是加大对

① 楼继伟：《中国政府间财政关系再思考》，中国财政经济出版社，2013。

社会救助和社会福利方面的投入，河南省老龄化社会已经到来，而与之相对应的养老服务业等发展缓慢，要进一步加大对养老服务业等社会福利方面的支持力度。同时，加大对社会救助的投入力度，提高保障水平。

3. 整合相关制度，统筹城乡发展

一是整合医疗保险制度。在近期，将城镇居民医保与新型农村合作医疗整合为统一的城乡居民医疗保险制度；在远期，将城镇职工医疗保险和城乡居民医疗保险整合为统一的医疗保险制度，分设不同的缴费档次和财政补贴档次，城乡居民、职工可自由选择缴费档次，享受相应的待遇。二是整合养老保险制度。在近期，整合城乡居民养老保险制度，建立企业职工养老保险与城乡居民养老保险衔接办法；在远期，建立统一的养老保险制度，城乡居民和职工可自行选择缴费档次，同时改革养老金计发办法，加大个人账户和缴费年限与退休金的关联度，建立多缴多得、长缴多得的良性机制。三是统筹城乡救助制度。在近期，将城市居民最低生活保障制度、农村居民最低生活保障制度整合为城乡居民最低生活保障制度，将城市医疗救助、农村医疗救助整合为城乡医疗救助；在远期，将最低生活保障制度、特困人员供养、受灾人员救助、医疗救助、教育救助、住房救助、就业救助整合为统一的社会救助制度，根据具体情况，分设不同的救助标准。在制度整合的同时，进一步提高统筹层次，促进全省城乡居民社会保障水平均等化。

（三）完善财政社会保障监督制约机制

1. 完善社会保险基金预算制度

一方面，要完善预算编制，进一步改进基金预算编制方法，规范工作规程，实施绩效考评，提高基金预算编制的科学性、规范性和准确性。另一方面，要强化预算执行，建立预算编制与预算执行有机衔接的动态管理机制，建立定期上报执行情况的常态化管理机制，促进预算编制与预算执行的衔接。

2. 在社会保障领域大力推行购买服务和绩效考评

为进一步提高社会保障资金的使用效益，一方面，要通过政府购买服务

的方式安排政府补助，鼓励和支持社会保险、社会救助、社会福利等基本公共服务的提供，使公立和非公立基本公共服务供给机构均可以参与有序竞争，获得政府补助。另一方面，要建立健全社会保障财政资金绩效评价指标体系，逐步扩大绩效评价范围。为鼓励地方政府加大社会保障资金投入、加强资金管理，建议从有关社会保障转移支付资金中划出一定比例，按照绩效评价的结果，奖励地方增强基层社会保障经办能力。

3. 逐步实现社保资金的财政集中支付

逐步取消社会保障经办机构设立的支出户，社会保险基金由财政专户（国库）直接拨付到社会化发放代办银行以及医疗机构等单位，以进一步健全资金监管机制，减少资金在途时间，提高资金使用效益，确保社会保障资金安全运行。

四　结论与展望

社会保障体系的完善离不开财政的支持。在公共财政的支持下，河南省建立了包括社会保险、社会救助、社会福利、社会优抚以及就业和医疗卫生在内的覆盖城乡居民的社会保障体系，但是具体的社会保障项目发展情况不一，制度运行的过程中还存在着诸多问题需要解决，财政支持社会保障功能的发挥还有待进一步提升。具体来说，需要从以下几个方面努力。

第一，不断完善社会保障制度建设。目前，河南省社会保障制度方面还有缺失，机关事业单位养老保险改革试点进展缓慢，效果不佳；城镇居民医疗保险和新型农村合作医疗之间的衔接问题尚未很好地解决；城乡居民养老保险与城镇职工养老保险的转移接续需要进一步探索；农村社会救助和社会福利事业发展相对落后，需要政府重视起来，建立新型的农村社会救助体系，真正地让需要救助的农民享受经济社会发展的成果。

第二，财政支持力度需要进一步加大。加大财政投入力度，不仅是投入钱的问题。一方面，要优化财政支持政策，使财政支持社会保障发展制度化、常态化，探索多样化的财政支持方式，比如政策优惠、国有股转持等；

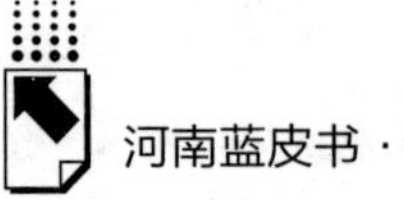

另一方面，要有计划、有针对性地加大资金投入，尤其是对农村社会保障的财政投入，不断缩小城乡差距。

第三，加快社会保障和财政立法进程。通过立法，加强对社会保障基金的监督和管理，同时，积极推进信息化平台建设，增强社会保障业务和财政资金流向的公开和透明，最大限度地提高资金使用效益。

B.8

河南城市社区服务体系状况与对策研究

何汇江　曹亚星*

摘　要：随着社会经济体制改革的逐步深入，社区服务在居民生活和社会发展中的作用越来越大。本文描述了河南城市社区服务体系状况，认为城市社区服务体系处于初级阶段、各地发展不平衡、各地社区服务体系建设实践各有特色，分析了河南城市社区服务体系中存在的社区服务设施不足、社区服务人才短缺、社区服务机制不顺、社区居民自治意识薄弱等问题，并针对上述问题提出了加大政府财政资金投入、加强社区服务体制创新、丰富社区服务内容、加强社区服务人员队伍建设等完善河南城市社区服务体系的对策措施。

关键词：社区服务体系　基本公共服务　社区志愿服务

随着经济体制改革的不断深化，社区在经济社会发展中的作用越来越重要，社区服务的必要性也日益突出。同时，经济社会的发展和城市化进程的加快，城市社区数量不断增多，城市社区服务已经不能满足城市居民日益增长的多元化与个性化的需求，加快城市社区服务体系建设已经成为一项急迫的任务。

---

* 何汇江，中原工学院法学院副教授；曹亚星，中原工学院科技哲学专业研究生。

一　引言

自19世纪80年代社区服务的概念被提出以来，一些发达国家与地区的社区服务体系建设日益成熟，社区居民的物质与精神生活水平不断提升。如何界定社区服务也引起了多方学者的探讨。我国当前对社区服务的界定总体来说有两种，即广义论与狭义论。广义论的学者认为社区服务以福利性、公益性为内核，以政府为依托，旨在满足社会成员日益增长的物质与精神需求，以求促进社会整体的和谐发展；狭义论学者较之广义论学者，对社区服务过程中可能产生的商业性活动方面做出了否定的解释。简单地概述社区服务，即为满足社区居民的需求开展的多层次、全面的具有福利性、利民性的社区建设活动。社区服务的广义论定义比较符合我国现阶段的国情以及社区服务发展的基本现状。社区服务体系，则是依托政府支持、以社区的服务机构为主，为提升社区居民生活质量而展开的一系列具有福利性、有偿性等多种服务活动的总称，是以更好地促进社区基本管理、满足社区成员生活所需为工作重点的社区建设。

1986年我国在全国大中城市倡导开展城市社区服务以来已近30年，社区服务体系建设已经初具规模并且不断完善。目前，城市社区的管理体制实行“两级政府、三级管理、四级服务”，城市社区服务体系处于社区服务的一个层级，社区一级主要承担服务功能。社区服务体系是政府与各级单位以及社区、街道之间相互协作、分工明确，为努力满足社区居民生活需求、提升居民生活质量的多元化综合服务。

河南积极落实国家关于社区服务体系建设的政策，2009年制定实施了《河南省人民政府关于加强和改进社区服务工作的意见》，2012年制定实施了《河南省社区服务体系建设规划（2011～2015年）》。根据《河南省社区服务体系建设规划（2011～2015年）》文件，河南城市社区服务体系主要由三大类构成：一是政府基本公共服务，包括社区劳动就业，社会保险和社会服务，社区救助服务，社区医疗卫生和计划生育服务，社区文化、教育、体育服务，社区法律、治安服务，社区环境保护服务，社区养老服务；二是社区便民利民服务网络；三是社区志愿服务。

二 河南城市社区服务体系的现状

河南省按照党的十六大报告的要求，以社区服务为重点，逐步建立健全社区服务体系，城市社区服务体系建设取得了显著效果。2012 年，河南省政府制定出河南省社区服务体系建设规划，进一步促进了社区服务体系的发展。但是，从目前河南省的现状来看，仍有很多需要改进的地方。

（一）社区服务体系建设处于初级阶段，总体水平低

河南社区服务体系开始建设的时间虽然较早，但并没有引起足够的重视，加上政府的投入有限，因此社会服务体系的建设相对滞后。

首先，社区服务设施不断完善。根据 2012 年的统计资料，河南全省共有 4166 个城市社区，在这些城市社区中，97% 的拥有自有、划拨或长期租用的办公及服务用房，其中面积在 300 平方米以上的占 41%；57.3% 的社区有图书室。另外，60% 的城市社区、53.2% 的街道未建立社区服务中心，100 个城市社区没有办公服务用房，59% 的城市社区服务站面积不足 300 平方米。

其次，社区服务的项目日益增多。社区服务的对象已从老年人、残疾人、优抚对象等困难群体扩展到社区的全体居民；社区服务的内容从社会救助延伸到就业服务、卫生和计划生育、社区治安、文化和教育以及体育等领域。2012 年，河南全省开展的社区服务项目有 1.66 万个。

最后，社区服务的人员持续增加。2012 年，河南全省社区服务中心共有从业人员 6.8 万人，其中有 2.2 万多名社区居委会干部，每个社区平均有 5.37 名干部。全省成立社区志愿服务组织 6800 多个，有社区志愿者 23.7 万人。目前这一人数有所增加，政府购买的社工岗位就是人员新增的一部分。

总体而言，河南城市社区服务体系建设没有达到社区服务体系建设规划

的要求，发展水平还不高，河南城市社区服务体系建设仍处于初级阶段，而社会发展给社区服务体系建设带来了新的机遇与挑战。

（二）各地落实社区服务体系建设规划的程度不同，发展不平衡

河南各地市贯彻落实《河南省社区服务体系建设规划（2011～2015年)》的程度不同，造成城市社区服务水平有很大差异，各地发展呈现不平衡状态。

首先，河南各地市社区服务体系发展不平衡。社区服务发展水平往往与当地经济发展水平有关，经济越发达，社区服务体系越健全。由于各地市自身财政能力的不同以及财政资金分配的不均衡，社区之间存在差异问题。从河南全省的情况来看，经济实力比较强的郑州、洛阳、焦作、安阳等地市政府投入较多，社区服务体系建设水平较高。财政能力不足或资金分配比重小的社区，社区基础设施建设薄弱、社区服务队伍建设滞后、社区工作人员工资待遇过低等。较之精品社区完善的服务体系，部分条件简陋、资金不足的社区，在社区服务发展以及当前服务不能满足社区居民的迫切需求等方面面临很大的困境，供求关系矛盾问题突出。从郑州市的情况来看，金水区财政实力较强，社区服务体系建设投入较多，早在几年前就开始政府购买社会工作服务试点，把社工充实到社区服务队伍中去，提高了专业化程度和服务效果。

其次，城市社区服务体系中的政府基本公共服务、社区便民利民服务网络以及社区志愿服务之间发展不平衡。其中，政府基本公共服务是重点，往往得到优先发展，而社区志愿服务的发展则相对滞后。

（三）各地进行社区服务体系建设创新、实践有特色

河南省各地市的城市社区依据自身社区的特点，展开各具特色的社区服务。具体有如下一些有特色的城市社区服务体系。

1. 郑州市建设“三级三类”市民服务中心体系

2014年以来，郑州市以建设市民服务中心为支撑，建立以“三级三类服务”为构架的市民服务体系。“三级”就是市级、区级和社区级三个层

次，“三类服务”就是行政审批服务、政府性社会事业服务和基本生活配套服务。社区市民服务中心主要为居民生活服务，并与学校、医院等服务设施统筹规划，形成系统的服务体系。

2. 洛阳市推行网格“管家式”模式

洛阳市推行社区服务网格化模式，细化服务管理责任，主动服务社区群众。传统的社区服务模式已经不能应对社区现存的一些矛盾和问题，因此，洛阳市 2013 年开始积极探索新的、适宜的社区服务管理模式。洛阳华源社区开始实施社区网格化服务试点工作，按照“四位一体、二级网格”模式开展工作，取得了很好的效果。社区服务网格化的实行打破了原有部门之间合作少、单个部门负担重的传统格局，开创了“条块结合、以块为主、细化到格、责任到人”的新模式。洛阳西工区市府院社区也进行了新模式的试点工作。根据试点社区居民的反馈，这样的模式得到了社区居民的普遍认可。

3. 焦作市建立“社区复合共治”模式

焦作市以解放区为代表，焦作市解放区作为城市社区建设的全国先进区、示范区，由于社区组织架构合理，目前已形成复合共治的社区管理模式和多元主体参与机制。这一模式主要包括以下几方面：一是建立“四位一体”的社区管理体制，二是推行网格化服务、扁平化管理，三是推进社区服务信息化，四是加快社工队伍建设。

4. 安阳市建设网格化服务体系

安阳市在社区服务体系建设中，各辖区也根据自身特点，形成各具特色社区服务。2013 年以来，以文峰区的网格化管理、信息化服务最具有代表性，文峰区把 52 个社区划分为 716 个网格，实行“1 + 3 + N”包格工作模式。全区录入居民基础信息后，又特意将特殊群体如孤残老人、优抚、低保等录入系统，以求信息更加精准、服务更具针对性。

三　河南城市社区服务体系存在的问题

虽然在河南省各地市的努力下，出现了一批和谐有序、设施完备、服务完善的现代化新型社区，但是河南城市社区服务体系建设中还面临一些问题。这给河南社区服务建设进程带来阻碍，也不利于社区服务体系的长远发展，必须引起重视。目前，河南城市社区服务体系存在的问题主要有以下几个方面。

（一）社区服务设施不足、服务项目较少

河南各地市最近几年来，在社区服务的硬件设施建设上加大了投入，但是社区服务的设施建设与服务内容仍然不能完全满足现阶段社区居民的个性化与多元化需求，影响社区服务的发展。社区居民最关心的医疗、劳动就业等服务项目还不够完善，出于财政投入、社区基础差异等原因，一些社区的服务体系建设存在缺少经费、场地不足等困难，造成居民生活单一与不便。

社区服务体系中的政府基本公共服务是社区服务的主要内容，但是很多社区由于重视不够，或者受条件所限缺乏相应的服务设施，并没有开展规划的服务项目。而且大部分的社区没有开展社区志愿服务，也缺乏相应的志愿服务组织。

（二）社区服务人才短缺、人员素质偏低

虽然近年来，河南省各地市的社区服务队伍建设水平不断提升，招聘人员的素质也比以往有提高，但从整体上看，社区服务工作人员的专业素质较低，社区服务的队伍建设仍比较滞后，社区服务的专业化水平较低。从城市社区服务人员构成来看，除了居委会、街道办的干部外，离退休人员、下岗失业人员等临时人员在社区服务人员中占绝大部分，受自身文化水平、专业培训等方面限制，他们往往不能够很好地掌握基本的社区服务知识与基本技能，只能够提供有限的基础服务，不能够很好地解决现阶段社区内存在的各类问题与矛盾，也不能满足社区居民的不同需求。

社区服务人才短缺以及人员素质偏低的问题往往是由社区服务人员待遇偏低、发展空间较小导致的。待遇偏低不能吸引优秀人才从事社区服务工作。例如，郑州市从2012年开始，社区工作人员报酬参照郑州市最低工资

标准，并且建立了随着郑州市最低工资标准的增长而增长的机制，但是到2014年郑州市的最低工资是1400元，其他地市的最低工资标准更低。有些地市也推行过“一个社区一名大学生”的政策，尝试提高社区服务人员素质，但是这些进入社区工作的大学生有很大一部分会在合同到期后转而参加公务员考试或者参加其他单位以及公司的招聘，不再继续从事社区服务工作。社区居委会是居民的自治组织，工资上属于生活补贴，其干部也不属于事业、行政在编人员，其各项社会保障、权益方面相对不完善。人员编制问题以及工资待遇问题等，也使社区服务人员对个人的职业生涯规划与发展前景感到担忧，继而导致人才流失。

（三）社区服务机制不顺、保障能力不强

社区服务体系的建设需要回答政府在社区服务体系建设中的作用问题，也就是社区服务体系的定位问题。政府的社会管理重心呈现下移的倾向，政府各项公共事务与管理在落实到各个社区时没有一个专门的组织来承担，这些行政性工作最终下移到社区居委会来开展。但是，社区居委会作为社区居民的自治组织，既要完成政府下达的行政任务又要开展社区自身的服务工作，这就使得社区居委会的职能混淆。虽然社区居委会承担政府的行政职能，但是在工资、待遇却与政府行政部门有着不小的差异。再者，既然代为执行行政职能，开展公共事务与公共活动时，其在人员配备与经费等方面应该有进一步的调整。另外，社区居委会作为居民自治组织，没有充分调动广大居民参与社区服务的积极性，居民缺乏参与的动机与途径，社区居委会也没有进行广泛的宣传与组织，居民自治功能没有得到充分发挥。

由于社区服务机制不顺，其在承担政府职能和发挥自治功能方面的作用都有待提高，使得社区服务体系的保障能力不强，难以充分发挥社区服务的功能，尤其在提供社区志愿服务方面还有很大的发展空间。

（四）社区居民自治意识薄弱、居民参与不多

河南全省范围的情况表明，社区居民在参与社区服务中的积极性、参与

性不高。社区服务体系建设不仅要依靠政府的投入，也要依靠社区工作人员的努力和广大社区居民的配合与参与。政府在制定与实施各项社区服务体系政策时，必须听取广大社区群众的意见，根据居民的现实所需，制定与之密切相关的服务政策。不同社区的居民有不同的需求，只有本社区居民才最了解自我的现实所需，也最关心与之相关的政策倾向。因此，在推进社区各项公共服务建设的过程中，社区居民的参与必不可少，只有让社区居民真正参与到社区各项建设的过程中，才最能够真实反映出民之所需、心之所向，才可能真正地建立起完善的社区服务体系。

四　完善河南城市社区服务体系的对策建议

随着城市社区服务体系建设的深化，一些新的问题与矛盾开始凸显，现阶段社区服务体系建设速度与规模还不能完全满足当前社区居民的需要。只有建立起完善的社区服务体系，才可以达到每个社区的和谐继而实现社会的整体和谐。针对河南城市社区服务体系存在的问题，笔者提出完善河南城市社区服务体系的对策建议。

（一）加大政府财政资金投入，保障社区服务设施建设

社区服务体系建立在完善的社区服务设施基础之上，而社区服务设施的建设需要政府财政资金的投入。政府财政资金应该成为社区服务设施建设资金的主要来源，并且应当制度化、规范化。社区服务设施包括很多内容，有房屋、设备、人员工资等，涉及医疗、教育、养老、文化、体育、就业、保险等政府基本公共服务方面的服务设施。这些方面的服务是政府职能的延伸，只有依靠政府财政资金的投入。政府应该将社区公共服务的办公经费、居民自治活动经费、社区办公服务用房经费等纳入财政预算体系，以保障社区服务设施建设。另外，在当前信息化快速发展的背景下，社区服务体系的信息化建设与居民对社区生活中相关信息的需求已不相适应，因此要建设社区信息化网络，这也需要政府加大财政资金的投入。应该对个别财政收入有

限、社区服务建设中有困难的市、区给予财政补助，以弥补社区服务设施建设资金的不足。

除了政府财政资金支持外，还应该探索多种方式，通过多种渠道筹集资金以保障社区服务设施建设。例如，利用来自企事业单位和公民的捐赠，建立社区公共发展资金；募集社区发展基金等。当然，政府财政资金以外的支持，只能是社区服务设施建设中政府财政资金的补充，而不能作为资金的主要来源。

（二）加强社区服务体制创新，提高服务效率

社区服务体系存在的很多问题是体制因素造成的，体制创新是解决很多问题的关键。要进行体制创新，需要关注如下两个方面的问题。

首先，社区服务体系中的政府基本公共服务是承担政府服务职能的重要组成部分，要方便服务居民，提高服务效率。社区服务人员虽然也承担管理职能，但对他们而言更重要的是强化服务意识，做好服务工作，让居民满意。有些社区尝试建立政府基本公共服务“一站式”服务机制，值得推广。

其次，社区服务体系中的志愿服务体现了社区居民自治功能，需要发动广大居民积极参与。通过居民自治机制，强化自我服务意识，提高自我服务能力。政府要大力支持各类自愿服务，充分发挥居民自治的功能，通过政府购买、经费补贴等形式积极引导和鼓励居民参与社区服务。

（三）丰富社区服务内容，完善服务结构

目前，河南很多地市的城市社区服务体系中服务内容比较少，没有达到河南社区服务体系规划的要求，这是今后社区服务体系建设的重点。城市社区服务体系建设要坚持政府主导、社会参与的原则，充分发挥政府、民间组织以及居民个人的作用，建立多层次、全方位的社区服务体系。

1. 完善政府基本公共服务体系

随着经济发展与城市社区人口的增长，社区内出现的矛盾和问题也呈现多样性特点，不同人群对社区服务的需求也具有差异性，对社区服务的层次

和类型提出了不同的要求。城市社区在开展社区服务活动时，要因人而异，不能一概而论，针对不同人群的不同情况，有区别地对待不同人群的需求。例如，通过上门访问、问卷调查等方式发现本社区老年人群最需要的服务、外来人口最关心的问题、贫困家庭最需要的帮助等。“在了解居民服务需求的基础上，合理安排社区服务的内容和方式，调配服务结构，为居民打造最贴心、最到位、最人性化的社区服务体系。”① 为社区居民提供基本公共服务是履行政府的职能，通过这种直接的服务，社区居民群众更能感受到政府为人民服务的宗旨。另外，政府也要加强对社区服务的监管，让居民满意。

2. 强化社区便民利民服务

社区便民利民服务可以满足社区居民日常生活的需要，但是这种服务需要引入市场机制，通过各类企业兴办服务业来提供服务。政府在这类服务提供中起支持、帮助、鼓励的作用，而不是直接兴办这类企业。社区居民需要购物、维修、家政等服务，这些都可以通过市场来提供，引入市场竞争可以提高服务的效率，社区居民可以享受到更低价高效的服务。

3. 提高居民自治水平

政府要通过促进社区志愿服务提高社区居民自治水平。首先，要充分发挥居委会在社区事务管理中的基础作用，在积极宣传政策规定、真实反映居民诉求、妥善解决社区居民的矛盾和问题、切实维护社区居民正当利益的过程中，不断培育居民的自治意识、努力提升居民参与水平。其次，可以借鉴其他社区好的经验，不断总结、探索，形成具有本区特色、因地制宜的社区居民自治体制。最后，大力倡导和积极引入志愿服务，组织志愿者队伍，这不仅有利于降低社区服务的成本，也有利于培养社区居民的责任感与互助意识。

（四）加强社区服务人员队伍建设，提升整体素质

社区服务人员直接面对服务对象，社区服务人员素质的高低直接影响服

① 颜德如：《社区治理与社会管理创新研究（专题讨论）》，《黑龙江社会科学》2013 年第 1 期。

务的水平。因此，加强社区服务人员队伍建设，是社区服务体系建设的重要内容。加强社区服务人员队伍建设，要按照国家人才发展规划和河南省社区服务体系发展规划的要求稳步推进。首先，要严格进人标准，把好入口关。要按照相应的标准选拔人才，杜绝人情、关系对选拔社区服务人员的影响，通过公开招聘的形式选拔优秀人才。要避免过去那种以离退休人员、文化程度低的妇女、临时人员等为主的用人方式，使用高素质人才。其次，要加强对在职人员的培训。使其熟悉业务，具有更强的服务意识。要进一步建立健全社区服务人员培训培养制度，提升服务人员的整体素质。最后，在社区服务体系中设置社工岗位，通过政府购买社会工作服务的方式，让社工专业人才加入社区服务人员队伍。通过政府购买社工岗位或项目的方式，为社区居民提供服务。社工人才的专业性可以为居民提供更加有效的服务。这是未来加强社区人才队伍建设的一个重要途径。

城市社区服务体系建设以满足居民的家庭生活和公共生活需要为目标，而提高社区服务效率、遵循公平原则、增强居民的参与意识是社区服务体系建设的发展趋势。未来河南城市社区服务体系的发展，将进一步落实河南社区服务体系发展规划，顺应社会发展的趋势，拓展服务领域，不断提高社区服务水平。

参考文献

初福玲：《城市社区服务体系研究》，大连理工大学硕士学位论文，2001。

刘伟能：《社区服务的理念功能和特色——为社区服务发展十年而作》，《中国社会工作》1997 年第 2 期。

关信平、张丹：《论我国社区服务的福利性及其资源调动途径》，《中国社会工作》1997 年第 2 期。

《河南省社区服务体系建设规划（2011 ~ 2015 年）》，河南省人民政府网站，http：//www. henan. gov. cn，2012 年 6 月 8 日。

《河南省城市社区管理体制创新的调研报告》，河南省人民政府网站，http：//www. henanmz. gov. cn，2012 年 9 月 27 日。

网络舆情与公共安全篇

Reports on Online Public Opinion and Public Security

B.9

河南省网络舆情事件分析报告*

殷 辂**

摘 要： 网络舆情事件频发是风险社会与网络社会重合期的“常态”。2014年，河南省网络舆情环境发生一些变化，但舆情事件并未减少。涉官、涉政事件依旧是网络舆情的焦点，环境污染成为引发民怨的敏感问题。网络舆情事件虽然是个案，但折射出“官民认知分歧”、体制性迟钝、诉求渠道不畅等问题。网络舆情的疏导与治理，不是官对民的管制，而是官民共治。去除附着在事件上的私意、私利、预设立场，

* 本文是国家社会科学基金项目“网络公共空间官民共识的生成机制”（13BSH35）、河南省社会科学规划项目“网络群体性事件的舆情疏导与规正研究”（2013BZZ009）的阶段性成果。

** 殷辂，社会学博士，河南省社会科学院社会学所副研究员。

就事论事、理性互动、彰显是非曲直，是舆情疏导及网络治理的基本理念及原则。

关键词： 网络舆情 舆情疏导 网络治理

网络舆情事件就是在互联网上形成舆论焦点的事件。在信息化时代，网络舆情成为舆论的风向标，网络舆情在反映民意的同时，也夹杂着背景性因素。网络舆情事件并不是事件与网络媒介的混合体，在其背后有深刻的社会意义。分析网络舆情事件的产生、发展、变化规律，在此基础上进行合理的疏导，是网络时代社会治理的一项重要课题。

一 2014年河南省网络舆情事件

表1 2014年河南省网络舆情事件

事件	事件简介	事件回应及结果	舆情关键词
上访训诫中心事件	2月初，有南阳市民发微博称，“其近70岁的母亲赴外地上访后，被拘禁于‘南阳市卧龙区非正常上访训诫教育中心’。”在劳教制度被废除的当下，该微博引起较大的舆论反响。随后媒体记者发现，在新乡、驻马店等地均建有类似“非正常上访训诫中心”，职能是“对非正常上访人员进行训诫、警告和劝导教育”。原阳县居民李胜朵曾被关入该县“训诫中心”，被要求签订保证书，“否则无限期训诫”①	2月13日，南阳市有关人员接受记者采访时称这“是省里的统一安排”。13日晚，河南省委政法委、省信访局发文称：“训诫中心的做法不符合法律规定，相关部门已连夜发出紧急通知，立即开展全省范围内的排查清理工作，并对违法违规行为认真查处。”②	滥用公权；变相劳教；违背法律

续表

事件	事件简介	事件回应及结果	舆情关键词
人大代表包养情妇事件	2月14日,网民李珊珊在新浪微博发消息,曝光自己和省人大代表河南志元食品公司董事长罗志元有一私生女,并配发两人床上图片,举报罗志元靠疏通关系取得省人大代表资格。微博发布后引起网络关注,平面媒体也纷纷跟进	2月16日,鹿邑县委宣传部发微博称,罗志元代表资格合法有效。21日,县委宣传部发布通告:“罗志元包养情妇事实成立,决定开除其党籍,建议人大终止其人大代表资格。”③	为富不仁;生活腐化;官方乱回应;转移话题;人大代表代表谁
拆迁人员是最可爱的人事件	4月10日,有网友在凯迪网络发帖称:“在信阳市浉河区政府官网刊登的一篇宣传文章中,该区委书记称赞拆迁工作人员‘扳倒了征收拆迁这座大山’,是‘最可亲、最可敬、最可爱、最可歌、最可颂的人’。”随后记者在当地官网找到了这篇报道。有网友发帖投诉,在浉河区的这次拆迁中,他家遭到野蛮拆迁,父母还被打倒在地	4月16日,浉河区一名负责人回应新华社记者采访称,“该稿不是记者现场采访的报道,也未采访该区有关领导和部门”,此番言论系当时“采写新闻的记者受征收现场会气氛感染,加入了一些个人理解和感受。”④	与民为敌;官民隔阂;官民舆论场对立
中央巡视组外截访事件	4月12日,《经济观察报》刊登报道《巡视组驻地的“守卫者”》。文章称:“中央第八巡视组进驻河南以来,在其驻地郑州市黄河迎宾馆门口围满了来自河南各市、县、乡镇的基层公务员,他们在宾馆门前值班蹲守,以拦截本辖区内试图进去向巡视组反映情况的人。”⑤该文一出,立即惊爆网络,成为舆论焦点	有关方面回应,巡视组与群众的信访渠道是畅通的,河南正在办理中央第八巡视组交办的首批2553件信访件	包围巡视组;信访失范;内心有鬼
高级领导干部事件	4月29日下午,河南省广电局院内,一名醉酒男子因为停车问题与人发生纠纷,毁坏他人车辆并撕打车主,被打人报警后,该男子对调查民警声称“我是卢氏县高级领导干部”。据查,该男子是卢氏县文广新局的局长。事件被映像网报道后在网络上引起强烈反弹,嘲笑、谴责的声音不绝于耳	4月30日卢氏县发布通告,称“卢氏县文广新局局长贾建涛工作日酒后滋事,给予其党内严重警告处分,免去某县文广新局局长职务。”⑥	官员骄横;顶风作案;权力癖好;上恭下倨

续表

事件	事件简介	事件回应及结果	舆情关键词
高考替考事件	6月17日,中央电视台曝光枪手公司、考生家庭、监考老师之间的利益链。报道称,有人组织武汉在校生"枪手"前往河南杞县、通许等地替考,组织者向考生家长保证交5万元可考上重点本科。在严密的高考监考制度之下,还能买通各种关系、打通各个环节找人替考,该报道在网络上引发激烈的讨论	替考事件曝光后,杞县迅速采取行动,涉事监考老师、主考、替考考生的家长等已被公安机关控制并接受调查	地方管理混乱;一些人胆大包天;维护高考公平
半夜遭强拆迁事件	8月9日夜晚,十几个陌生人撬门进入新郑市龙湖镇张红伟家,将夫妇二人强行带走,抛弃于一处荒无人烟的墓地,二人返回时家已成废墟,家中物品被砸碎。8月11日晚,人民网图片频道以河南夫妻半夜被抛墓地,回家房屋成废墟为题报道此事,并配上张红伟的妻子面对废墟痛哭流泪的照片,引起网民的强烈愤慨。当地官方承认报道属实,但指责张红伟漫天要价。11日傍晚,澎湃新闻网发表《夫妻半夜被扔墓地房屋遭强拆,官方称其漫天要价》,强拆者道歉的内容再次点燃网民情绪,将舆情推向高潮	8月11日,新郑官方发布情况说明,称网络报道基本属实,但以大篇幅指责其漫天要价。随后又删除了漫天要价的内容。12日晚,"新郑发布"官方微博发布消息,称"该事件主要涉事人员赵观峰、赵岭俊目前已被公安机关控制,其他涉事人员正在调查取证之中;涉事村村主任孙广玉停职接受调查。后续调查结果将及时公布。"⑦	野蛮拆迁;官方逃避责任;谁该道歉
获嘉污染事件	9月7日前后,河南获嘉县城附近的新乡中新化工有限责任公司排放污染气体,引发部分群众到政府门前表示抗议。9月9日17时30分,中国新闻网对污染情况进行了报道,随后《东方早报》《大河报》相继跟进报道,但并未激起波澜。9月17日,获嘉县公安局要求集会游行人员投案自首,与此同时,中国青年网发布警察"持枪撑伞"图片新闻,使事件在网络大量扩散	9月12日,获嘉县政府发布公告称:"污染事件是由企业未经批准私自生产造成,并做出五点承诺:对肇事企业停电停产,并对环保局、供电公司立案调查,对相关责任人进行处理等。"获嘉警方微博澄清:"民警手中拿的是对讲机,不是手枪"	环境污染祸及子孙;当地对污染企业的治理失职;对民众的诉求迟钝麻木

续表

事件	事件简介	事件回应及结果	舆情关键词
副市长失联事件	9月14日,有网友发布“洛阳市副市长郭宜品带着当地房地产老总三人跑路”的消息。网帖还称,“当地专案组正组织人员满世界找人”,网帖还曝光了一份落款时间为2014年9月13日的《8·5专案排查提纲》。知情人士披露,郭宜品失踪于8月5日,当地公安已成立专案指挥部,对三人进行排查。10月7日,新华网证实,郭宜品在长沙被洛阳警方抓获,此案将由郑州市人民检察院查处	记者多次联系洛阳市委宣传部,从郭宜品失联到被抓获,官方一直未给出正式回应	官场丑闻;“失联”真相;官商勾结;权力失控;监管盲点;官方沉默
跨区用盐事件	10月15日上午,大河网报道新郑市龙湖镇开餐馆的黄先生,使用从郑州带回的半箱食盐,结果被新郑市盐业管理局执法者认定为“跨区域用盐”,没收食盐并处罚款200元	10月18日,新郑市盐业局公开向社会道歉,公布了对有关人员的处理结果,退还了罚没的食盐及200元罚款	执法者的强横;执法合理性;盐业专营的必要性
鹤壁电老虎事件	11月2日,淇县供电公司朝歌供电所所长杨树森、员工王海笑等人在当地某KTV歌厅消费,与歌厅发生纠纷,叫嚷“给你们停电,让你们知道电老虎的厉害”,随后电话遥控拉闸,造成该县城南环路、北环等主要街道用户突然停电,涉及用户在5000户左右,覆盖淇县县城近1/2区域。鹤壁国家电网热线给出的停电原因是“临时停电,具体原因不详”。该事件被报道之后,在网络上引起极大的反响	11月9日,鹤壁供电公司微博发布事件通报:“给予杨树森撤职、行政记大过处分,党内严重警告并扣罚绩效奖金6个月;给予王海笑待岗、留用察看2年处分,扣发绩效奖金6个月。”11日鹤壁供电公司负责人接受采访时说:“责任人已经被公安机关行政拘留”⑧	电老虎疯狂;挟公权泄私愤;疯狂无知
雾霾信事件	11月20日,郑州市民李国发(网民大花猫)通过网络发布《致郑州市市长马懿的公开信》,呼吁治理雾霾。信中称“对你和政府对雾霾治理非常不满。你可能听不到,许多人都在埋怨你,指责你,谩骂你”。⑨公开信在网络及媒体上引起强烈的反响	11月23日,中原网刊发市长马懿的回应:“市民朋友谈到的空气质量问题是现实的、是客观的,对大气污染治理的建议是富有建设性的。作为人民政府,我们应该认真对待、认真吸取”⑩	感同身受;铁腕治霾;郑州蓝天

续表

事件	事件简介	事件回应及结果	舆情关键词
民权超载夫妇自杀事件	11月24日晚，维权司机王金伍在微博爆料称："9月27日，一货车因超限运输被扣，民权县超限站下达3万元罚单，其间多次交涉罚款不能减免，车不放行。11月24日下午，车主张高兴夫妇同在超限站喝农药，现男方张高兴已死亡，其妻仍在抢救中。"⑪在2013年底永城女司机不堪高额罚款自杀事件相隔一年之后，河南再次发生因扣车罚款而自杀的悲剧，引起舆论震惊。各大门户网站纷纷报道并发表评论	11月26日，民权县政府网发布消息称："民权县公路局党委对负有领导责任的罗庄超限检测站大队长段长江、带班领导副大队长张晓鹏给予停职检查处理，有关部门对朱立志等5名相关人员采取强制措施进行调查处理。"⑫	执法冷酷；罚款经济；超载与罚款的怪圈；民权县无民权；罚款代替治理

注：①舒圣祥：《非正常上访训诫教育涉嫌非法拘禁》，《中国青年报》2014年2月14日；②http://news.xinhuanet.com/local/2014-02/13/c_119327535.htm；③http://news.xinhuanet.com/2014-02/21/c_119450774.htm；④http://news.xinhuanet.com/2014-04/16/c_1110273711.htm；⑤张庆宁：《巡视组的守卫者》，《经济观察报》2014年4月12日；⑥http://www.chinanews.com/fz/2014/06-13/6277714.shtml；⑦http://news.hnr.cn/dj/201408/t20140812_1448638.html；⑧http://cpc.people.com.cn/pinglun/n/2014/1113/c241220-26017618.html；⑨http://news.163.com/14/1124/01/ABPFT86V00014Q4P.html；⑩http://politics.people.com.cn/n/2014/1124/c70731-26077642.html；⑪http://www.zgjtb.com/2014-11/25/content_13686.htm；⑫http://www.thepaper.cn/newsDetail_forward_1281157。

二　2014年网络舆情事件的特点

（一）网络舆情事件增多，但爆发力和持续性减弱

2014年，发生在河南影响波及全国的网络舆情事件在数量上比2013年有所增加，但强度和烈度下降、持续性减弱。2013年河南典型的网络舆情事件包括“周口平坟”事件、“郑州房妹”事件、“兰考收养所火灾”事件、“警察摔婴”事件等，虽然在数量上不及2014年，但爆发力和持续性

却远远胜于后者。这些事件在各种因素的作用下持续发酵，产生一波又一波的舆论浪潮。其中“周口平坟”事件由于官民对峙从2012年底一直持续到2013年“两会”后，对政府公信力产生较大的负面影响。2014年网络舆情事件的持续周期都相对较短，除了“市长失踪”事件由于官方无回应而持续较长之外，其他事件舆论关注周期都不足一周。“获嘉化工厂污染”事件在当地造成群体性聚集，但最初在网络上并没有形成舆论焦点，一直到“打伞持枪”画面曝光后才引起广泛关注。网络舆情事件的强度和持续性减弱一方面反映了政府处理问题及时，另一方面也说明网民对公共事务参与度减弱。社会面貌没有发生大的改变，而民众的义愤却在减弱，这并不是好现象。

（二）涉官、涉政事件依旧是网络舆情的焦点，环境污染成为引发民怨的敏感问题

涉官、涉政事件在网络舆情事件中所占比例一般在四成以上，在河南这种现象也非常突出。在表1列出的13例影响较大的河南网络舆情事件中，直接涉及官员、公权的就有8例，“跨区用盐”事件、“电老虎”事件涉及垄断行业。权力行使不能依理、依法，而成为整治人的手段；少数官员乃至掌握一定资源的公职人员骄横跋扈、寻衅滋事，在这种情况下，涉官事件必然会层出不穷。近年来，中央加大了整顿吏治的力度，官场作风出现了较为明显的改善，但是长期形成的习气不会马上消失，少数官员庸俗的权势意识一遇到特殊的环境就立刻表现出来，产生一系列的舆情事件。“高级领导干部”“电老虎”“半夜强拆”这类狂妄愚蠢的事件虽然是个案，但并不偶然。以强横为能力，依靠权势制造政绩、解决问题的习气不但制造了官民对立，也将个别官员塑造成“老爷和奴才”。“遇上为奴、遇下为老爷”，这种作风进一步加深了官民裂痕。除了涉官事件外，民众对环境污染问题的不满加剧。获嘉污染事件不但成为舆情事件，还引发群体性聚集，雾霾信事件引起巨大反响，这说明民众对环境问题越来越敏感。

（三）网络舆论环境发生变化，舆情事件中非正常的炒作造势与正常的参与声援都受到了制约

从2013年下半年开始，政府加大了打击网络谣言的力度，网络舆论环境发生较为明显的变化。网络谣言泛滥的状况得到遏制，炒作造势现象明显减少，但与此同时，网民参与公共事务的热情也受到一定程度的影响。观察2014年的网络舆情事件，表现非常明显：一是意见领袖的作用下降，刻意挖掘、炒作新闻点的行为不再泛滥，“人肉搜索”等手段不再被滥用；二是舆情事件中舆论混战的现象受到遏制，舆论指向及议题不再盲目发散；三是舆情事件中鲜有公开信、签名、上书等行为，当事者的舆论压力减轻；四是网民出于义愤的发声开始减弱，正常的声讨、声援行为也明显减少。从2014年的网络舆情事件中可以看到，在极端行为受到遏制的同时正常的行为也受到制约，在社会矛盾凸显期这并不是积极的信号，应引起有关部门的重视。

（四）网络论坛、微博等公共平台对公共事件的参与度减弱，而微信的热度上升

论坛、博客、微博的特点是向所有人开放，而微信却是向私人圈。近年来，微信的使用人数大幅上升，而论坛、博客、微博的热度却在降温，这并不是简单的技术问题，而是有社会原因的。公共事件大量出现产生的心理麻木、政府打击网络谣言对网民的震慑，这些因素影响网民对公共空间的正常参与，从而转入私人圈子。微信的出现使圈内的交流更加方便，传播更为迅速，但其毕竟不是向所有人开放的公共平台，舆论受圈子的影响较大。虽然微信的传播渠道是私密的，但传播内容和关注话题却不仅是私事，其对公共事件的言论不受公众的制约，更容易极化。在“获嘉污染”事件中，发挥传播和扩散作用的不是微博和论坛，而是微信。当地使用微博的用户较少，而使用微信等社交媒介的居民却非常多。微信和QQ空间起到了迅速传播信息的作用，但同时也将人们的愤怒情绪推向高

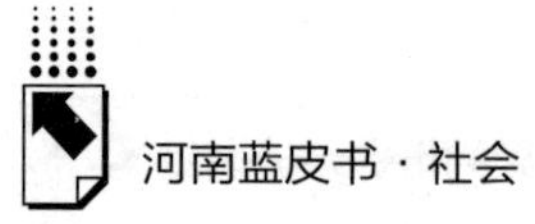

潮，对围观聚集事件起到推波助澜的作用。相对于开放的公共平台，微信言论更容易扩散并非理性化，在公共事件的发生地极容易转变为现实的力量。

（五）新闻时政网站成为连接网络公共平台与平面媒体的中间环节，舆论监督效应凸显

网络舆情的形成和发酵离不开网络论坛、微博、新闻网站、平面媒体的相互作用。近年来，这种联动现象表现得非常明显。论坛和微博中的热点话题很多都会转变成新闻网站的新闻报道，一些平面媒体记者也会在网络公共媒介中寻找新闻点，其报道和评论也在网络媒体中体现出来。网络公共平台、新闻网站、平面媒体三者的关系正在发生微妙的变化，新闻网站正在成为中间和主导环节，其信息传播作用越来越明显。在 2014 年河南网络舆情事件中，并没有单纯的论坛或微博事件，相反，微博、论坛的热点话题如果不在新闻网站上体现出来，就难以引起广泛的关注。“市长失踪”事件最初在微博上被热议，但在新闻网站报道之后立刻成为舆论焦点；“获嘉污染”事件也是在新闻网站持续报道之后才激起了舆情波澜。同时，一些平面媒体也开始转型，主办时政类新闻网站，澎湃新闻网就是其中的典型。这些网站的舆论监督作用越来越突出，在网络舆情事件中的正面作用也开始显现。

三　网络舆情事件折射出的问题和风险信号

网络舆情事件并不是简单的传播问题。特殊事件演变为舆情事件，主要原因是事件触动了公共情绪，而这种情绪是与社会中某类普遍性问题对应的。若将特殊事件视为触动点的话，那么社会问题就是背景，特殊冲击性事件连带着背景因素，在网络上形成焦点，这是网络舆情事件的形成轨迹。网络舆情事件及应对中折射出的问题和风险，更具普遍性，值得高度重视。

（一）官民在公共事件上存在认知分歧，官民隔阂固化的风险并未消失

在当下中国，存在官方与民间两个舆论场，两个舆论场的话语体系存在明显差别，并不完全是官民关系的现实反映。现实中的官民隔阂表现为官民在共同关注的事物上存在认知分歧甚至对立。这不仅是话语体系的差异，而且是立场和取舍标准问题。“拆迁人员是最可爱的人”，官员的这句话会演变为网络舆情事件，就是因为某些官员的认知标准与百姓存在严重对立。官员的政绩观、发展观脱离群众，这并非小问题，如果在分歧中强行“发展”，就必然影响政府公信力。民与官对立并不可怕，最可怕的是官与民对立，所谓“塔西佗陷阱”，从本质上说就是官与民对立的结果。官民分歧并不是偶然现象，在舆情事件的应对、处理过程中也屡见不鲜。比如在“半夜拆迁”事件中，当地的第一份通报将被害者描述为“漫天要价”，这更加激起了舆论反弹。在舆情事件发生后，舆论指向一般会从指向当事者转而指向官方，而一些地方和部门却不能将官员和官方机构区别开来，让官方为官员澄清，这进一步加深了官民隔阂。官民隔阂一旦固化，公共事件的是非曲直就难以彰显，进而形成恶性循环，这对于社会来说是一个不良信号。

（二）少数地方“悍吏”成为侵害群众利益、败坏政府形象的祸患

“悍吏”旧指凶暴的小官吏，横行嚣张、祸害百姓是其典型的特征。在当今社会的基层，同样存在骄横跋扈、肆虐横行的“悍吏”，他们蛮不讲理、耍横用强、吃拿卡要、粗暴执法，直接伤害到群众的利益。“悍吏”虽然级别不高、人数不多，但因为发生在群众周围，直接为群众所感受，对社会风气和政府形象的危害很大。在 2014 年河南舆情事件中，“高级领导干部”事件、“半夜强拆”事件、“电老虎”事件、“超载罚款”事件中的涉事者就是其中的典型。由于“悍吏”的存在，很多本来可以解决的问题长期得不到解决，可以避免的矛盾却不能避免，一些很小的矛盾、问题最终演变成极端事件。更重要的是，官员个体问题变成政府整体问题，加剧了官民

隔阂。“打老虎”虽然振奋人心，但基层群众对扑面而来、危害其利益的“苍蝇”，更有切肤之痛。这类问题看似很小，但影响却极坏，需认真解决。

（三）体制性迟钝与“搞定管控”思维同时存在

体制性迟钝表现为对社会矛盾以及民众诉求的反应迟钝麻木，缺乏及时发现、解决问题的机制。在网络舆情事件萌芽和聚集期，缺乏主动的反应机制，不能理性地解决矛盾，导致矛盾不断扩大和上升。社会矛盾只有影响到地方形象，才会被重视，本来是局部的，只要认真对待就能解决的问题，最终却演变为公共危机，这就是体制性迟钝的恶果。如果说体制性迟钝是网络舆情事件萌芽阶段存在的问题，那么“搞定管控”就是事件爆发之后地方政府的应对套路。“搞定管控”就是抛开事件本来的是非曲直，通过封锁、删帖、公关等手段尽快消除负面影响。社会事件如果不闹大，就得不到重视，这就是体制性迟钝与“搞定管控”共同作用的结果。体制性迟钝表现为对潜在社会矛盾的麻痹，而“搞定管控”表现为反应过度，两者结合在一起，将舆情事件的破坏性推向极致。在“人大代表被情妇举报”事件中，当地急于消除影响、越俎代庖，反而将事件扩大化。网络舆情事件的应对，其实就是还原事实与责任的过程，但一些地方往往将本地区发生的事情视为官方问题，不是去解决矛盾，而刻意去“平息”事件，不但造成公信力丧失，还将事态扩大化。

（四）舆论关注的阈值越来越高，网络活力下降

分析2014年的网络舆情事件可以看到，事件的持续性、网民的参与度较往年都出现了明显减弱。舆情的持续靠的是新闻网站和传统媒体的报道，网民发帖、声援、评论热情都有较大程度下降。一些问题曝光之后，虽然在当时引发舆论反弹，但时间点一过，连事件结果都无人追问。矛盾、问题依然存在，而民众的义愤却在下降，舆论关注的阈值越来越高，舆情出现不正常的平静，这绝非良性信号。从2013年下半年开始，国家加大了打击网络谣言的力度。网络谣言泛滥的趋势得到了抑制，但同时也

应看到网络的正常发声也受到制约。据人民网舆情监测室统计，2013 年 8 月及 9 月，微博上的负面帖文下降了 63%。这虽然是暂时现象，但应该引起高度重视。网络治理的出发点是祛邪扶正，而不是正邪两伤。打击网络谣言，不是抑制网络活力，而是改善网络环境，如果以网民不发声为目标，那就是防人之口，对社会面貌的改变不利。在社会矛盾凸显期，幻想出现平静的局面是不现实的。此时如果真的出现了不正常的平静，倒应该引起重视。

（五）网络诉求机制不健全，“事件化”成为解决问题的手段

舆论监督是监督体系中的重要环节，但是其有自身的取舍，大多数诉求无法成为舆论关注的对象。社会矛盾凸显，网络诉求越来越多，却缺乏解决问题的渠道，只能依靠扩大影响来解决问题。诉求者希望个人问题“公共化”，但成为公共事件的诉求只是极少数，这是舆论监督自身局限性造成的。在互联网时代，人人都可以表达诉求，正因为如此，才会出现资讯泛滥的状况，没有新闻效应的诉求即使很重要，也无法产生影响。资讯泛滥造成的诉求堵塞，将很多诉求者排斥在外，而制度性诉求机制没有建立起来，因此，一旦出现网络舆情事件，各种负面情绪都会在事件上聚集。“半夜强拆”“高级领导干部”“电老虎”等事件会引起关注，并不是因为它们罕见，而是这些事件具备冲击性和新闻性。舆论监督非常重要，但如果民众将希望都寄托于网络，依靠搞大扩散来解决问题，这绝不是好现象。如果诉求者的搞大扩散与涉事方的搞定思维结合在一起，网络舆情会变得越来越没有理性。

四　网络舆情事件的舆情疏导及治理策略

社会治理的本质是以官民主体间关系取代主客体关系，实现多元互动、社会共治。同样，网络舆情的治理也不是官对民的管制，而是官民协同治理。民众在网络上表达诉求是协同治理的一部分，不应该受到打压。政府

对网络舆情的治理是“治于理”，而不是以管为“理”。网络舆情出现情绪化乃至民与官对峙，这其实并不可怕，因为这只是未完成的对立，真正可怕的是官与民为敌，这才是真正的对立。在社会矛盾凸显期，幻想舆情平静是不现实的，人为制造平静只能适得其反。建立高效的治理体系，积极解决现实矛盾，是网络舆情疏导的前提和基础。在舆情事件发生之后，去除附着在事件上的私意、私利、预设立场，理性互动、彰显是非曲直，是舆情疏导的原则。因此，舆情疏导并非防人之口，也不是将舆论导向对自己有利的方面，而是就事论事、彰显公道。如果说网络舆情事件的爆发是连带了背景因素，那么事件发生后的舆情疏导就是“物各付物”，还原事件的本来面目。网络舆情事件可以看成是系统风险在特殊事件上的表现，如果处置不当，它有可能形成恶性循环，加剧系统风险；如果去除附着在事件上的连带因素，还原真相、还原是非、还原责任，风险就可以得到化解。因此，网络舆情的疏导与治理，不是一个简单的技术问题，而是彰显公道的问题。

（一）加强源头治理，整顿吏治、减少社会矛盾

中共十八大报告提出：“要加快形成源头治理、动态管理、应急处置相结合的社会管理机制。”整顿吏治、减少社会矛盾，是完善公共治理体系的基础；以完善诉求表达机制、权益保障机制、矛盾化解机制为主要内容的动态管理则是中间环节；应急处置则是最后的保障环节。确保三者的有机结合，减少矛盾后移，是应急管理机制完善的前提。在源头治理上，应以整顿吏治为突破口，解决少数贪官、酷吏、悍吏侵犯群众合法权益的问题。网络舆情事件的舆情疏导与应对不是孤立的环节，而是公共治理体系的一部分，应该在源头治理、动态管理、应急处置三者的有机统一中寻求完善的路径。

（二）规范政府行为，彰显网络舆情事件的是非曲直

网络舆情监测、预警及处置越来越受到地方政府和相关部门的重视，各种应急管理预案也纷纷出台，但在现实中应对失当仍然是一个较为普遍的现

象，其中一个重要的原因就是将应对视为“搞定”，以消除事件对自身的负面影响为目的，而不顾本来的是非曲直。习惯于隐蔽操作，采取堵、捂、压的手段应对网络舆情事件，流言、谣言的泛滥就不可避免。要想让舆情回归理性，回到正常的轨道，必须首先规范政府行为。不正其身而先正其影，无论采取怎样的技术手段，都无法将舆情引导到正确的轨道上。网络舆情并不一定是实情，但是它不可能长期偏离实情，只要去除私心杂念，不偏不倚，以真诚的态度去应对，网络舆情就会逐渐回归理性。彰显网络公共事件的是非曲直，是消除官民隔阂、提升政府公信力的第一步，也是平息事件、化解社会矛盾的关键所在。

（三）培育公益性网络媒体，促进传统媒体与新兴媒体的融合

网络治理需要多元主体，需要社会组织的参与，培育公益性网络媒体是网络治理的重要内容。网络媒体的公益性体现在舆论的客观公正上，媒体发声不能从私利出发，不能刻意追求和制造轰动性新闻，不能为了吸引眼球而偏离客观性、公正性。目前，网络媒体存在的最大问题就是公益性不足，依附性和偏向性是其表现。在网络事件中，民间与官方、外地与本地媒体往往界限分明，对同一事件的报道也存在明显的分歧，这不仅是认识问题，而且是立场问题。看问题的视线被预设价值、所持立场被私利所遮蔽，最终连基本的共识都无法达成，这已经严重影响媒体的公信力。习近平主席强调要推动传统媒体和新兴媒体在内容、渠道、平台、经营、管理等方面的深度融合，其出发点就是要形成主流的新兴媒体，在独立、公正基础上传递主流声音，发挥监督和纠偏的作用。

（四）完善官民互动机制，建立第三方参与的网络诉求平台

网络舆论及诉求得不到回应，已经成为不满情绪积累的重要因素。大量的诉求无论是否合理都停留在诉求上，而一旦制造出网络事件，又被其影响支配，两者都严重破坏公共部门的公信力。要解决这一问题，应该建立公共的、多方参与的诉求平台。第一，这一平台不是职能部门的“网上投诉”，

而应该有第三方的公共网站参与，在传统媒体、公共部门和网民的共同参与下，形成合理诉求有道义力量的支持、不合理诉求有道义力量制约的氛围。第二，民众的诉求在网络平台上必须得到回应，并且允许诉求者、民众及媒体提出质疑，其最终的结果在网络上应该体现出来。第三，在公共诉求平台中将沟通互动制度化。在公开、理性的互动中形成共识，消除个体绑架整体的现象。

B.10

河南省公共安全形势分析报告*

张　侃**

摘　要：公共安全是人类社会最重要的社会需求，与人民群众的利益密切相关。近年来，河南省委、省政府及各级党委、政府积极应对挑战，克服困难，锐意进取，深化改革，在食品药品安全、安全生产、突发事件应急管理、社会治安防控、网络安全等方面进行了积极的探索和改革，保持了社会公共安全形势的总体平稳，为河南省经济社会的发展提供了坚实的保障。但影响公共安全的不稳定因素依然存在，随着河南经济社会结构转型走向深入，河南公共安全问题仍面临诸多新的严峻考验。各级党委和政府要更加重视公共安全监管，提高民众的公共安全意识，加强制度建设，进一步完善公共安全保障体系。

关键词：河南　公共安全　安全形势

公共安全与经济社会发展密切相关，与人民群众的利益密切相关。现今各种公共安全事件频发，造成的损失巨大，公共安全问题已成为全社会广泛关注的焦点。党和政府对于新时期的公共安全问题也高度重视，《国民经济

---

* 本文为2014年河南省哲学社会科学规划项目“风险社会与网络社会重合背景下的网络突发事件处置机制研究”（项目批准号：2014CZZ005）的阶段性成果。

** 张侃，河南省社会科学院社会发展研究所助理研究员。

和社会发展第十二个五年规划纲要》指出，要“适应公共安全形势变化的新特点，推动建立主动防控与应急处置相结合、传统方法与现代手段相结合的公共安全体系”，规划也针对公共安全体系的四个构成部分（食品药品安全、安全生产管理、突发事件应急体系、社会治安防控体系）做出了具体、明确的总体性安排。党的十八届三中全会颁布的《中共中央关于全面深化改革若干重大问题的决定》对“健全公共安全体系”开辟了专节进行论述和规定，并在原有四个构成部分的基础上，新提出了“国家网络和信息安全”，指出要“加大依法管理网络力度，加快完善互联网管理领导体制，确保国家网络和信息安全”。近年来，面对复杂的全球政治经济发展形势和国内社会改革逐步进入深水区、各种公共安全事件频发、经济发展进入“新常态”的内部环境，河南省委、省政府及各级党委、政府积极应对挑战，克服困难，锐意进取，深化改革，在食品药品管理、安全生产管理、突发事件应急管理、社会治安防控、网络安全管理等方面进行了积极的探索和改革，保持了社会公共安全形势的总体平稳，为河南省经济社会的发展提供了坚实的保障。

一　河南省公共安全形势现状分析

（一）食品药品安全监管力度不断增强，制度建设日趋完善

河南省各级政府注重以制度的建设和完善来推动食品药品安全监管工作的常态化和法治化，河南的食品药品安全监管力度不断增强，取得了比较显著的成绩。

一是深入推进食品药品安全监管制度建设。2013 年 8 月，河南与国家食品药品监督管理总局签署了共建食品药品安全保障体系合作协议。这是国家食品药品监督管理总局成立后签署的第一份省部合作的协议，为促进河南的食品药品安全监管工作走在全国前列，起到了合作共建的示范带动作用。2013 年 12 月，河南省政府颁布了《河南省食品药品安全保障体系建设规划

(2014～2016年)》，规划提出了未来三年内河南省食品药品安全监管工作的九大建设任务和七大重点任务并规范了相应的保障措施，明确提出了要将食品药品安全监管工作纳入政府目标考核体系和社会综合治理考核体系。[①] 2014年3月，河南省政府颁布了《关于食品药品监管体制改革的实施意见》，意见主要以转变政府职能、深化体制改革为核心，该实施意见的颁布，进一步推进了河南省食品药品安全监管的体制改革，河南食品药品安全监管制度建设迈上了一个新台阶。

二是加大了对餐饮服务食品安全的监管力度。河南对所有的餐饮单位推行量化分级管理，对餐饮质量进行分等级评比，并要求评选的结果必须在各餐饮单位的显著位置张贴公示，作为餐饮单位餐饮质量的公开，为顾客群众提供参考，同时也给餐饮单位以压力和激励。2013年，河南省食品药品监督管理局制定颁布了《河南省餐饮类食品摊贩备案办法》，加强了对餐饮摊贩经营的管理。实施餐饮服务食品安全示范工程，目前已经评选出七个省级餐饮服务食品安全示范县，对其他市县的餐饮食品安全工作起到了很好的示范带头作用。2014年，河南省食品药品监督管理局还积极推进食品安全监管的信息化建设，开发了全省餐饮食品安全电子监管系统，制定了《河南省餐饮食品安全电子监管系统运行工作方案》，11月份电子监管系统在全省正式启动运行，预计在2015年3月份实现所有监管业务工作网上办理并建立完整的餐饮监管业务数据库，全省的餐饮食品安全监管迈上了一个新台阶。

三是积极整顿食品药品市场，严厉打击食品药品市场的各种违法乱纪行为。2013年5～9月，省食品药品监督管理局对保健食品市场开展了“打四非”专项行动。针对重点企业、重点产品进行突击检查，全省食品药品监管系统共出动执法人员近7万人次，检查保健食品生产企业228家次，经营企业近6万家次，立案791起，查扣违法保健食品11.8万盒，有效遏制了保健食

① 杨晓娜：《河南出台食品药品安全规划：2016年建成信息平台》，《郑州晚报》2014年2月12日。

品行业违法违规频发的势头。① 并对网络上制造和贩卖假药的行为进行了打击，共查处违规网站13个。同时还主动出击，联合相关部门进行假药和假医疗器械的打击工作，2013年全省立案查处案值5万元以上案件140起，捣毁制假售假窝点131个，移送司法机关案件366起，刑拘462人，批捕126人。

（二）安全生产监管体制不断完善，安全生产水平逐步提高

近年来，省委、省政府高度重视安全生产监管，努力创新安全生产体制机制，为确保河南省安全生产形势持续稳定提供了有力保证。

一是基层安全生产执法监管机构的设置不断完善。目前，全省所有县级以上安全监管机构全部成立，并全部列入行政编制；全省18个省辖市均成立了安全生产执法监察机构。全省158个县（市、区），其中138个县（市、区）设置有执法机构。1636个乡镇（街道办事处）设立安管办，所有行政村和社区都配备了专兼职安全员，全省安全生产监管监察和执法人员达4800多人，省、市、县、乡、村、企六级安全生产管理网络已初具规模，为搞好安全生产工作提供了组织保障。②

二是不断加强安全生产的制度建设。2010年10月1日，新修订的《河南省安全生产条例》颁布施行，新条例完善了安全生产制度体系，严格了法律责任，加大了安全生产监管力度。河南省还先后出台了《严厉打击煤矿违法违规生产坚决遏制煤矿重特大事故的紧急通知》《关于进一步加强煤矿安全生产工作的若干意见》《关于进一步加强化工行业安全生产工作的若干规定》等规范性文件，构建起一个符合河南安全生产实际的法律法规制度体系，为有效开展执法监察提供了法制保障。

近年来，河南安全生产监管体制不断完善，安全生产水平得到逐年提

① 马艳梅：《扎实推进食品药品安全保障体系建设保障饮食用药安全》，中国新闻网，http：//www. ha. chinanews. com/html/yiliaoweisheng2012/dajiankang/2014/0124/22701. html，2014年1月24日。

② 《关于河南省安全生产执法监管机构建设和安全生产体制建设情况的报告》，国家安全生产监督管理总局网站，http：//www. chinasafety. gov. cn/newpage/Contents/Channel _ 5865/2011/0519/132318/content_ 132318. htm，2011年5月19日。

高，事故数、死亡人数和煤矿死亡率等指标都在逐年递减（见表1）。2014年上半年，全省各类生产经营性伤亡事故起数和死亡人数，同比下降30.56%和25.36%；重点行业（领域）生产安全伤亡事故同比下降明显；工矿商贸、道路交通、铁路交通和农业机械四大行业（领域）中，伤亡事故起数同比下降30%以上，最多的下降66.67%；死亡人数同比下降25%以上，最多的下降80%。[①] 2014年上半年河南省大部分地区安全生产形势稳定，有5个省辖市和6个省直管县（市）没有发生工矿商贸伤亡事故。[②]

表1　2010～2013年河南省安全生产基本情况

指标＼年份	2010	2011	2012	2013
发生伤亡事故总数(起)	11798	10623	10775	10394
造成死亡总人数(人)	2479	2033	2044	1965
一次死亡3～9人的较大事故(起)	42	44	49	38
一次死亡10人以上的重特大事故(起)	8	6	4	2
煤矿百万吨死亡率(%)	1.49	0.19	0.08	0.07

资料来源：《河南统计年鉴2014》。

（三）不断完善社会治安防控体系，社会治安秩序进一步稳定

近年来，河南省社会治安工作取得了优异的成绩，受到民众的好评，有效促进了全省社会大局稳定和治安形势持续平稳。据最新数据，2014年上半年，河南省公众安全感指数为90.83。

一是严密防范、妥善处理，有力维护了全省社会整体稳定，逐步完善了平安河南建设体制机制。2011年出台《平安河南建设（2011～2015年）》，建立了党政统一领导、各部门齐抓共管的“大平安”工作格局，全省连续多年没有发生在全国造成重大影响的群体性事件。信访工作方面，时时以人民的利益为根本，积极推广“义马经验”和“渑池模式”，确保河南信访环节没有

① 谭勇：《全省安全生产形势稳中转好》，《河南日报》2014年7月31日。

② 谭勇：《全省安全生产形势稳中转好》，《河南日报》2014年7月31日。

发生影响社会稳定的问题。在全省 18 个省辖市、158 个县（市、区）建立起矛盾纠纷排查调处机构，在乡镇、街道一级全部建立综治工作重心，集中受理和调解矛盾纠纷，[①] 真正致力于把矛盾化解在基层，把隐患消除在源头。

二是严厉打击刑事犯罪活动，确保全省社会治安持续平稳。在打击刑事犯罪活动中，始终坚持以法律为根本遵循，依法办案，依法审案，贯彻“打防结合、以打开路、筑牢防线、注重实效”的科学观念，树立“打防犯罪是主业、命案攻坚是龙头”的理念，注重办案的科学化和信息化。河南省严厉打击刑事犯罪活动成效显著，近年来刑事立案数量不断下降（见图 1），命案侦破综合成绩更是实现“九连冠”，“打黑除恶”专项斗争综合成绩、打防刑事犯罪综合成绩连续七年全国领先。[②]

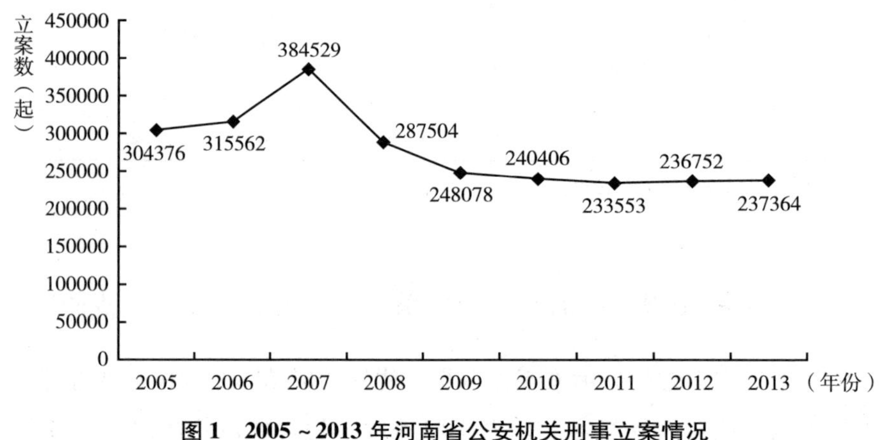

图 1　2005～2013 年河南省公安机关刑事立案情况

资料来源：《河南统计年鉴 2014》。

（四）覆盖全省的突发事件应急管理和防范体系初步建立，突发事件应急管理能力逐步提高

近年来，河南省积极应对各种突发性公共危机事件，及时启动应急预案，

① 刘俊锋、何永刚、焦艳：《人民群众安全感持续提升》，《河南法制报》2010 年 11 月 20 日。

② 郭洪昌：《2013 年河南年鉴》，河南年鉴出版社，2013。

充分动员协调各部门成功应对各类危及公共安全的突发性事件。一是初步建立起覆盖全省各地、各部门、各行业、各单位的应急预案体系。二是覆盖全省的应急管理体系初步建立。河南省已经初步建立起跨区域、跨领域、跨行业、全覆盖的应急管理体系，形成了省级与地方两个层面、上下统一、层级分明、职责明确的应急管理体系。应急管理体系分为五个层次，省政府是最高的行政领导机构，省以下各个省辖市都建立了专门的办事机构，县级政府也成立或明确了应急管理的相关责任机构，乡镇和街道办明确应急管理责任到人，居委会和村委会等基层自治组织也将应急管理作为一项重要工作内容进行了明确，立章建制。三是建立了一支以专业队伍为基本力量，以公安、武警、解放军、民兵预备役为骨干和突击力量，以企事业单位专（兼）职队伍和志愿者队伍为辅助力量的应急救援队伍体系，应急专家队伍在参与突发事件的监测预警、处置指挥、善后工作等方面较好地发挥了决策咨询作用。[①] 四是持续进行关于突发事件应急、防范等方面的宣传教育活动和法律制度建设。通过平面媒体、网络、广播电视等媒体，深入基层、学校、社区宣讲、开展应急演练等多种形式，进行广泛的宣传防震救灾、防汛抗旱、消防安全、环境保护、交通安全、安全生产、食品药品安全、疾病防控等相关知识，不仅极大地提高了人民群众的安全意识和防范意识，而且有效提高了民众防灾避险、自救互助的能力。

（五）网络安全日益受到重视，网络安全监管体系逐步建立

河南作为人口大省，网民的增速也是惊人的，从 2007 年的 517 万人增加到 2013 年底的 5803 万人，6 年间人数增加了 10 倍多。随着河南省互联网的飞速发展和网民人数的急剧增加，网络安全问题也日益凸显，成为人们关注的焦点。2003 年河南成立了互联网应急中心，有了自己的网络安全应急组织，但由于成立时间较晚，网络安全管理相对落后。2008 年 3 月，制定了《河南省互联网网络安全应急预案》。其后，随着网络的飞速发展和国家对网络安全的日益重视，河南省在网络安全文化建设、技术手段建设和网络

① 李伟：《河南省突发性公共危机事件的防控研究》，中央民族大学硕士学位论文，2012。

安全合作平台等方面都有了长足的进步。河南省互联网应急中心从2009年开始，在河南省通信管理局的网站上逐月发布《河南省互联网网络安全情况通报》，建立起比较完善和全面的网络安全监管机制。

整体上看，河南省网络安全状况长期处于中级或中下级水平，受到的恶意攻击、新发现的安全漏洞也逐年增多。不过河南省对互联网安全的监管和监控也在实践中日益成熟，监管水平稳步提高。从2014年已发布的1～10月份《河南省互联网网络安全情况通报》来看，河南省接收到的网络安全事件报告数量都逐步有所减少，省内感染恶意代码的主机绝对数量、被篡改网站数量、新发现信息系统安全漏洞数量、感染飞客蠕虫病毒的主机数量等都有所减少。①2013年，河南共处理、关闭各类违规网站198个。

二　河南省公共安全存在的问题

（一）食品药品安全问题屡禁不止，监管体系仍需完善

一是食品药品安全的产业基础比较薄弱。食品安全方面，现在很多的食品生产和加工企业都是比较小的企业甚至是小作坊，在制作和加工食品的过程中存在很多安全隐患，违规违法现象也比较严重。药品安全方面，医疗企业小、散、弱的局面也不同程度的存在。药品流通环节过多，经营费用偏高，导致低价药品无利可图、市场的恶性竞争频发、企业自主创新的动力不足、药品创新度低等问题普遍存在。二是食品药品安全的社会环境比较恶劣。处于转型期的中国社会，很多企业的诚信意识、责任意识和法治意识还很淡薄；审评、审批与监督管理存在脱节现象；生产经营质量管理规范落实还不到位。三是食品药品安全监管的法律体系不健全。关于食品药品安全的法律体系不健全，缺乏细化的、有针对性的、可操作的一系列法律法规体系；完善高效的行政监管体系和应急事件处置体系没有建立；科学、客观、

① 河南省互联网应急中心：《河南省互联网网络安全情况通报》，http：//www.hca.gov.cn/article！pagerInfoList.action？cate＝003007003。

高效的食品药品安全预警和风险评估体系没有建立；中立、客观、具有权威性、能够掌控舆论主动权的信息发布体系没有建立。

（二）安全生产事故仍然多发易发，安全生产监管体系建设任重道远

随着河南城镇化进程的加快和新一轮城市基础建设的进行，河南省安全生产监管工作也面临更大挑战。一是安全生产的理念、意识仍有不足，没有真正做到以人为本，在实际的工作中仍然是重生产、轻安全，重进度、轻劳动保护。二是相关部门对安全生产的把关不严、审批不严，个别地区的企业只需简陋的操作设备就可以开工，有些甚至连相关资质都不具备，安全隐患严重。三是安全生产监管体制有待进一步完善，主要体现在职能交叉、权力分散方面，不利于监管效能最大化。同时，还存在地方安全生产监管与煤炭行业管理合署办公的现象，导致在基层安全生产监管实践中均存在部门扯皮、职责不清等问题。

（三）社会治安问题依然比较突出，社会治安防控面临新的挑战

随着河南城镇化的快速推进、经济社会结构的深刻转型，河南省社会治安面临一系列新的问题和挑战。一是流动人口犯罪问题日益凸显。随着河南省城镇化的不断推进和工业的不断崛起，以前大量向外省流动打工的人群开始回流，在省内进行流动打工，这使得省内的流动人口数量激增，特别是如郑州、洛阳等一些大城市的流动人口比例更大。在这个过程中流动人口犯罪的比例也在不断增大。这不是河南省一省的问题，在全国范围内都是一个日益凸显的问题。据调查，目前，流动人口犯罪已占各地犯罪总数的70%以上，在一些经济发达地区，甚至达90%之多。[①] 从发展趋势看，流动人口犯罪逐渐出现低龄化、团伙化和暴力化的倾向。如何有效预防、控制和打击新

① 甄贞：《流动人口犯罪得重视了》，《检察日报》，http：//www. hnfzw. com. cn/a/jiancha/jianchadongtai/2012/0312/225519. html，2012 年 3 月 12 日。

形势下的流动人口犯罪，已成为公安机关亟待解决的重大问题。二是农村征地、城市拆迁、医患纠纷、环境污染等问题引发的群体性事件近年来增幅较大，聚众上访问题突出，参与群体性事件的各类人员有增多的趋势。另外，一些与境内外反华势力牵涉的案件有增多的趋势，形势严峻复杂。

（四）各类突发事件频发，应急管理体制问题凸显

一是政府各部门之间在应急管理工作中的分工、协调、联动存在诸多问题。首先是职责划分不清，如水利部门在防洪工作方面与国土资源部门在预防地质灾害方面如何分工协调，规定含糊。其次是资源整合不优化，如在面对各类突发事件时如何更快更有效率地利用社会资源、如何建立部门联动和区域合作等。最后是应急管理办公室的职责过于宽泛，反而影响其履行基本的职责。二是应急教育和培训十分缺乏。河南省应急管理体系建设起步较晚，社会公众缺乏应对突发事件的防范意识、防范知识和防范技能，也缺乏应对突发事件的心理准备。一旦发生突发性事件，公众容易形成恐慌心理，产生恐慌行为。普通民众的自救互助能力也较弱，使得一旦突发事件发生，不良效果和灾害损失容易急速扩大。

（五）网络安全事故频发，网络安全监管体系亟待完善

随着网络的快速普及，我国的网络安全问题凸显。据统计，整体上我国信息安全环境不容乐观，74.1%的网民在过去半年内遇到过信息安全问题，总人数达4.38亿；遭受安全事件的人群中，50.4%的人认为“花费时间和精力”，28.2%的人学习或工作受到了影响，13.1%的人重要资料或联系人信息丢失，还有8.8%的人经济受到了损失。[①] 河南省的网络安全监管发展较迟缓，网络安全问题也较为突出。河南省互联网应急中心每个月编制的《河南省互联网网络排在安全情况通报》显示，河南省的网络安全长期徘徊

① 中国互联网信息中心：《2013年中国网民信息安全状况研究报告》，http：//www.cnnic.net.cn/hlwfzyj/hlwxzbg/mtbg/201312/t20131219_43475.htm。

在中等和中等偏下水平，遭受的各类网络安全攻击和损失也长期排在国内的前十名①。

三　河南省治理公共安全问题的对策建议

（一）治理食品药品安全问题的对策建议

1. 进一步健全食品安全监管机制

一是要完善法律制度。要鼓励地方积极探索，先试先行，积累经验，将实践成果逐步上升为法律制度。二是要加强源头治理。食品安全水平的提高重在源头治理，要从农产品种植使用农药、施加化肥等隐性环节开始抓起，不断降低农药兽药残留，并大力实施农业标准化，加快发展无公害农产品、绿色食品、有机食品，促进优质农产品生产发展。要严格市场准入管理，积极推进食品安全信用体系建设。三是要明确责任，加大执法力度，构筑好食品安全的最后一道防线。要明确食品生产经营者是第一责任人，地方政府负总责，出了问题问责到底。此外，要充分发挥社会监督、舆论监督、群众监督的积极作用。

2. 健全药品安全监管机制

一是要全面贯彻落实国家有关基本药物制度的相关法律和规定。要在所有公立基层医疗卫生机构实施国家基本药物制度，实行药品零差率销售。二是要针对制药企业构建风险监管机制，提高应急管理能力。通过法律法规宣传、签订质量承诺书、推行质量授权人制度、积极开办培训班等多种形式，督促企业及时排查风险安全隐患，化解风险因素。针对高危品种、高风险品种和重点企业，加强产品监督抽验。三是要强化风险预警机制。组织监管人员深入企业，系统地进行分析评估，指出存在的问题和风险，及时向企业发布药品生产质量安全预警信号，提出消除和控制风险的方法，积极帮助企业控制风险。

① 根据各期《河南省互联网网络安全情况通报》数据汇总。

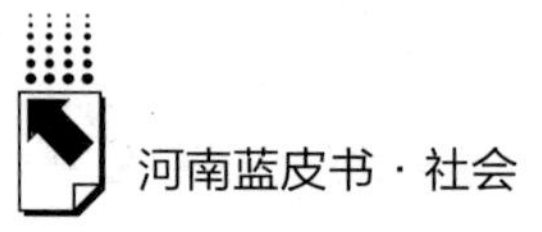

（二）治理安全生产问题的对策建议

1. 建立健全安全监管体制机制

要加强安全生产监管体系建设，对安全监管体制进行调整改革、合理界定，明确安全生产综合监管机构与行业管理部门的职能定位和职能范围，建立统一、高效、权威的安全生产综合监管体系。

2. 切实提高安全生产执法效力

建立对执法效果的跟踪反馈和评估制度。建立安全生产行政执法责任制度，落实分级负责、属地监管的安全生产综合监管职责，建立完善覆盖全面、监管到位、监督有力的政府监管和社会监督体系，形成依法治安、齐抓共管的合力。

3. 进一步理顺监管职能部门的关系，加强监管队伍的自身建设

要理顺安全监管、煤矿安全监察和行业管理之间的职责关系，明确综合监管与专项监管部门之间的职责划分，完善当前的安全监管工作体系，将安全监管机构覆盖城乡。此外，要加强对监管人员的监督管理，加强对监管队伍的培训，强化职责，提高依法行政的能力和水平，做到有法必依、执法必严、违法必究。

（三）治理社会治安防控问题的对策建议

1. 注重搜集情报信息，建设反应灵敏、快速预警的信息和指挥调度系统

要成立高效灵敏的信息处理中心，建立信息资料的分类、整合、分析、比对、串并、反馈等处理程序，为有关办案人员提供有参考价值的情报资料，为决策部门提供准确的决策数据和信息。同时，要加大对指挥中心的科技投入，建构 110、120、119 三合一平台，实现各种警力的统一指挥，形成刑警、派出所、巡警等侦查破案和社会控制警力的联勤互动警务模式，提高公安机关的快速反应能力。

2. 加强群防群治工作，提高社会治安防控的社会多元参与水平

在具体做法上，治安管理部门可以积极引入社会化、职业化的组织管理

手段，加强平安志愿者队伍建设，大力发展保安服务业，倡导建立居委会、警务室、流动人口管理站、调委会、物业管理站五位一体的社区治安管理和警民联动工作机制，可以尝试从下岗职工和低保对象中选聘人员组建巡逻队伍，全方位加强社区和街面治安防控能力。

3. 重点侦办重特大案件，积极有力地打击刑事犯罪

重特大案件危害大、社会影响大，应该始终作为侦办的重中之重，始终保持对违法犯罪的高压态势。首先，要积极侦办大案、要案，加大对多发性犯罪的打击力度，加强对盗窃、抢劫、抢夺等多发案件的打击工作，多破案，努力提高破案率；其次，要加强对涉黑涉恶案件的打击力度，防止黑恶势力滋生、抬头。

（四）治理突发事件应急管理问题的对策建议

1. 完善突发事件应急管理预案体系

一方面，相关部门要积极组织对应急预案的评估，在此基础上修订完善各预案，在制定预案的时候要注意各类预案之间的衔接，要加强对应急预案的管理，逐步规范编制、修订和施行工作，进一步完善应急预案体系。另一方面，应更加重视按照应急预案的内容和要求进行培训与演练，真正达到检验预案效果、锻炼应急队伍、磨合机制和宣传教育的目的，切实增强应急预案的针对性、实效性与可操作性。

2. 加强对群众的宣传教育与引导

深入开展普及应急救援、医疗急救等方面知识的活动。建立健全个人心理医疗服务体系，积极开展个人心理调节疏导工作，建立心理危机干预机制，防范和降低社会风险。

3. 积极发挥非政府组织的作用

将非政府组织纳入应急管理体系，争取更广泛的社会支持。非政府组织具有非地域化、专业化与资源化的优势，是参与公共事务的重要力量，在突发事件应对中，能更广泛地发动社会力量，集中专业人士参与调查研究，提供可靠的参考数据，提出有效的应急建议，在监督政府行为、宣传教育和信

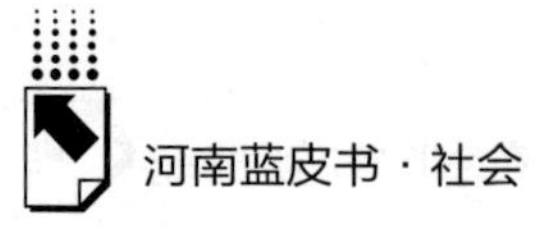

息沟通等方面发挥着重要作用。因此，河南省应将非政府组织吸纳到应急管理体系中，以争取到更广泛的社会资源和支持。

（五）治理网络安全问题的对策建议

1. 建立健全网络安全应急管理机制

首先，针对网络安全多头管理的问题，要建立跨部门的网络安全管理联动机制。网络安全监管是一项跨领域、跨部门、跨行业的复杂系统工程，涉及政府、运营企业、互联网增值服务机构、行业组织、普通网民等方面，要做好网络安全的监管，就必须协调好各方资源，建立跨部门的联动机制。其次，要建立一支常规的、专业化的网络安全应急响应队伍。网络安全监管是专业性很强的领域，专业问题要专业化处理。网络安全不仅是一个技术问题，也是一个社会问题甚至政治问题。因此，建立一支专业化、涉足多领域的网络安全监管、应急响应队伍就显得十分必要且势在必行。

2. 改革网络管理体制，构建符合省情的网络管理模式

网络管理的方式手段是公共安全管理的重要内容，虚拟社会管理应多方参与，法律规范、政府监管、行业自律、社会监督，缺一不可。要构建政府主导、多方参与的网络管理模式，更好地规范网络行为，建立理性、规范的网络秩序。

3. 加强网络安全技术的研发工作，实现虚拟社会管理的高科技化

网络安全管理涉及面广、专业性强，要科学有效的实施管理就要直面问题，开展深入研究。首先，要加强技术研发，提高网络安全管理的技术手段；其次，要积极参考和引进外省和外国先进的网络技术和装备，借鉴和运用外省和外国先进的网络安全技术管理手段，以切实提高河南省网络安全管理和网络犯罪打击能力。要大力推进公共信息网络安全技防体系建设，堵塞网络安全漏洞。

B.11

河南省社会风险分析评估报告

崔学华*

摘　要：本文分析评估了近年来河南省面临的比较重大的六项社会风险，分别是就业社会风险、征地拆迁风险、环境污染风险、老龄化社会风险、农村衰败风险和报复泄愤风险。分析与防范社会风险，其目的在于提前化解社会危机，努力实现社会和谐稳定。

关键词：河南　社会风险　社会危机

社会风险是一种能够导致社会冲突、激化社会矛盾、扰乱社会秩序、危及社会和谐稳定的潜在可能性。换句话说，社会风险就是社会危机的潜伏状态，社会危机是社会风险的累积结果。防范与化解社会风险是社会治理的主要目标，实现社会治理能力现代化，必须从分析研究社会风险开始，其涉及风险的识别、分担以及预防解决。研究社会风险的目的，在于提前防范社会危机，努力实现社会和谐稳定。有鉴于此，本文分析评估了近年来河南省面临的比较重大的六项社会风险，他们分别是就业社会风险、征地拆迁风险、环境污染风险、老龄化社会风险、农村衰败风险、报复泄愤风险。

一　就业社会风险

摩根士丹利首席经济学家斯蒂芬·罗奇认为：“中国经济未来面临最大

* 崔学华，河南省社会科学院社会发展研究所助理研究员。

的问题是中国内部问题，尤其是就业。”国家人力资源和社会保障部的数据显示，2014年全国高校毕业生人数达727万人，与2013年699万毕业生相比，又增长了28万人，再创历史新高，被冠以“更难就业季”称号。河南是全国人口大省，劳动力密集，就业压力巨大，防控“就业难”引发的社会风险依然任重道远。

（一）城镇化带来的农民工就业风险增加

1. 城镇就业供求总量矛盾依然严峻

河南是人口大省，也是劳动力供给大省。统计数据表明，截至2013年上半年，全省16～60岁劳动年龄人口总数达到6300多万人，农村富余劳动力达1000多万人，河南经济增长所能提供的城镇就业岗位供给总量相对不足，供需缺口较大。一是从农村转移出来的新增劳动力数量持续增加。截至2014年上半年，全省农村富余劳动力转移总体规模持续增长，其中85.1%的农村家庭有劳动力转移，户均劳动力转移人数为1.74人，转移群体中新增转移劳动力的比例为3.2%，城镇就业岗位需求压力增大。当前，城镇化已经进入新一轮快速发展期，河南省城镇化率低于全国平均水平近10个百分点，城镇化水平低、质量不高的问题十分突出。未来几年，在推进城镇化进程中农村劳动力转移的数量将会持续上升。二是从省外回流的农民工数量增加。近年来，随着富士康等大型企业入驻河南以及城镇产业集聚区的快速发展，全省农村外出劳动力出现高速回流现象。河南省人力资源部门的统计数据显示，2013年全省农村劳动力继续高速回流，省内外就业差额创下了386万人的历史新高。至此，全省已经连续三年实现农村劳动力转移就业省内人数超省外人数。省内城镇农民工就业数量不断增加，就业岗位供应相对不足，部分农民工就业困难、游手好闲，犯罪率不断增加。

2. 农民工综合素质难以满足用工需求

对河南省郑州、新乡等地市的农民工进行抽样调查，发现农民工综合素质较低，其中高中文化程度及以上的仅占19.5%，接受过非农职业技能培训的仅占20.6%。随着经济发展方式的转变和产业结构的调整，各地企业对劳动者的综合素质和职业技能的要求也不断提高。然而，农民工整体的受教育水平偏低，将近80%的农民工没有接受过正规的职业技能培训，职业素养和职业道德普遍较低，品德才能难以满足基本的企业用工需求，造成农民工就业的技能结构性矛盾比较突出。另外，一些企业招聘农民工的条件比较苛刻，工资水平不高，年龄限制在40岁以下，各种福利保障很不健全，造成部分农民工就业困难，失业风险随时存在。

（二）大学毕业生就业风险呈现新特点

1. 农村大学毕业生就业难度加大

《2014年中国社会形势分析与预测》指出，农村家庭普通本科毕业生就业最困难，来自城市家庭的普通本科院校毕业生的就业率（87.7%）并不低，而农村家庭出身的毕业生就业率则远远低于此水平，只有69.5%，两者就业率相差18.2个百分点。近年来，农村大学毕业生已经成为大学生就业群体中的弱势群体。之所以成为弱势群体，主要在于农村大学生的社会资本有限，缺乏强势的社会关系和社会资源，在就业市场上处于劣势。同时，这也与农村大学生自身的能力素质密切相关。毕竟有能力、有资源的家长还是少数，行政事业单位凡进必考，市场经济迫使企业必须起用能人、起用好人，德才兼备者才有用武之地。农村大学生要不断改变教育观念、学习观念和就业观念，在掌握一定专业知识的前提下，不断提高自己的沟通能力、情绪管理能力，“硬知识”和“软实力”同步提升，相得益彰，在就业竞争中占得优势和先机。2014年，全国高校毕业生首次突破700万人，达727万人，比时称“史上最难就业季”的2013年增加28万人，创下历史新高。河南是全国第一人口大省，也是毕业生大省，2014年河南高校毕业生达48.3万人，是“史上更难就业季”。截至2014年4月底，只有四成高校毕业生找到了工作，而其中，80%从事的是非本专业工作，月薪在2000元左右。在大学生整体就业难的背景下，农村大学生就业更难，失业率高达30.5%以上，成为河南省面临的最主要的就业风险。

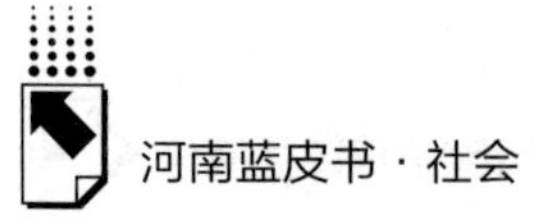

2. 大学毕业生供需结构性矛盾突出

整体上看，工科毕业生供不应求，应用型、技能型高职高专毕业生比较吃香，毕业就能上岗；产业转型升级带来的高端工作岗位，远远低于对应毕业生数量的增加，适合毕业生的就业岗位供给不足。从实践来看，专业特色不突出和毕业生综合能力不强及财经政法类、文史哲类、艺体类特长生就业难度较大，此类专业的本科生远远不如技能型专科生受市场欢迎。从郑州市人才市场提供的2014年第二季度人才供求报告来看，拥有一技之长的技能型专业的大专生就业前景比较好，很容易找到工作，而专业特色不明显的常规专业本科毕业生就业前景不容乐观。事实上，社会非常需要各种专业的技能型人才，尤其是中高级技能型人才和管理人员，在就业市场中经常处于紧缺状态。今后，为加快实施中原经济区、粮食生产核心区、郑州航空港经济综合实验区三大国家战略规划，河南更需要培养大量高层次的技能型人才，努力缓解大学毕业生供需结构性矛盾。

二　老龄化社会风险

“现在人口面临的最大风险不是总人口的失控，而是老龄化问题严重。”北京大学中国社会发展研究中心研究员、社会学教授郭志刚告诉《中国经济周刊》，“按照国际通行标准，65岁以上人口超过总人口7%的社会就是老龄化社会。依据2010年第六次全国人口普查的数据，我国65岁以上人口占比已经接近9%。”事实上，目前中国的老龄化速度正在加快，老年人口的数量将以年均800万以上的规模激增。如果按照这样的速度测算，截至2014年底，中国老年人口数量将超过2亿人，是迄今为止世界上老年人口最多的国家，也是养老问题面临最大挑战的发展中国家。《2013年河南人口发展报告》显示，河南省2013年年末总人口为10601万人，常住人口为9413万人，占全国总人口的6.92%，排在广东省、山东省之后，居全国第三位。其中65岁以上人口的比重超过9%，表明河南从2000年以后就进入了老龄化社会，以后呈逐年加重的态势。

目前，河南省人口总量得到一定的控制，人口的老龄化程度日益成为社会发展面临的突出问题，人口结构不断老龄化，人口负担继续加重，老龄化社会风险集中呈现。这主要表现在四个方面：一是老年人口的数量庞大，比值较高，增长速度较快，养老负担巨大。二是在老年群体中，高龄、空巢、失能和失独的老年人群日益增多。以郑州市为例，截至2011年底，全市80周岁以上高龄老人近12万人，到2015年全市60岁及以上老龄人口将达到120万人，其中80周岁以上的老人目前还没有纳入高龄补贴保障范围。空巢老人快速增加，统计表明，全省城市空巢老人户数高达49.7%以上，他们需要更多的关照。卫生部的数据显示，中国每年新增失独家庭7.6万个。失独家庭面临的最大困境是心理问题严重，精神负担大。随着独生子女家庭基数的增加，到2035年将会有千万个失独家庭。三是养老资源不足造成“养老荒”。目前，中国出现“未富先老”“未富先骄”“未老先懒”以及“啃老族”并存的现象，加上中国经济增长潜力下降的风险、金融系统不稳定的风险等，整体养老资源不足，养老风险较大。四是家庭变迁弱化了家庭养老功能。城镇化带来了大规模的人口转移，农村家庭主要是“三留守人群”，留守老人的养老风险前所未有。近年来，河南省城镇化速度加快，大大弱化了农村家庭的养老功能。2013年，河南常住人口城镇化率达43.8%，而全国城镇化率为53.73%，河南省城镇化率低于全国平均水平9.93个百分点，未来几年，在快速推进城镇化的进程中，农村家庭的养老风险将会更加突出。

三 环境污染风险

环境污染通常是指大气污染、土壤污染和水体污染几方面。环境污染具有公害性、潜伏性和长久性等特点，对人体健康危害较大，是导致癌症发生的重要原因，也对植物危害严重，对天气气候影响显著。世界著名的北美死湖事件、墨西哥湾井喷事件、切尔诺贝利核泄漏事件、莱茵河污染事件等都属于典型的环境污染。中国的环境污染主要是消耗煤炭和石油造成的空气和水污染。据世界银行报道，世界上污染最严重的30个城市里，有20个中国城市。《2013中国环境状况报告》显示，2013年，环保部对全国74个城市按照新标准开展检测，结果显示，仅海口、舟山和拉萨3个城市空气质量达标，相对较差的10个城市分别是邢台、石家庄、邯郸、唐山、保定、济南、衡水、西安、廊坊和郑州。

近年来，河南的环境污染日益严重，引发的社会风险不断增多。2014年9月发生的获嘉县化工污染事件是近年来群体性事件的典型。9月9日以来，河南省获嘉县民众因不满城郊的中新化工厂散发异味，聚集在县委政府抗议污染企业。17日，获嘉副县长与抗议企业污染的民众进行对话，伴有警察持枪撑伞护卫，引来舆论质疑、谴责。这个事件折射出政府官员对群众合理诉求的消极回避、懈怠麻木，官僚主义、形式主义的官本位思想严重，激发了广大民众的“仇官”和“仇警”心理。此次获嘉县群体事件中，一张警察持枪撑伞的现场图片被媒体和网民误解，使得危机有进一步加剧的可能，好在获嘉县官方及时回应，化解了网络舆情的次生风险。所以，面对风险危机，要认真对待群众诉求，维护群众切身利益，切实解决事关群众健康的环境污染问题。未来一段时期，随着工业化、城镇化的推进，环境污染问题还会持续出现。

四　农村衰败风险

目前，相对于城市的快速发展，中国农村整体上处于衰败中。尽管国家对“三农”的投入持续增加，并不断出台优惠政策，但是除了少数发达的沿海城市群以及类似于浙江横店、江苏华西村等超级富裕村庄外，绝大部分的中西部农村地区处于空壳状态，年轻人外出打工，常年不回家，适龄学生在城镇上学，农村留下来的大多数是留守老人、留守妇女和留守儿童。农村地区的人口流失、教育衰败、文化没落、农地抛荒、粮食减少，表明了农村的衰败已经形成一种恶性循环，必须尽快治理，否则将带来严重的“三农”问题，农业发展受危害，粮食安全难保证，城乡发展差距大，农村继续衰败，城市继续繁荣，最终城市将失去后方阵地。所以，实现农业现代化、振兴农村，是当务之急。

河南是农业人口大省，农民外出务工、孩子外出求学是农村基本生态。河南农村教育衰败是近年来河南农村整体衰败的集中反映，主要表现在教育资源大量流失、家庭教育功能弱化、学前教育发展滞后、初中教育辍学严重等方面。首先，多数乡村学校生源减少，教师离职，纷纷涌向城镇，乡村学校逐步衰退倒闭。其次，农村初中教育辍学现象严重，根据 2010 年对中部一些乡镇初中的调研发现，学生平均辍学率达 42%。同时，多数农村家长文化层次不高，对孩子学业要求较低，打工经济进一步降低了农村孩子的学习支持与学习热情，大量的“单亲”“隔代”“寄养”和“寄宿”教育，进一步弱化了家庭教育的功能。大多数农村学前教育发展滞后，办园条件十分简陋，高素质的师资队伍匮乏，稍有能力的家长都选择城市的私立幼儿园，造成农村教育从幼儿就开始萎缩。农村教育的萎缩，进一步加速人口的迁移。伴随着新型城镇化的发展，未来农村教育将会面临新一轮的调整缩减，甚至会继续衰败。要采取有效措施，保证农业现代化，保证农民不离家，保证孩子有学上，切实解决农村孩子“上学远、上学难”的问题，降低农村孩子 12 岁以前寄宿学校存在的风险。

五　征地拆迁风险

近年来，全国各地频繁发生拆迁冲突血案，产生拆迁“种楼”大户，官商勾结渔利，乱象丛生，引发社会关注。2012 年 9 月 21 日，辽宁盘锦兴隆台区一村民在一起占地纠纷中死亡。当地有关部门在没有和群众达成补偿协议的情况下，动用大型机械强制拆迁，民警强行介入，成为引发拆迁血案的直接原因。21 日早上 8 时，拆迁队近百人驾驶两台挖掘机，来到盘锦市兴隆台区二十里村王淑杰的庄稼地，准备强行铲平水稻。双方由于补偿价格发生冲突，派出所民警到达现场后，强行进入庄稼地，双方大打出手。王家用斧头、镰刀对付民警与施工人员。王父手持镰刀砍向民警，民警开枪击伤王父腿部。王树杰看到父亲倒地，便将汽油泼向自己，点燃后准备与民警同归于尽，民警又开一枪，王树杰倒地，经120急救中心现场确认死亡。事发后，盘锦市政法委迅速组成调查组，并发布调查结论："村民王树杰一家四口，无理阻挠挖掘机施工，泼洒汽油，民警在生命受到威胁之后被迫开枪，导致王树杰死亡，开枪行为合法。"从恶性事件发生到政府的危机处置，充分表明拆迁双方存在着巨大的利益冲突，政府与开发商漠视民众生存需求，漠视民众生命安全，与民争利，产生危机。

2013年，河南省征地拆迁面积达9万亩，涉及6万多个家庭，拆迁冲突和"种楼"大户随时随地都会出现，要谨慎规划、小心行动。新华社《瞭望东方周刊》发表声明：切断地方政府与开发商的利益关联，是终结暴力强拆的关键。2012年，河南许昌征地拆迁办集体贪腐，涉案60余人，贪污、受贿的涉案金额动辄数百上千万元。在这场组团腐败中，拆迁官员之间相互合作、互不干涉，不贪就受排挤；被拆迁的村民和负责拆迁的官员也携起手来，签订虚假拆迁协议，共同套取拆迁补偿费用。2013年，河南洛阳涧西区伪造村民签字骗取上级审批，实行违规征地强拆。"被签字"的村民中有的甚至已经死亡多年，很多地方村民为了获取高额补偿，不惜临时违规"种楼"，这一系列征地拆迁乱象，反映出农地补偿立法缺失、政府权力失范、官商利益集团化严重等问题，必须高度重视，正确处理好加快地方发展与维护居民利益的关系，依法依规协调好拆迁各方的利益分配，严防政治衰败、官商勾结渔利，避免引发拆迁风险。

六 报复泄愤风险

当前，社会快速转型，城镇化速度加快；世界经济整体出现下滑趋势，城镇新增就业人员面临较大压力，就业形势不容乐观；部分政府职能衰败导致利益集团失控，官员腐败问题虽在治理，但是疾患已深，贫富差距继续拉大，社会不公平仍很严重，无论是群体心理还是个体心理，都出现不同程度的报复泄愤风险。2014年发生在美国的弗格森骚乱震惊全球，截至11月26日，该地骚乱已经波及170个城市，造成大规模游行示威和暴力冲突。表面来看，是民众对黑人青年被枪杀的不公处理怒气积压，蔓延全美，其实真正的根源在于，贫富差距和种族歧视带来的不公平，是发泄对社会不公平的积怨，是典型的群体性报复泄愤带来的风险。近年来，国内由于群矛盾衍生的群体性泄愤事件颇为频繁，从云南孟连、贵州瓮安到湖北石首的深刻教训，表明群体性泄愤事件正在挑战社会底线，反映了民众积怨已深，诉求表达机制不健全。

据《新京报》2014年11月11日报道，河南省鹤壁市淇县一名供电所所长为泄私愤，酒后撒泼，擅自拉闸停电，导致全县数千名用户无电可用。目前，鹤壁供电公司已对相关责任人做出处理。这个事件暴露了一些垄断行业权力过大，无法无天，恣意妄为，属于典型的利用公权发泄私愤的个体性泄愤事件。另外一种个体性泄愤事件，是由个体心理焦虑、心理扭曲甚至心理变态造成的，比如婚恋失败、情感压抑、个性粗暴、管教不力造成的个体极端冲动，报复泄愤的心理倾向严重，一旦在生活中遇到不顺，就会采取报复行为。例如，2012年9月，渑池县公安局成功将持刀抢劫的犯罪嫌疑人张某抓获，张某如实坦白，“幸亏你们及时抓到了我，要不然我会去杀人。”张某平时性格内向孤僻，常年在外打工，婚恋一直不顺，后经人介绍与焦作一位离异妇女结婚，因不堪忍受歧视而返回渑池家中，遂产生报复社会的变态心理。未来一段时期，社会不公、贫富差距、心理排斥、人口变迁、婚恋脆弱，将会造成社会融合难度加大，无论是群体还是个体心理，都存在报复泄愤风险，必须尽快建立完善的群众诉求表达机制、矛盾化解机制和社会稳定风险评估机制。

参考文献

虞立琪：《失业渐成中国经济头号风险》，《商务周刊》2004年第2期。

童星：《“十一五”期间江苏省重大社会风险预警》，《公共管理高层论坛》2006年第1期。

B.12

政府风险管理能力建设研究

——以河南省2014年重大风险事件为例*

李文姣**

摘　要：政府风险管理能力建设就是充分发挥政府在社会风险管理中的主体作用，集中体现为社会风险的应急能力、处理能力和控制能力。本文以2014年发生在河南省的重大社会风险事件为例分析政府风险管理行为，并以此为基础，整合政府风险管理能力的要素，将其分析归纳为风险预警能力、应急处理能力和综合决策能力。最终，对政府风险管理能力建设提出对策与建议，以期为政府有效防范与化解重大社会风险事件提供理论参考。

关键词：风险管理　风险管理行为分析　重大风险事件

风险管理是研究风险发生规律和风险控制技术的一门新兴管理科学，其主要内容是指导、控制和组织与风险相关问题的协调和解决。政府风险管理是政府识别、评估和判断风险，采取行动预测风险和减少损失以及监控和回复进展等活动的全部过程，其管理能力体现了政府对社会风险的应急能力、

* 本文为国家社会科学基金项目“重大决策社会稳定风险评估中的第三方介入机制研究”（14CSH011）和“平安建设中的社会矛盾调处机制研究”（10BKS045）的阶段性成果。

** 李文姣，中共河南省委党校哲学教研部讲师，社会学博士，主要从事社会风险与社会矛盾研究。

处理能力和控制能力。①

政府风险管理能力建设就是充分发挥政府在社会风险管理中的主体作用，从而促进经济、社会、环境三方协调发展，从深层结构和体制上降低社会风险发生的概率；进而使政府与企业、社会组织及社会成员达成更多共识，缓解河南省的社会结构性断裂，促进社会整合；最终拓宽政府化解社会风险的视野，增强政府规避社会风险的能力，实现社会稳定。政府风险管理能力是一个需要借鉴一系列观察变量加以测量的潜在变量，而政府的行为可以作为政府能力与履行政府职能之间关系的观察变量。因此，本文以 2014 年发生在河南省的重大社会风险事件为例分析政府的风险管理行为，并以此为基础，整合政府风险管理能力的要素，最终对政府风险管理能力建设提出对策与建议，以期为政府有效防范与化解重大社会风险事件提供理论参考。

一　重大风险事件中政府风险管理行为分析

前文谈到，政府风险管理能力体现在其对社会风险的应急能力、处理能力和控制能力，因此，在对政府风险管理行为进行分析时，本文以上述三类能力为切入点对 2014 年河南省发生的三类重大社会风险事件进行研究。

（一）网络风险考验政府的应急能力

电子政务建设在推动河南省经济和社会信息化、提升政府执政能力水平等方面具有十分重要的现实意义。随着河南省电子政务建设的不断发展，信息系统的数量和复杂程度随之不断提高，其对政府信息系统的安全管理提出了更高的要求和挑战。近年来，电子政务网站被恶意攻击的新闻屡见不鲜，境外反动势力甚至成立专门的组织——“反共黑客联盟”，将目光瞄准国内的电子政务网站，并且将篡改的网站实时情况更新在其对外宣传的论坛上以扩大影响。因此，网络风险考验着政府的应急能力。

① 冯华：《构建完善的政府风险管理体系之我见》，《中国检验检疫》2012 年第 12 期。

2014年以来，河南省境内也发生多起反共黑客篡改页面表达政治诉求的网络安全事件。比如，2014年4月18日篡改河南农业信息网、2014年7月5日篡改濮阳市委组织部办公系统、2014年7月29日篡改新乡市人民检察院网站，等等。针对类似案例，相关政府部门在发生安全事件后通常采取的做法是切断网站与互联网的链接，以避免事态影响进一步扩大，然后协调相关网站开发商或维护方恢复或删除被修改的页面，同时配合公安部门对网络安全事件进行侦破以及溯源。技术上，大部分政府部门建设有一定的安全防御设备，例如防火墙、IPS等。管理上，相关单位都建立了安全管理组织，任命安全主管领导以及信息安全专员，制定了安全管理制度，部分单位还制定了安全应急预案。上述措施对于网络安全事件的风险管理具有积极作用，如网站现有安全技术防御体系可提高恶意攻击者对网站攻击的成本，在出现安全事件之后可启动应急预案，减小事件造成的损失和影响，尽快恢复业务。这些技术和管理措施在一定程度上表明，随着河南省对电子政务安全管理的不断重视，各级政府单位的安全意识有所提高，具备基础的安全风险应急能力。但仍然存在安全管理体系不健全，缺乏有效的风险识别手段以及防御措施，在面对安全事件时应急响应能力不足等问题，河南省的网络风险管理水平仍有待提高。

（二）社会稳定风险考验政府的处理能力

2014年8月8日凌晨，河南省新郑市龙湖镇张红伟夫妇在睡梦中被多名陌生人带上一辆没有牌照的面包车，被带到墓地控制近4个小时，待夫妻回家后发现，四层小楼已经连夜被拆成废墟，此事在8月11日被网络曝光后，引发社会广泛关注。龙湖镇政府对该事件的处理还是比较及时的，在事件调查清楚后，首先对涉事村的村干部做停职处理，然后在调查取证之后对主要涉事人员依法进行严肃查究。同时，及时与媒体沟通，8月14日，中央电视台《新闻调查》栏目进驻龙湖镇，展开5天的深层次调查，新郑市及龙湖镇工作组积极配合中央电视台调查，还原事实真相，最大限度地消除社会不良影响。8月23日，中央电视台在《新闻调查》栏目以突如其来的拆迁为题，对该事件进行深度报道，事件趋于平静。

当前，河南省公共风险事件主要具有区域性、局部性、爆发性等特点。因此，地方政府应该作为决策主体，应对公共风险事件。如何及时有效地采取危机干预措施，顺应事态的变化及时调整应对措施，尽可能地减少风险事件带来的损失，是对地方政府风险管理能力水平和能力建设的考验。政府风险管理的处理能力主要体现在以下几方面：首先，强化法律权威，制定和完善应对各类风险事件的法律法规，明确各级政府部门的责任，使其依法、迅速、有效地处置各种突发事件和风险。其次，强化各级行政首长的指挥权威，使其具备设计预案、相机抉择、果断处置的能力。在龙湖拆迁事件中，新郑市领导亲临当事人家中看望，对其进行安抚。同时，龙湖镇政府按照市委、市政府的要求，进一步与当事人进行协商沟通，深入了解当事人的诉求，妥善做好后续处理工作，很快就赔偿工作与当事人达成一致。再次，严格执行行政问责制，包括加强人大法律监督、政协工作监督、行政自律监督、社会舆论监督和群众监督，科学考核评价各级政府及有关部门应对公共风险事件的工作绩效。在上述强拆事件中，涉事村干部与主要涉事人员都依法受到了责任追究。最后，加强信息公开，要建立包括传统媒介（广播、电视、报纸）和新兴媒介（互联网和移动互联网）多种载体相结合的信息发布平台；积极与媒体沟通各类业已发生或将要发生的风险事件，准确客观地报道事件真相，以免产生谣言和猜测，引起社会不安与骚乱。在龙湖强拆事件中，地方政府积极与媒体沟通，还原事实真相，对事件的处理起到不可或缺的积极作用。

（三）金融风险考验政府的控制能力

以 2012 年安阳市非法集资引发群体性事件为开端，2013 年和 2014 年河南省受当前经济金融形势复杂、社会资金供需结构性失衡等多方面因素影响，打击处置非法集资的形势较为严峻，立案数量、涉案金额和参与集资人数持续居全国前列，案发区域、行业相对集中，区域性、系统性金融风险抬头，对金融秩序和社会稳定造成一定影响。2014 年 5 月 15 日开始，河南省在全省开展为期一年的集中整治非法集资工作，遏制全省特别是重点地方、重点行业的非法集资案件高发势头。2014 年 9 月 19 日，由公安部经侦局、河南省公安厅经侦总队、三门峡市公安局组成的追逃小组飞赴哥伦比亚实施抓捕犯罪嫌疑人周某，他在同年 6 月份潜逃国外，涉嫌非法吸收公众存款 2 亿元。

与河南省政府集中整治非法集资案件同时，展开的还有合法的民间借贷登记服务公司的成立与经验探索。2014 年 10 月 21 日，河南省首个国有资本主导的民间融资服务平台——开封市民间借贷登记服务有限公司成立。该公司注册资金 5000 万元，经营范围包括民间资金需求信息登记与发布、组织民间资金供需双方的对接服务等，探索阳光化操作和市场化运作的民间融资发展新模式，着力构建集聚效应显著、运作规范有序的民间融资管理和服务平台，实现民间金融资源的优化配置，着力缓解融资难和投资难的两难问题。

由非法吸收社会公众存款案引发的金融风险再次考验了政府的控制能力，包括对资金出借的收益与资金借入的成本的掌控；对严防经营风险、严格维护金融秩序、维护金融稳定的防控；对加快民间资金向产业资本转化，进一步拓宽实体经济融资渠道，有效缓解中小微企业融资困境的把控；对民间融资阳光化，遏制非法融资、高利贷等行为，营造良好的地方金融秩序的监控。其主要作用就是保护民间资本所有者的正当权利，增加人民群众的财产性收入。政府强有力的控制能力，将有助于重建民间借贷信用体系、拓宽民间融资渠道、促进民间借贷行为规范化，是政府风险管理能力不可或缺的重要抓手。

二　重大风险事件中政府风险管理能力的要素分析

对政府的风险管理行为进行分析可以发现，政府在履行其风险管理职能过程中体现的具体能力主要表现在应急规划、决策指挥、综合决策、资源配置、部门协作、风险控制、信息公开和信息宣传等方面。将这些能力进行要素分析可以归纳为三种能力要素，分别是风险预警能力、应急处理能力和综合决策能力。

（一）风险预警能力

风险管理是一个系统工程，借用安全防御体系设计中的“事前预防、事中保护、事后审计”12 字方针，风险管理也应该包括事前、事中和事后的管理。但是，河南省目前的风险管理多侧重事故发生后的应急处理，而风险发生前的预警和防备机制则比较薄弱，很多政府部门习惯于常态管理，而对风险预警缺乏足够的重视。没有事前预防的有效手段，往往造成事故中的保护压力巨大，且一旦事件的防御体系被突破，又缺乏有效的审计和追溯手段，给社会风险事件的化解造成较大困难。因此，在各级政府的风险管理体系的设计中，提高事前预防与事后审计的能力是政府风险预警能力的重要组成。事前预防是对当下发生的风险事件的预警机制，事后审计是为避免将来发生类似事件的预警机制，二者相辅相成，缺一不可。另外，对社会风险水平及安全状态的实时监控也是预警能力建设的重要组成部分，提前掌控风险事件发展趋势并及时有效处理，尽快消除事件造成的影响，完成风险事件闭环处理。总之，通过多元的风险预警机制及其管理可以避免或者减轻社会风险事件造成的损失。

风险预警能力建设的另一个重要方面是提高风险危机意识。如果忽视预防和控制风险，那么根据“墨菲法则”，风险事件将不可避免地引发灾难性后果。缺乏风险意识主要表现为习惯性地回避和否认风险、对风险事实真相视而不见，以致错过风险化解的最佳时机，最终降低政府部门的风险意识和风险预警能力。为了提高政府的风险预警能力和水准，应当加强风险危机意识，把风险预警管理引入日常工作中，把风险管理能力的评价纳入政府和部门工作绩效考核体系。[①] 同时，政府部门不仅要致力于提高风险管理的意识，还应当在公民教育中积极开展风险危机课程，提高全民的风险意识和抗击风险的能力。

---

① 谢有长、宁陶：《论风险社会中政府风险管理》，《经济与社会发展》2011 年第 4 期。

（二）应急处理能力

当社会风险事件已经初现端倪并开始酝酿发酵时，各级政府就需要积极调动应急处理能力。社会风险事件具有突发性、扩散性、不确定性和发展变化等多种特点，使得政府在处置风险事件时面临巨大压力，决策效率和行政效率的提升受到很大限制。因此，具备预警能力及动态指挥能力的应急平台体系可以推动政府提高决策和行政效率，应急平台体系建设对建立健全应急机制、积极预防和妥善应对风险事件具有重要意义。应急平台体系是以公共安全科技为核心、以信息技术为支撑、软硬件相结合的突发事件应急管理技术保障系统，是实施应急预案的工具。应急平台的建设是整合和完善各部门现有系统、提供辅助决策、实现统一指挥和应急联动的需要。目前，河南省已有一些专项应急指挥机构和应急指挥系统，但由于相互间没有有效互联互通、资源共享、快速响应，应急联动能力不高，因此亟须形成一个基于电子政务平台、包含辅助决策等功能的综合性市级应急联动系统。利用先进的数据系统，整合与完善现有各应急系统，建立统一的应急指挥调度平台，构筑智能化应急网络体系，形成“政令畅通”的应急指挥体系，以实现统一指挥调度、快速交互信息、协调联动。

河南省在推动应急平台体系的应用方面已经积累了一定的经验，早在2010年下达的《河南省人民政府办公厅关于加快推进全省应急平台体系建设的通知》就提出，要求各地、各有关部门按照“边建设、边联通、边应用”的原则，推动应急平台在应急管理工作中的应用，在应急平台上进行突发事件信息的接报处理、跟踪反馈、情况汇总和视频会商。建立高效的应急平台，通过先进的通信手段和智能化的决策指挥平台，可以对突发事件进行早期预警、快速反应和科学应对，最大限度地减少灾害事件造成的损失。总之，提高政府的应急处理能力是解决社会功能日趋复杂、社会风险日益严峻与社会应急服务资源相对有限之间的矛盾，改善社会生活、保持社会稳定、构建和谐社会的新思路，也是在管理模式上逐步与国际接轨，运用高科技管理城市的重要立足点。

（三）综合决策能力

社会风险管理方法包括规避风险、降低损失、减少频率、自留风险、风险转移等。自留风险是指在损失发生后对其进行处理，是地方政府最常采取的风险管理方法。但是，要有效降低与规避风险造成的不必要的损失，政府部门应将上述多种风险管理方法结合，并在风险事件发展的不同阶段采取不同的管理方法，这就涉及一个非常重要的概念——综合决策能力。

风险转移在风险管理过程中也是一个积极有效应对社会风险的方法，通过建立健全各级政府的风险管理责任制，将风险分散到各个社会层面，防止风险的消极影响产生“应力集中”效应，给某单一层级的政府造成无法控制和不可挽回的损失。另外，政府部门应对风险事件的能力可以从应急反应、应急指挥、应急救援、应急信息的发布和应急避难五个方面体现出来，根据事发地政府是否有足够的应对能力，来确定应急响应行动的级别和程序①，这也是综合决策能力的一种表现。此外，由于政府的风险管理涉及众多领域，需要多领域的防范和控制以及多部门的合作。因此，如何建立起责任明确、关系协调、运转有效的基层政府应急处置管理系统，同样也需要综合决策能力。

总之，综合决策能力的提升就是要求培养政府部门正确的风险决策理念，完善风险决策信息系统，建立常设性的公共风险决策核心机构以及与之配套的综合协调机构，优化风险决策工具和决策手段，完善公共风险决策责任追究制度及相关法律法规，提高决策者的综合素质。

三　重大风险事件中政府风险管理能力建设的对策与建议

社会风险具有高度的复杂性和不确定性，有效减少和规避风险，积极防范并化解风险事件是地方政府的职责，影响着河南省社会的和谐稳定。针对

---

① 李岗：《提升基层政府应对突发事件能力的对策建议》，《国家行政学院学报》2012 年第 1 期。

河南省在风险管理能力方面的不足，可以采取以下措施和方法来提高政府风险管理能力和管理水平。

（一）建立风险全程监控机制，提高风险预警能力

建立健全政府的风险管理能力，要求政府重视对风险在酝酿和发展阶段的预防和管理，要求政府重点加强对风险事件发生的全程监控。

以河南省电子政务的风险全程监控为例，信息系统的全程监控的专业称谓是“信息系统全生命周期的安全管理”。信息系统的安全管理必须首先从系统工程出发，将信息系统安全保障同信息系统所属的组织机构和信息系统的生命周期相结合，并贯穿于系统的整个生命周期。上述案例表明，多数单位更重视系统上线运行过程中的安全保障，而忽视信息系统在立项阶段、开发采购阶段和工程实施阶段的安全保障，导致信息系统在上线之初就存在一定的问题，上线之后的安全保障就处于相对被动的局面。

信息系统的整个生命周期包含立项、开发采购、实施、运行维护和废弃五个阶段以及在运行维护阶段的变更产生的反馈，形成信息系统生命周期完整的闭环结构。立项阶段：应基于国家和有关部门的相关法律法规、政策、标准规范和用户需求，对信息系统进行整体安全保障战略规划，并进行需求分析和风险评估，从信息系统的建设开始就进行综合信息系统安全保障的考虑。开发采购阶段：是立项阶段的细化、深入和具体体现，它包括系统安全保障体系设计和具体的安全保障实施设计的活动。应克服传统片面的基于立项阶段的规划、需求分析和风险评估的结果，建立信息系统安全保障整体方案以及信息系统安全保障实施的具体设计。实施阶段一般包含两种类型：一种是基于开发的实施，另一种是基于购买－客户化－集成的实施。应基于上一阶段批准的安全保障体系设计和合同，监督、管理和控制信息系统安全的具体实施，并使用测试、测评认证等进行信息系统的安全性验收，方可批准系统投入运行。运行维护阶段：需要定期或不定期地综合各种安全测试、风险评估、系统评估和认证以及安全检查等手段持续保持系统的安全状态。根据具体需求和外部环境的变化，进行相应的变更。废弃阶段：信息系统不能

满足现有要求时，系统进入废弃阶段。但在以往发生的案例中，也曾出现多起被遗忘的废弃系统仍在线运行而导致该废弃系统的脆弱性被利用产生攻击的安全事件。

（二）建立风险管理体系，提升应急处理能力

社会风险事件的不确定性要求政府具备强大的应急处理能力，体现政府的管理效能和执政水平。为提升政府应急处理能力，需建立健全风险管理体系。在软件方面，政府应加强风险管理的专业队伍建设，形成不同领域、不同学科的专家协同参与风险处理的智库。在硬件方面，应建立健全国家重要应急监测网络、预警体系和应急物资生产、储备、调拨及紧急配送体系。

同样以电子政务的风险管理体系构建为例，应在意识层面和技术层面做到“两手抓，两手都要硬”。首先，在意识层面，应扩大安全意识的普及范围并实现安全技术实力的稳步提升。根据《关于开展重要信息系统和政府网站安全专项检查的工作通知》要求而进行的安全检查结果来看，大多数政府单位都已开展一定的信息安全保障工作与投入，安全意识得到加强，安全管理体制正在逐步理顺。但仍有相当数量的单位没有将信息安全保障投入列入年度预算，没有定期进行培训，导致电子政务信息系统依旧面临严峻的威胁和挑战。其次，在技术层面，由于电子政务信息系统安全管理和技术的人才缺乏，在一定程度上决定了仅仅依靠单个部门很难有效处理安全事件的应急响应与关键时刻的技术保障工作。河南整体安全意识的普及和发展相对滞后，大多数单位没有长期合作关系，缺乏安全技术支撑与保障力量，降低了应急响应的时效性和关键时刻技术保障的有效性。因此，各单位在逐步提高电子政务信息系统安全管理和技术水平的同时，也应加强与可信赖的专业的社会安全技术力量的合作，以提高应急响应与关键时刻技术保障的能力。最后，还应建立全国性的突发事件及风险信息的互通网络，形成完整的风险管理信息资源，并把风险值等较为直观的综合指数引入整个风险管理系统。①

① 周大庆等：《风险管理前沿：风险价值理论与运用》，中国人民大学出版社，2004。

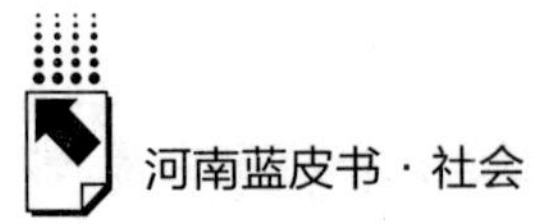

因此，各级政府和单位应通过一手抓安全意识的普及，一手抓安全技术能力，进一步加强安全保障工作投入。

（三）建立整体协调机制，提高综合决策能力

风险的高度复杂性要求政府具备综合决策能力，具体来说，就是通过统一领导、整体协调职能，并在组织机构上予以落实来加强地方政府对公共风险事件防范和化解能力，简言之，就是建立整体协调机制。在处理风险事件过程中，虽然不同部门从各自角度和立场出发提出了不同的策划和方案，但在决策、协调和日常管理等环节上应加强统一的组织机构管理。

还是以河南省电子政务风险管理为例，基于当前互联网安全发展趋势的需要，越来越多的网站等信息系统使用通用型组件或开发框架。这些通用型组件暴露的安全漏洞正逐渐成为信息系统的主要安全隐患。而电子政务信息系统的管理和维护人员大多不具备安全行业的技术背景，因此很难及时掌握和了解互联网的安全现状，并将其与自身应用系统的安全保障体系进行匹配，做出相应的调整。所以，作为电子政务信息系统的安全管理人员，应当加强与相关技术支撑单位以及安全监管部门的沟通与协作，及时接收相关的安全通报，反馈自身的安全状况，并与之建立良好的应急处理协作机制。

另外，还应重视等级保护与网站备案工作。信息系统安全等级保护为各部门、各单位重要信息系统开展安全建设整改、等级测评等工作提供了技术标准和指导方案，其有利于在信息化建设过程中同步建设信息安全设施，保障信息安全与信息化建设相协调；有利于为信息系统安全建设和管理提供系统性、针对性、可行性的指导和服务，有效控制信息安全建设成本；有利于优化信息安全资源的配置。[①] 网站备案可有效打击互联网上各类违法犯罪活动，有助于加强互联网网站所属单位与安全监管部门之间的沟通与协作，共同完善与提高信息安全保障能力与水平。

同时，信息安全保障不应只考虑具体的产品和技术，不应局限于防火

---

① 肖国煜、战小漪等：《信息系统等级保护建设思路》，《中国传媒科技》2011 年第 10 期。

墙、入侵检测、防病毒等产品以及黑客入侵等技术领域的范畴。在管理方面，信息安全保障应考虑建立综合的信息安全保障、信息化的组织管理体系，明确相应的岗位职责，建立完善的规章制度并执行。在人员方面，应加强所有使用信息系统的人员的安全意识和专业技能。根据信息化发展的规律和安全保障工作的特点，各级政府单位需要确保以下工作：一是立足实际，拓宽思路，管理与技术并重；二是正确处理安全与发展的关系，以安全保发展，以发展求安全；三是统筹规划，突出重点，加强信息安全基础工作；四是明确责任和义务，充分发挥各方作用，共同构筑信息安全保障体系。安全保障不应只是一种项目性的暂时行为，而应当融入信息系统生命周期的全过程，安全保障工作应在具体实践中与信息化建设同步规划、同步建设。

B.13

河南省网民的网络意识与行为研究*

蒋美华　李兴珍**

摘　要：近年来，随着互联网的日益普及，网络的影响日益增强。河南省网民的网络意识与行为一方面呈现现代化的发展态势及特征，另一方面也存在着一些亟须引起社会关注的现实问题。如网民网络深度使用意识不足，网络技术的掌握和运用水平较低；网民网络公民意识不强，网络参政的程度和水平等存在不足；网民网络自控意识欠缺，存在一定程度的非理性网络行为；网民网络表现意识错位，网络行为出现性别偏差；网民网络安全与维权意识欠缺，自身权益受到网络侵权行为侵犯等。因此，需要从多维度提出相关对策建议。①微观层面，个人网络意识的培养、个人综合素养的提升；②中观层面，优化网络支持平台，优化社区、单位、家庭等支持平台，优化网络运营商平台；③宏观层面，大力提高经济发展实力，弘扬先进的社会文化，完善相关的政策法规，政府高度重视网络治理。希望在各方的共同努力下，能够促进网民形成健康的网络意识与网络行为，促进网络运用与社会发展的良性互动。

关键词：河南　网络意识　网络行为

---

* 本文为2010年教育部人文社会科学研究项目“网络意识对女性网民行为的影响研究”（项目批准号：10YJA840016）和2014年河南省教育厅科学技术研究重点项目“河南省新型城镇化背景下文化建设研究”（项目编号：14A630042）的阶段性成果。

** 蒋美华，博士，郑州大学公共管理学院教授，硕士生导师；李兴珍，郑州大学公共管理学院2013 级社会学研究生。

近年来，随着互联网的日益普及，网络的影响日益增强。“网络意识”“网民行为”等逐渐成为网络社会的研究范畴。为此，本文在实证调研的基础上，通过对河南省网民的网络意识与行为的现状、特征及问题的探究，从微观－中观－宏观等多维度提出了相关对策建议，希望能更好地助推河南省网民的健康成长和平等参与，更好地促进以人为本的网络社会的良性发展与和谐互动。

一　数据资料的来源与调查样本的基本情况

（一）数据资料的来源

本文的数据资料主要来源于两个部分：一是教育部人文社会科学研究项目“网络意识对女性网民行为的影响研究”的前期调查数据。本次调查主要集中于2011年12月至2012年3月，共发放问卷1700份，回收有效问卷1416份。这部分数据是本文分析所依托的主体数据。二是2014年10～11月进行的“河南省网民对新网络平台的运用”的问卷调查数据。本次调查共发放问卷200份，回收有效问卷178份。这部分数据是本文分析所依托的补充数据。调查结束后，全部问卷数据由调查员核实后进行编码录入，然后用SPSS 17.0统计分析软件进行数据分析。需要说明的是，如无特别说明，本文分析的数据主要来源于前期开展的调查数据。

（二）调查样本的基本情况

在前期项目有效回收的1416份样本中，从性别分布来看，男性占30.0%，女性占70.0%。从年龄分布来看，调查样本中被调查者的年龄多集中在19～25岁，这一比例占61%，16～18岁占19.5%，26～30岁占5.2%，其他年龄段所占比例都在5.0%以下。可见，当前使用网络的人群还是以青少年居多。从文化水平构成来看，所调查的样本学历层次较高，其中，高中或中专学历占21.5%，大专学历占20.3%，本科学历占46.4%，研究生学历占2.0%，初中及以下学历仅占9.8%。可见，文化水平与网络使用状况之间存在一定关系。从职业和身份构成来看，在校学生占所调查样本的65.7%，事业单位员工占10.6%，企业公司员工占7.2%，农民工、个体工商户等所占比例均在2%～3%，农民、家庭主妇和退休人员所占比例为1.3%左右。可见，使用网络的意识与职业和身份密切相关。

在后期项目有效回收的178份新样本中，男性占54.5%，女性占45.5%，男女比例相对均衡；74.2%的被调查者生活在城市，25.8%的被调查者生活在农村；被调查者高中以上学历的占64.6%，其中，本科学历的占33.1%。

二 河南省网民的网络意识与行为的现状及其新变化

（一）河南省网民的网络意识与行为的现状

为了全面了解网络时代河南省网民网络意识与网络行为的现状，本文主要从网络使用意识与行为、安全意识与行为、休闲意识与行为、自控意识与行为、学习意识与行为、经营意识与行为、道德意识与行为、公民意识与行为等方面展开调查。基于前述1416份的调查问卷数据显示，河南省网民的网络意识与行为的现状如下。

1. 网络使用意识与行为

从统计数据来看，调查样本中网民的网络使用意识比较强，网龄在3年以上的比例占86%；从上网的频率来看，每天都上网或经常上网的比例占64.3%。网民使用网络的目的大多很明确，需求也是多样化的，主要包括获取信息、交流知识、联络感情、休闲娱乐、结交朋友、解决问题和实现自我价值，还有少部分网民上网主要是为了跟潮流。从调查对象对互联网的看法和评价来看，70%以上的被调查者认为网络对自己的工作、生活、学习以及心情方面是有影响的，只有少部分认为互联网对自己几乎无影响。在网络使用过程中，互联网由于其便捷性和广泛性，正日益成为大众主要青睐的信息获取渠道。

2. 网络安全意识与行为

调查数据显示，调查样本中网民基本上都有一定的网络安全意识，对网络安全有相应的认识。其主要表现在以下几个方面。

一是93.7%的被调查者都会不定期地给电脑杀毒，只有6.3%的被调查者从不杀毒（见表1）。另外，对于收到的垃圾邮件，90.6%的被调查者会删除或设置过滤（见表2）。

表1　您一般多久杀一次电脑病毒？

单位：%

	您一般多久杀一次电脑病毒？				
	每天都会	一个星期左右	一个月左右	记不清，想到就杀	从不杀毒
百分比	19.6	31.1	14.8	28.2	6.3

表2　您收到垃圾邮件时一般怎样处理？

单位：%

	您收到垃圾邮件时一般怎样处理？			
	为防病毒不打开，立即删除	看完再删除	设置垃圾邮件过滤，并删除	随意处理
百分比	33.1	34.8	22.7	9.4

二是普遍设置登录密码，26.1%的被调查者不会使用自己的生日、电话号码作为网上登录密码（见表3）。在公共场所上网结束后，74.8%的被调查者会检查所登录的网站或账号是否已经退出（见表4）。

表3　您会使用自己的生日、电话号码作为您的网上登录密码吗？

单位：%

	您会使用自己的生日、电话号码作为您的网上登录密码吗？			
	不会	偶尔会	经常使用	看情况
百分比	26.1	29.4	22.2	22.3

表4　在公共场所上网结束后，您会检查所登录的网站或账号已经退出了吗？

单位：%

	在公共场所上网结束后，您会检查所登录的网站或账号已经退出了吗？		
	每次都会检查	偶尔检查	从不检查
百分比	36.1	38.7	25.2

三是69.5%的被调查者介意向网友透露诸如姓名、工作单位和电话号码等真实信息（见表5）。当被问道“假如有亲密的网友约您见面，您会去吗”时，只有3.2%的人回答“肯定去”，30.8%的人回答“考虑后再说”，其他的明确表示不去，女性网民比男性网民在网友见面一事上更具有警觉性（见表6）；当被问道“您怎么看待网络中的好朋友”时，19.3%的人认为网络也有真情实感，其他被调查者都认为网络不可信（见表7）。

表5　您是否介意向网友透露您的真实信息？

单位：%

	您是否介意向网友透露您的真实信息（如姓名、工作单位、电话号码等）？				
	很介意，不会透露真实信息	比较介意，但会说一部分	不太介意，视情况而定	不介意，实话实说	其他
百分比	23.5	46.0	21.3	7.5	1.6

表6　假如有亲密的网友约您见面，您会去吗？

单位：%

	假如有亲密的网友约您见面，您会去吗？			
	肯定去	考虑再说	先不去，以后再说	不去
百分比	3.2	30.8	29.1	36.6

表7　您怎么看待网络中的好朋友？

单位：%

	您怎么看待网络中的好朋友？		
	相信他们，网络也有真情实感	不太相信	不信，网络不可信
百分比	19.3	61.3	19.4

四是对于网上购物、网上银行，65.4%的被调查者认为网上银行虽方便，但存在安全隐患，只是偶尔使用（见表8）。以上数据说明，网民还是有一定的网络安全意识，但仍需提高，防止受到损失或伤害。

表8 对待网上银行，您的看法

单位：%

	对待网上银行,您的看法			
	网上购物较方便,交易较安全,经常使用	网上购物虽方便,但有安全隐患,偶尔使用	担心交易不安全或自己资料泄露,从不使用	其他
百分比	19.7	65.4	9.6	5.3

3. 网络休闲意识与行为

就网上娱乐休闲而言，调查显示，被调查样本中网民的网络休闲意识较强，其网络休闲最主要的方式有听歌、看电影、玩游戏和登录个人空间等。调查显示，23.4%的人最喜欢的网络休闲方式是听歌，46.2%的人最喜欢的是看电影，23.8%的人最喜欢的是玩游戏（见表9）。

表9 您最喜欢的网络休闲方式

单位：%

	您最喜欢的网络休闲方式			
	听歌	看电影	玩游戏	其他
百分比	23.4	46.2	23.8	6.5

就网上购物而言，男女网民因性别的不同，表现出较明显的差异。40.6%的被调查女性有过网上购物的经历，其中有36.6%的女性网上购物较频繁，至少每周一次甚至每周多次。相比之下，男性网民中只有37.1%有过网购经历。调查显示，40.6%的被调查女性在网上团购过东西，相比之下，只有27.4%的被调查男性在网上团购过东西。当被问道“您愿意使用网络购物的主要原因”（可多选）时，男女并无明显差别（见表10）。

4. 网络自控意识与行为

调查数据显示，24.5%的被调查者自制力很好，50.5%的被调查者自制力一般，15.7%的被调查者不能控制上网的时间，数据表明其实大部分人是不能很好地控制上网时间的（见表11）。

表10　您愿意使用网络购物的主要原因（多选题）

单位：%

选项	男	女
网上购物快捷方便	41.9	49.2
网上购物比较实惠、便宜	59.0	59.0
网上购物质量比较可靠	4.9	6.7
网上购物更方便了解产品信息、与买者沟通	16.4	15.7

表11　您控制上网不超过时间的能力如何？

单位：%

	您控制上网不超过时间的能力如何？			
	自制力很好	自制力一般	不能控制上网时间	说不清
百分比	24.5	50.5	15.7	9.1

当被问道“不上网时您感觉如何”时，15.5%的被调查者表示“心里很不舒服”，还有5.6%的被调查者表示“会想方设法去上网”，其余被调查者认为“和平时一样”或“有点想上网”（见表12）。这说明网络确实对人们的生活产生了重大的影响，甚至人们开始出现依赖网络的现象。

表12　不上网时您感觉如何？

单位：%

	不上网时您感觉如何？			
	和平时一样	有点想上网	心里很不舒服	会想方设法去上网
百分比	37.8	41.0	15.5	5.6

5. 网络学习意识与行为

调查数据显示，35.8%的被调查者经常上网查阅资料，50.8%的被调查者表示偶尔会上网查资料，从来没有在网上查过资料的只有12.9%（见表13）。由此可见，对于网络学习功能的挖掘，网民的学习意识与行为还有待提升。

表 13　您经常上网查阅资料吗？

单位：%

	您经常上网查阅资料吗？		
	经常	偶尔	从来不
百分比	35.8	50.8	12.9

6. 网络经营意识与行为

和其他方面进行比较不难看出，网民的网络经营意识比较淡薄，只有11.2%的被调查者表示在网上会进行炒股之类的营利行为，有88.8%的被调查者表示现在不了解不确定或者根本就不会进行此类活动（见表14）。这种结果也表明人们利用网络的经营意识比较淡薄，可能与网络的不安全性有一定的联系。

表 14　您会在网上进行炒股之类的投资吗？

单位：%

	您会在网上进行炒股之类的投资吗？		
	会	现在还不了解不确定	不会
百分比	11.2	45.5	43.1

7. 网络道德意识与行为

调查显示，对于网络安全道德与文明，66.6%的被调查者认为讲究网上安全与道德文明“很重要”（见表15）。在上网过程中，有57.5%的被调查者能“遵守基本的网络道德要求”，但仍有13.9%的被调查者“不知道什么是基本的网络道德要求”，28.4%的被调查者“没有遵守基本的道德要求”，这需要引起重视。

表 15　您认为讲究网上安全与道德文明重要吗？

单位：%

	您认为讲究网上安全与道德文明重要吗？		
	重要	不重要	无所谓
百分比	66.6	17.0	16.1

8. 网络公民意识与行为

网民普遍认为，网络时代对公民意识的形成和发展有较大影响。可以说，网络作为一种生活工具已经渗透到公民的日常生活中了。对于“公民意识”这一名词，44.7%的被调查者称“比较了解”，其次就是“不太了解，仅有耳闻”，占35.9%，“完全不了解，没听说过”的占6.4%（见表16）。

表16　您对公民意识的了解是什么？

单位：%

	您对公民意识的了解是什么？			
	能清楚说出他的概念和意思	比较了解	不太了解，仅有耳闻	完全不了解，没听说过
百分比	12.9	44.7	35.9	6.4

对于有关公民意识的讲座，7.1%的被调查者“经常关注”，55.8%的被调查者“偶尔会留意”，还有36.6%的被调查者“从来没留意过”（见表17）。这说明虽然已有一部分被调查者经常关注并参与到国家政治、经济、文化以及社会生活中，发挥了良好作用，但仍有一大部分被调查者的公民意识还亟须提高。关于网络时代对公民意识形成和发展的影响，被调查者的观点如表18所示。

表17　您有通过网络留意有关公民意识的内容或者讲座吗？

单位：%

	您有通过网络留意有关公民意识的内容或者讲座吗？		
	经常特别关注	偶尔会留意	从来没留意过
百分比	7.1	55.8	36.6

表18　您觉得网络时代对公民意识的形成和发展有影响吗？

单位：%

	您觉得网络时代对公民意识的形成和发展有影响吗？			
	有较大影响	影响不大	没有影响	说不清
百分比	43.4	33.3	13.3	9.9

（二）网络意识与行为的新变化：追踪调查数据的分析

通过对2014年新调查的178份问卷进行分析，可以看到河南省网民网络意识与行为发生新的变化，其主要表现在如下几个方面。

1. 手机对网民上网的影响日益增大

2012～2013年的调查数据显示，当被问道“您最常用的上网设备”时，选择手机的被调查者占41.5%，而2014年新调查数据显示，有84.7%的被调查者选择手机作为使用网络平台的工具。可见手机在网民使用网络中起着越来越重要的作用。

2. 新网络平台对网民生活的影响增大

在2014年的追踪调查中，笔者加入了新网络平台例如微信等对于网民生活的影响。40.8%的被调查者认为用了微信等以后，他们和家人朋友的关系更加亲密（见表19），只有7.1%的被调查者认为新网络平台对他们的生活没有什么影响，而28.8%的被调查者则认为新网络平台对他们的生活影响非常大，甚至成为一种“生活必需品”（见表20）。

表19　用了微信等网络平台以后，您和朋友及家人的关系

单位：%

	用了微信等网络平台以后，您和朋友及家人的关系		
	更亲密	没什么变化	更疏远
百分比	40.8	54.8	4.4

表20　您认为新网络平台对您的影响大吗

单位：%

	您认为新网络平台对您的影响大吗			
	影响非常大	影响比较大	影响一般	没有什么影响
百分比	28.8	45.5	18.6	7.1

3. 对于新网络平台的信息传播网民持相对谨慎的态度

对新网络平台上传播的信息可信程度的调查显示，只有1.9%的被调查者认为新网络平台的内容非常可信，全盘接受，而53.5%的被调查者则认为新网络平台的信息是不值得信赖的（见表21）。可以看出，提高新网络平台信息真实性也是当前需要注意的一个问题。

表21　您认为微博、微信等新网络平台上传播的信息可信程度如何

单位：%

	您认为微博、微信等新网络平台上传播的信息可信程度如何			
	非常可信	比较可信	不太相信	完全不相信
百分比	1.9	44.6	51	2.5

三　河南省网民网络意识与行为存在的主要问题

通过前述调查资料的分析，可以看出网络时代网民网络意识与行为呈现以下一些总体特征，如整体发展的快速性和不平衡性、男女两性的共同性和差异性、虚拟世界和真实世界的相对区分性等。网络是一把“双刃剑”。对于河南省网民来说，网络既给网民带来了全新的视野，也不可避免地带来了新的困惑与问题。

1. 网民网络深度使用意识不足，网络技术的掌握和运用水平较低

从调查来看，现实社会中许多人并不热衷于深入学习网络技术，认为只要在日常生活中能够利用网络来进行浅层次的娱乐、休闲、消费等就足够了，至于网络安全维护、网络学习资源的利用和开发等网络技术的深度挖掘，往往望而却步。

2. 网民网络公民意识不强，网络参政的程度和水平等存在不足

从中国网民网络政治参与的现状来看，目前主要存在网络参政的程度和水平等不足的问题。消极的网络政治文化，不利于网民整体参政、议政水平的提高，也对青少年网民正确政治价值观的形成产生不利的影响。

3. 网民网络自控意识欠缺，存在一定程度的非理性网络行为

调查发现，网民自控意识欠缺，部分网民出现了网络游戏沉溺、网络犯

罪等网络非理性行为。网络沉溺的现象以部分年轻网民为主。沉溺于网络主要是由于现实生活中的工作、家庭、感情等面临压力而在网络空间中寻求逃避或者安慰。

4. 网民网络表现意识错位，网络行为出现性别偏差

网民的网络表现意识主要体现在言语表达、形象表达等方面。网络表现意识出现性别错位，造成网民的网络行为显现性别偏差，特别是对女性而言，不利于女性在两性社会中的平等发展。网络的普及为女性话语权的表达提供了良好的平台，但也带来了一系列问题。如部分女性对网络言语表达的过度依赖意识，会导致女性对网络话语权的过度依赖行为，忽视了在现实社会中争取自己的权利。

5. 网民网络安全与维权意识欠缺，自身权益受到网络侵权行为侵犯

随着互联网的崛起，网络侵权行为时有发生。大部分人在日常生活中使用网络主要用来娱乐休闲和网购，因此威胁到人们的网络侵权行为主要是隐私权、网络购物中财产安全等权利遭到侵害。由于网民网络安全意识欠缺，在一些不安全的网站泄露了个人信息和资料，加之其维权意识的欠缺，不能有力地与侵犯隐私权、财产权等行为做斗争，加剧了网络侵犯隐私权、财产权等行为的发生。

四 河南省网民网络意识与行为合理发展的对策建议

网民网络意识及其行为是社会的产物，对网民网络意识及其行为进行引导和规范还需从社会系统出发，从微观－中观－宏观层面进行积极改变。

（一）微观层面

微观层面主要是就网民自身而言，重点在于网络意识的培养和个人综合素质的提升。

1. 个人网络意识的培养

从微观层面来看，为了有效地提升网民网络行为的合理性，亟须进一步

培养网民的网络主体意识。要培养网民的个人网络意识，需要做到以下几点：第一，增强网络深度使用意识，改变网民在网络技术领域中的低水平运用情况；第二，增强网络公民意识，解决网民网络参政不足的问题；第三，增强网络自控意识，改变非理性网络行为；第四，培养正确的网络表现意识，改变网络行为出现的性别偏差；第五，增强网络安全与维权意识，切实维护自身网络权益。

2. 个人综合素养的提升

网民个人综合素养如性别观念、文化观念、文化程度、能力水平等的提升，也有助于网民网络行为问题的解决，网民应该进一步树立与时俱进的文化理念，进一步提升文化水平，为从容使用网络提供文化知识水平的支持；网民还需要进一步提升网络运用的综合能力，以从容化解网络应用中出现的一系列问题，充分发挥网络对人类生活的积极作用。如增强网络安全运用能力，从容应对网络病毒、网络泄密等网络风险；增强网络维权能力，切实维护自身的网络隐私、网络消费等权益；增强网络学习能力，提升利用网络进行资料搜索、技能培训等能力；增强网络参政能力，提升自我参与社会发展的能力；增强网络健康交往能力，提升自我通过运用QQ、微信、网络电话等网络平台和亲朋好友进行情感交流的能力等。

（二）中观层面

中观层面考察通过优化网络平台、社区家庭平台、单位平台等因素解决网民意识与行为中出现的问题，促进网民在网络世界中进步与发展。

1. 优化网络支持平台

加大网络文化规范力度，构建合法健康的网络运行平台。从中观层面来看，要想维护网络空间的有序性，就需让网络运营商能够增强规范运作意识，不断完善网络法律规范，加大对网络犯罪和传播不良信息的打击力度，为网民营造健康的网络平台，为网络文化建设提供良好的法治环境。

进一步完善网络技术平台，从技术上保障网民安全流畅的上网。随着互联网的快速发展，从技术上保障网络平台的安全成为网络有序运行的必然要求。网络系统的安全、网络运行的速度等直接关系网民上网的质量。所以，从技术上保障网络安全如防火墙的设置、网络杀毒软件的更新，防止个人信息泄露、防止网络系统瘫痪等都成为网络技术安全的内在要求。

2. 优化社区、单位、家庭等支持平台

从中观层面来看，优化社区、单位、家庭等支持平台对于网民行为的正向发展具有积极的作用。

就社区来说，可以从优化硬件环境和软件环境两方面入手来改善网民上网条件。社区需要从提供入网条件、网络信号的覆盖、社区网络服务中心的设置等方面为网民上网提供便利。就单位来说，除了进一步优化职员上网的硬件环境外，特别应注重对先进网络道德文化的宣传，注意同辈群体之间的良好的网络学习环境的营造，更好地引导网民合理、高效地运用网络开展工作、提升能力等。就家庭来说，家庭经济收入的提高、物质条件的改善等可以为网民购买、开通和使用网络提供良好的经济支持。家庭还需要营造积极向上的网络文化氛围，将性别平等、理性消费、健康上网、道德自律等文化内核融入其中，让网民在先进的网络文化引导下能够更好地规范自己的网络行为，提升自我的网络使用效能，促进自我的发展和社会的发展的良性互动。

3. 优化网络运营商平台

随着中国新网络平台的发展，各类网络运营商在网络意识的形成中起着重要的作用，直接影响这一网络平台对于网民行为的影响。

新网络平台的运营商要秉承高度的社会责任感，积极优化网络平台上的不良信息，增强网络信息的真实性，促进新网络平台良性发展，从而保持新网络平台在商业竞争中的优势地位，营造适合社会主义文化的网络意识，促进广大网民实施健康的网络行为。

（三）宏观层面

宏观层面的因素主要包括经济水平、社会文化、政策法规等。这些因素是网民所处的宏观场域，影响着网民网络意识的形成和网络行为的产生。

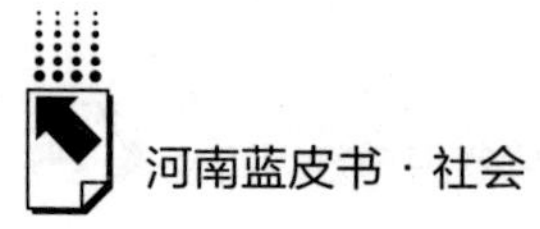

1. 大力提高经济发展实力

一个地区经济发展水平直接关乎着互联网的建设水平。互联网是依托技术的发展而向前发展的，而技术的发展又离不开经济发展提供的强有力的资金、人员等的支持。近年来，随着河南省经济的大力发展，人们的生活水平日益提高，笔记本、智能手机等走进了普通百姓的生活中，人们在不同地点进行网上畅游，分享着“地球村”的感觉。当然，由于经济发展水平的不平衡，在河南省某些偏远地区未能实现网络覆盖，政府需要大力发展生产力，通过提高经济实力，为所有网民提供更舒适优越、便捷实惠的平台。

2. 弘扬先进的社会文化

社会文化的发展状况影响人们的网络意识与行为。现实社会中的社会文化观念会不同程度地影响网民的网络意识和行为。现实社会中人们的超前消费文化、攀比消费文化等也使网民出现非理性消费行为；现实社会中公民文化观念的淡薄，也影响网络世界中网民对社会热点问题、政治类新闻、社会政策法规等关乎公民权益事务的关注。因此，河南省应大力宣传先进的网络文化，弘扬先进文化，为网民营造更为平等、文明、健康的环境。

3. 完善相关的政策法规

目前，河南省网民的生态意识不足，环保行动不得力，这与环境保护的政策法规尚不完善、政策实施尚不到位直接相关；有关保护国家安全的法规政策宣传不力也影响了网民在网络世界中对安全的维护意识与维护行动。这些宏观政策因素也是在探究网民意识对网民行为影响过程中出现问题时需要考虑的系统因素。因此，应进一步完善政策法规，用完善的政策法规来解决网民网络行为问题，来保护网民的网络权益。

4. 政府高度重视网络治理

这一方面，尤其需要河南省政府积极有为地介入网络治理，创新网络治理理念，构建网络治理的系统机制。首先，应坚持“以人为本”的价值取向，积极承担政府对网民的责任，积极解决网民面临的社会问题，营造健康向上的网络运行空间；其次，政府在网络空间中发挥治理职能时，应注重从管理者角色转变为服务者角色，尊重网民的主体地位，对网民的质疑坦诚回应，提升政府公信力；再次，政府在治理的过程中要增强法治理念，通过法律法规的制定，介入网络管理，政府依法对网络空间进行治理，能够充分调动社会各项资源，保障网民的合法权益，推进政府的依法决策；最后，政府要做好应对网络意识和行为失范的失范前预警机制、失范时应急机制和失范后恢复机制，使不良后果的损失最小化。

总之，从宏观运作层面来看，健康向上的网络意识需要政府、社会、网络运营商、网民等多元主体积极有效的良性互动。因此，尤其需要政府和社会积极承担责任，加强社会治理和舆论引导，营造网络意识良性发展的社会大环境，让全体网民形成健康向上的网络意识，进而形成良好的网络行为，促进网络运用与社会发展的良性互动。

参考文献

周云：《女性与互联网研究现状回顾》，《妇女研究论丛》2005 年第 2 期。

张峰：《论西方网络文化的特征》，《北京理工大学学报》（社会科学版）2008 年第 2 期。

黄少华、黄凌飞：《网络道德意识与同侪压力对不道德网络行为的影响——以大学生网民为例》，《兰州大学学报》（社会科学版）2012 年第 5 期。

B.14 河南省青少年网络生活状况调研报告

共青团河南省委调研组*

摘　要： 随着网络的迅速普及，网络生活已经成为青少年生活中一个非常重要的部分，深刻影响着青少年的思想观念、行为规范和价值取向。本文以河南省青少年为调查样本，通过掌握青少年网民的基本情况、网络行为特征，分析青少年网络生活存在的问题，最后针对现状给出可实施的引导青少年正确对待网络生活的对策和建议。

关键词： 河南　青少年　网络生活

马克思主义认为，一个革命性的技术的采用，与全新的社会形态的生成是同步的，网络技术的推广拓展意味着人类社会正逐步从工业化社会向信息化社会迈进。以互联网为主要标志的全球信息化正在对社会、政治、经济、科技、文化等方面产生巨大影响，它改变着人们的生产方式、生活方式和工作方式，影响着人们的思想观念、行为规范和价值取向。而受影响最大的便是接受新知识、新信息最快，最具活力和创造力的青少年群体。因此，认真研究青少年网络生活现状，深度分析网络对青少年的影响，具有重要的理论意义和现实意义。

---

* 课题组成员：完颜华、宋晓波、王砧林、陆艳杰、李明。

一　当前河南省青少年网络生活的现状

2014 年 9 月以来，围绕对青少年网络生活状况的问题思考，笔者设计了《河南省青少年网络生活状况调查问卷》，于 10 月 20 日起，向全省部分高校和 18 个地市发放，调查对象包括大学生、中学生、企业青年、机关青年、外出务工青年等群体，截至 11 月 10 日，回收有效问卷 10401 份，根据调查问卷反映的情况，梳理出河南省青少年网络生活的现状。

（一）青少年网民的基本情况

1. 性别结构及年龄结构

被调查青少年网民年龄主要集中在 14 ~ 28 岁，有 8358 人，占调查对象总人数的 80.4%。调查数据显示，当前河南省青少年网民群体以女性居多，男性为 4703 人，占 45.2%，女性为 5699 人，占 54.8%（见图 1）。

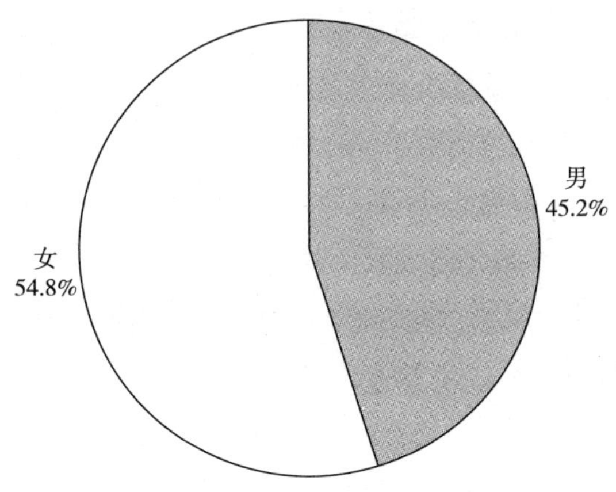

图 1　青少年网民性别结构

2. 文化程度与政治面貌

此次调查对象中，青少年网民以学生群体居多，占总人数的 87.4%，文化程度以大学及以上为主，占所调查对象的 54.1%，专科及以下文化程度占45.9%。调查对象中中共党员占8.5%，共青团员占77%，群众占13.7%，民主党派成员所占比例不足1%。

3. 工作居住与月收入情况

受互联网普及程度、农村青少年城市就学（就业）等诸多因素影响，青少年网民城乡结构明显，调查对象中，在城市工作生活的青少年占总调查人数的64.3%。由于学生网民所占比重大，网民中以无收入群体为主，占总调查人数的72.1%（见表1）。

表1　青少年网民月收入情况

单位：%

月收入	百分比	月收入	百分比
无收入	72.1	3000～5000元	3.7
2000元以下	13.1	5000元以上	1.2
2000～3000元	9.9		

4. 上网途径及时间安排

调查数据显示，被调查对象中通过电脑上网的占30.2%，而手机上网比例占69.8%。网龄主要集中在1～4年和4～8年两个时间段，分别占总人数的44.2%与33.6%，这与中学生和大学生是青少年网民主体相关。网龄越长、上网时间越久的青少年在网络的使用过程中依赖性就越强，有61.9%的青少年网民表示“一天不上网就感到空虚”。但是受上网条件、工作学习时间等限制，每天上网时间主要集中在1～3小时（44.1%），41%的青少年会在“工作（学习）之外”上网（见表2）。

表2　网龄及上网时间安排

单位：%

网龄	比例	上网时间安排	比例
1年以下	13.1	随时随地	35.9
1～4年	44.2	工作（学习）之外	41.0
4～8年	33.6	上下班（上、放学）途中	5.9
8年以上	9.1	节假日	17.2

5. 上网目的及基本看法

调查数据显示，青少年网民上网目的中排名前三位的分别是“浏览信息”（60.8%）、“搜索资料”（58.9%）与“聊天交友”（50.9%）；“休闲娱乐”也是青少年网民网络生活中不可或缺的一部分，占43.8%；随着电商的兴起，“网络购物”的青少年占总人数的20.0%（见图2）。流行的网络语言是青少年网民之间的通用语言，72.8%的青少年网民表示自己“使用网络语言”。

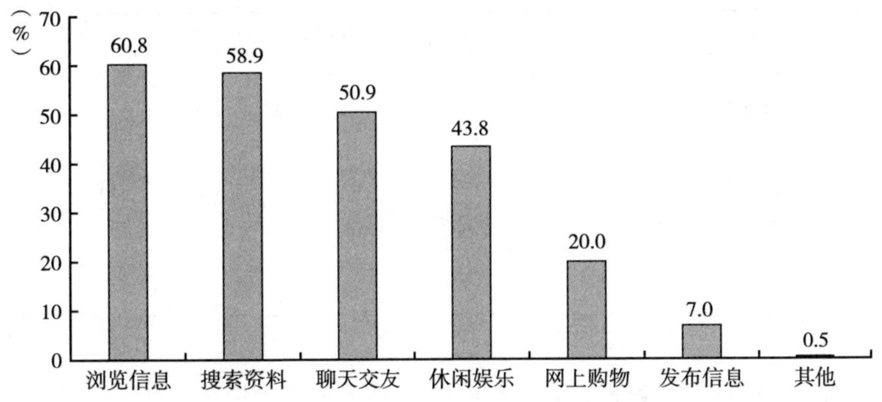

图2　青少年上网目的

在网络信息的认知上，58.4%的青少年网民对网络信息持肯定态度，认为“网上健康的信息更多一些”，他们能够客观地看待网络上的各类信息，58.0%的青少年认为“网络上的信息一般是可信”，24.5%的青少年认为“比较可信”。对于新媒体的广泛使用，74.5%的青少年网民认为“新媒体的信息量丰富容易获取”，这也是对青少年上网目的中浏览信息与搜索资料占比较大的印证。

6. 关注热点及网络行为

青少年网民普遍关心国家发展、百姓民生等与自身利益切实相关的信息，他们的关注热点分别是“百姓民生问题”（64.5%）、“伦理道德问题”（37.4%）、“灾害安全问题”（33.1%）、“国家利益问题”（30.0%）和“政府官员问题”（28.0%）（见表3）。青少年正处于“三观”的形成阶段，虽然有39.1%的青少年认为“新闻本身对自己的影响最大”，但是“热点评论”（33.0%）与“排名靠前的评论”（17.7%）仍在青少年中有较大的影响力。在各网站中，门户网站的评论最具有影响力，占28.6%；其次是微博，新浪微博与腾讯微博分别占23.9%和14.7%（见表3）。

表3　关注网络热点及受评论影响情况

单位：%

关注热点	百分比	受哪些评论影响大	百分比
百姓民生问题	64.5	门户网站	28.6
政府官员问题	28.0	新浪微博	23.9
司法公正问题	16.9	腾讯微博	14.7
国家利益问题	30.0	微　　信	10.2
伦理道德问题	37.4	论　　坛	9.1
灾害安全问题	33.1	贴　　吧	11.2
其　　他	3.6	其　　他	2.3

对于网络话题的讨论，青少年网民主要还是“会以个人喜好为主”，他们中47%的人会“参与自己感兴趣的话题”，并且参加评论的主要原因是“有感情共鸣或有不同见解”（66.6%）。52.3%的青少年表示自己在网上发表言论时会注意影响，“但相比现实中更随意一些”（见表4）。29.1%的青少年认为“网络交友拉近人与人之间的距离”。

表4　青少年网络行为情况

单位：%

参加网络热点评论原因	百分比	网上发表言论是否会注意影响	百分比
有情感共鸣或有不同见解	66.6	不会，只是觉得好玩	11.8
希望引起更多人甚至政府的重视	30.9	不会，认为人微言轻，很少有人关注我	8.5
凑热闹而已或宣泄情绪	26.7	会注意，但相比现实中更随意一些	52.3
维护个人的切身利益	13.9	会很注意社会影响	20.3
为了公平和正义	13.4	说不清楚	7.2

7. 对净化网络环境的认识

青少年普遍关心网络环境的净化，他们中有71.52%的人认为很有必要治理网络环境（见图3）。对于网络炒作，38.6%的人表示反感，认为这是"道德败坏的表现，产生了不良的社会影响"。

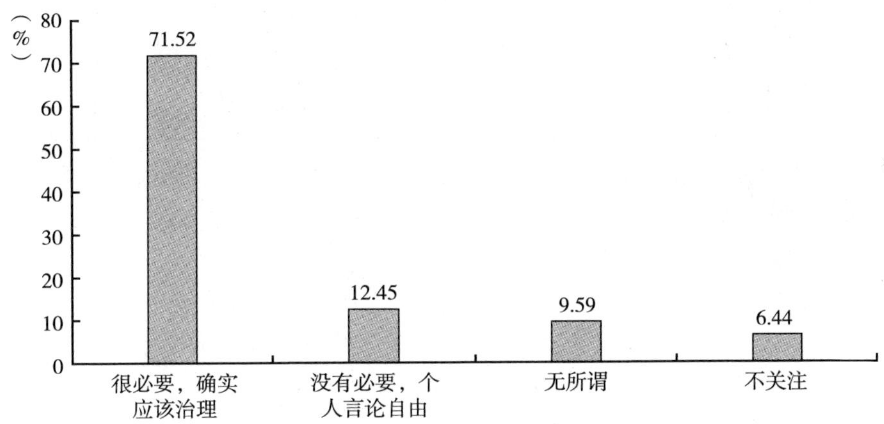

图3 对净化网络环境的认识

对网络的使用青少年具有正确的态度，45.4%的被调查对象表示自己"从未浏览过不健康网页"；对于"人肉搜索"等网络暴力行为，41.9%的认为"侵犯了他人权益，应予以严惩"；针对网上的删帖现象，44.2%的人认为"对不当言论应坚决删除"，也有22.2%的建议"不删除，但要积极做好回应工作"。对于网上针对党和政府的不当言论，他们表现出极强的愤慨，44.3%的认为应当"坚决抵制，进行反驳"，81.8%的被调查对象参与过网上发起的国庆、历史纪念日等爱国主义教育活动。

8. 团组织活动了解情况

在调查中发现，青少年网民对共青团组织有着归属感，他们会主动浏览共青团网站、关注共青团活动。他们中有64.1%的人浏览过团属网站，对河南共青团的活动关注与了解排在前四位的是"志愿服务"（52.6%）、"青春点亮行动"（45.7%）、"希望工程"（38.7%）和"五四表彰活动"（37.4%）。

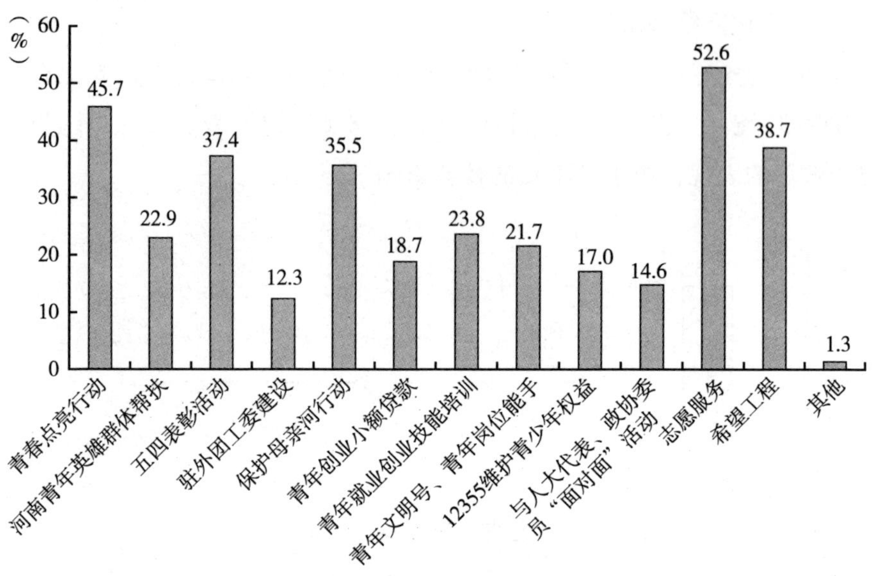

图4　对河南共青团活动的了解

对于共青团组织正在开展的网络舆论引导工作，53.30%的被调查对象表示自己十分赞成这种做法，认为应当坚决与不良行为做斗争；26.00%的被调查对象认为很有必要，自己也想参与其中，但不知如何参与。

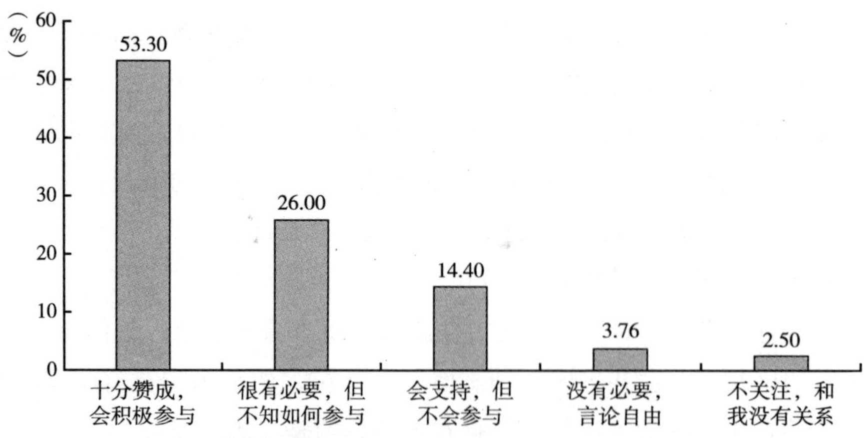

图5　如何看待共青团网络舆论引导工作

（二）青少年网络行为特征

1. 青少年网民数量迅速增加

从全国看，截至2013年底，中国网民规模达6.19亿人，青少年网民规模已达2.56亿人，占整体网民的41.4%，占青少年总体的71.8%。从河南省来看，此次调查结果显示，被调查对象中14～35岁的青少年网民占84.4%，可见青少年网民群体的庞大，数量增长尤为迅速，这也符合互联网时代的发展规律。因为，青年人最有朝气、最喜欢尝试新鲜事物，在青少年群体中，互联网的发展呈几何倍数迅速扩充，其迅速覆盖了青年一代。

2. 青少年网民年龄逐渐降低

据中国互联网络信息中心（CNNIC）发布的数据显示，截至2013年底，10岁以下网民数量占比为1.9%，约1174.2万人，16岁以下的青少年网民数量在1亿～1.2亿，占网民总数的18%左右。在此次调查对象中，14岁以下青少年网民占13.9%，远高于35～44岁年龄段的1.6%。其实在现实生活中不难看到这样的场面：人们低着头，盯着手上的智能手机，而这种“低头族”已从成年人向青少年甚至幼儿蔓延，连两三岁孩子也迷上“手指运动”，抢大人手机、平板电脑玩游戏、看电影。

3. 青少年上网方式相对集中

截至2013年底，青少年手机网民规模已达2.21亿人，较上年同期增长了12.8个百分点，增长率高于2012年。截至2014年6月，中国手机网民每天上网4小时以上的占36.4%，青少年所占比例更大。青少年网民中手机上网比例为86.3%，高出整体网民手机上网比例（81%）5.3个百分点。青少年网民使用手机、台式电脑和笔记本电脑三种上网设备的比例分别为86.3%、71.2%和51.2%。可以看出手机已经成为青少年最重要的上网终端，使用比例高于整体网民。手机是青少年上网使用最多的设备且使用热度持续上升，比例比2012年增加了2.8个百分点，在三种上网设备中使用比例增加最多。

4. 青少年交流方式逐渐多元

调查中发现，青少年上网经常使用 QQ、微信和微博的分别占 92%、47.8%、37.7%，聊天交友的占 50.9%，截至 2014 年 7 月底，移动即时通信工具用户账号和微博等社交软件用户账号总数突破 20 亿，其中微信用户账号突破 8 亿。这充分说明网民尤其是青少年网民已经打破了过去传统的空间聚集方式、行政化组织体系中的聚集方式，使用了他们自己所喜欢的新的沟通、交流、聚集和联络方式——互联网新媒体。这一点在调查中也得到印证，91% 的青少年，通过网络使交流方式跨越空间、地域、年龄等界限，越来越多元化。

5. 青少年网络喜好呈现分化

随着科技的迅猛发展，在互联网时代，传统常态的经验和结构已不能容纳互联网组织起来的社会能量，青少年的网络喜好也随着这种力量而分化为不同的表现形式。根据目前调研的情况来看，青少年网民喜好主要分为四种类型。一是搜索资料。截至 2014 年 6 月，中国搜索引擎用户规模达 5.074 亿，较上年同期增长 3711 万人，增长率为 7.9%，网民使用率为 80.3%，95.4% 的搜索用户通过综合搜索网站搜索信息，根据青少年网民所占比例，可见搜索资料是青少年网民的一个重要兴趣点。二是兴趣社团。互联网的迅猛发展促使更多的青年人找到属于自己的虚拟空间，对知识的渴望、兴趣的认同，催生了无数的网络兴趣社团，内容涉及电脑网络、公益环保、文学艺术、体育健身、学术科技、医疗保健等，青少年加入其中，不分国界、不分语言、不分性别、不分种族，却能增长知识、提升素质，满足其对自身喜好专业的探究。三是网上购物。根据淘宝的年度分析报告，淘宝网购用户年龄大多集中在 18~30 岁，并且以企业白领和学生为主，仅以河南省郑州为例，支付宝发布 2013 年全民年度对账单显示，郑州人均网上购物 6025.51 元，而余额宝用户平均年龄仅有 28 岁，又以 23 岁的用户最多，达 205 万人，50 岁以上的用户仅占 2.3%，可见青少年网上购物的比例逐渐增大。四是网络游戏。青少年是一个充满活力和进取心的群体，日新月异的网络游戏可以满足他们的追求，青少年网民在网游中尽情寻找他们自身虚荣心的虚拟点，弥补现实中的空缺。调查数据显示，截至2013年底，青少年网络游戏使用率为65.7%，高于网民总体平均水平11个百分点，其中小学生为69.5%，中学生为75.2%。

二　青少年网络生活存在的问题

面对扑面而来的网络时代，广大青少年对网络趋之若鹜，纷纷被网络“俘获”，互联网已成为一个吸纳、承载青少年生活、生产的大平台，使青少年的生活变得丰富多彩、便利快捷、充满激情。当然，科学技术往往是一把“双刃剑”，在给青少年带来便利的同时，其所传输的信息和一些网络主体的不良行为对青少年也产生许多负面影响。

（一）网络全球化导致价值观扭曲

全球化是当今时代正在进行的不可阻挡且无法逆转的一个客观历史进程。处在科技发展最前端的互联网也不例外，网络传播的速度快、多变化、无边界、多维度等特点不仅加速了全球化的进程，也抹平了差异阻隔，实现了空间与时间的分离。针对网民中的主要群体，西方国家从未放弃利用网络这一利剑，刺探中国青少年的心理。有个别奉行霸权主义和强权政治的西方国家为了达到经济和政治上的目的，凭借网络资源方面的优势，在国际互联网上到处推销网络影视、网络图片、网络游戏等思想文化，这些思想文化反映了这些西方国家的国家形象、生活方式和价值取向等，很容易影响社会阅历浅、涉世未深，正处在世界观形成过程中的青少年。调查中，高达54.6%的被调查对象表示自己“有意或无意中打开过不健康网站”。据统计，目前网上的有害信息占50%以上，这些有害信息会造成青少年是非观缺失、道德感下降、社会意识薄弱、身心受到侵害、价值观扭曲。调查显示，16.1%的被调查对象对网上针对党和政府的不当言论持部分认同的态度，2.1%的被调查对象认同网上的炒作事件。

（二）交友虚拟化导致安全性降低

随着互联网的发展和普及，网络交友活动也异常活跃，调查显示，使用QQ、微信的青少年网民占85.8%，以各种需求为目的而涌现的交友群体层出不穷，为网络交友埋下了诸多隐患。近段时期以来，发生的骇人听闻的青少年由网络交友引发的案件，也暴露了网络交友的不安全性，其主要表现在三个方面。一是感情投入太深。青少年上网交友聊天，说说心里话，交流感情，是无可厚非的，25.4%的被调查对象认为“网络交友增加了自己诉说情感和宣泄情绪的新渠道”。但面对网络的虚拟身份、虚拟性别，若一味地投入感情，必然会痴迷于网络虚拟的那个人，会丢掉防护盾，不可自拔。二是隐私保护不够。青少年往往在面对网上“坦诚”的对方时，很轻易地把个人身份信息，毫无保留地交给对方，显示自己的忠诚与爱慕，却落入了别人的陷阱，损失惨重。三是警觉意识缺乏。面对网络世界的虚拟性、游戏性和危险性，尤其是“网络恋情”的复杂性，很少有青少年能够保持清醒，仅有17%的被调查对象认为“网络交友没有真实感，不值得相信”。他们中大多数沉醉其中，丧失了警惕性，把自己弄得遍体鳞伤，更有甚者失去了生命，这都是没有警惕意识而造成的恶果。

（三）网瘾持久化导致现实感缺失

青少年是一个自我防护意识和自我控制能力都相对薄弱的群体，他们容易被色情信息、暴力游戏等不良网络内容吸引，过分沉迷网络形成网瘾，不仅影响了自身正常的学习、生活、人际交往，而且给社会带来巨大危害。截至2013年底，中国青少年网民平均每周上网时长为20.7小时，2010年中国青少年网络协会给出的网瘾青少年就已经达到2400万人。此次调查发现，61.9%的被调查对象“不上网就会感觉空虚”。这都充分说明青少年网瘾问题不容忽视，而网瘾的不良表现则有三个主要方面。一是上网时间越来越长。35.9%的被调查对象表示“只要有机会，自己就会随时随地上网”。二是逐渐抵触现实生活。对网络的上瘾导致青少年时刻把自己的身份界定为网络中的“王者”，而忽略了自己现实生活中“普通人”的身份，与亲朋好友逐渐疏远，现实生活日渐迷离，不愿接触现实生活中的人和事，虚拟身份与现实生活转换不清，仅有 17.2% 的被调查对象能够认识到“新媒体的广泛使用淡化了现实中的人际交往”。三是个人情绪日趋急躁。青少年一旦网络上瘾，只要无法上网或者上网时间少了，情绪就会变化无常，急躁多虑，甚至与家人的关系日趋紧张，动不动就发脾气，使正常的生活无法继续，工作和学习也受到严重的影响。

（四）网游暴力化导致犯罪率上升

中国青年网 2014 年发布的《第二次中国游戏绿色度测评统计报告（2013）》显示，市场上流行的 598 款游戏中，被初步认为符合绿色游戏标准的只有 139 款，仅占全部测评游戏比例的 23%，也就是说，超过 7 成的网络游戏是成人游戏，并不适合未成年人使用。截至 2014 年 6 月，中国网络游戏用户规模达到 3.68 亿，网游用户中大部分是青少年网民，网络游戏对青少年的影响越来越大，甚至导致青少年犯罪率上升，这主要表现在网游的四个弊端。一是充斥暴力色情。网络游戏大多以攻击、战斗、竞争、升级等为主要情节，大多数游戏中充斥着血淋淋的打斗、厮杀场面，青少年长期玩这种游戏，火爆刺激的内容容易使他们模糊道德认知，淡化虚拟与现实的差异，误认为这种通过伤害他人而达到目的的方式是合理的，产生欺诈、偷盗甚至对他人施暴等行为。目前，因为玩网络游戏而引发的道德失范、行为越轨甚至违法犯罪的问题正逐渐增多。二是导致集体上瘾。“游戏成瘾”是网络游戏对青少年成长影响最大的弊端，青少年沉溺其中，过分依赖网络游戏带给自己的刺激感，而失去对现实生活的兴趣，对生活、学习变得极其“倦怠”，尤其是中学生玩网络游戏的占 75.2%，这会导致集体效应，恶性循环，互相攀比，使得越来越多的青少年网民长期沉浸于网络游戏而造成心理迷失，消磨了青少年的生活意志，集体成为“游戏世界的奴隶”。三是诱发生理疾病。调查中，6.2% 的被调查对象认为“长期使用网络会影响身心健康”。爱好网络游戏的玩家“职业病”繁多，假性近视、腱鞘炎、颈椎病、神经衰弱、失眠等，有的青少年在网吧玩彻夜游戏，更有甚者一个月不出网吧，导致各种生理疾病都在青少年身上产生，极大地损害了青少年的健康成长。

三　引导青少年正确对待网络生活的对策和建议

毛泽东指出，“宣传思想阵地，我们不去占领，别人就会去占领”。颠覆一个政权，往往是从思想领域开始的；搞乱一个社会，往往是先从宣传思想阵地打开缺口。网络作为宣传思想的重要阵地，如果我们不去占领，就会被反动的、错误的、腐朽的、庸俗的、低级的东西占领。面对网络的迅猛发展，共青团组织不能避重就轻、瞻前顾后，必须紧跟时代步伐，采取有效措施，弘扬主旋律，传递正能量，引导青少年健康成长。

（一）准确把握青少年脉搏，做好引导工作

青少年是社会发展和进步的中坚力量和宝贵资源，是社会变革的积极推动者，处在互联网时代的他们，思想观念同样代表了社会发展的未来，因此在互联网上引导他们的前提就是要把握他们的思想脉搏。此次调查中，不同类别青少年在工作经历、年龄、学历、收入水平上的差异，对他们的思想认知造成了深刻的影响。从积极性来看，河南青少年思想状况主流积极向上，青年普遍拥护党的领导，对国家的政治制度、经济体制、党的执政能力以及改革开放是给予充分认可的，虽然对国家改革发展中出现的问题有一些看法，但对生存发展环境、国家发展状况、社会发展环境和发展方向整体持肯定态度，是维护改革稳定发展的有生力量，堪当中原崛起、河南振兴的生力军。从差异性来看，调查中不同类型的青少年面对相同的问题其回答各不相同，在同一类型的青少年群体中不同年龄段对同一问题的认识也不相同，他们更加关注现实的、功利的、物质的目标，更加崇尚个体，独立意识更强，更加关注实际利益，个体之间差异较大，思想务实。从复杂性来看，影响青少年思想形成的媒介更为复杂，互联网、电视、广播、报纸、手机等各种媒

介功能的充分发挥，加之青少年追求时尚的特点，使得青少年接收各类信息的渠道更为丰富。把握不同类型青少年的思想脉搏，只有分类引导、区别对待，才能准确做好青少年的思想引导工作。一是组织体系内的渗透性引导，通过“推优入团”“推优入党”，吸引团员青年向党、团组织靠拢中，把组织意识背后的政治意识潜移默化地渗透到团员青年的思想中，使得组织建设和思想引导相得益彰。二是常态下的体验性引导，以“我的中国梦”主题实践活动为统揽，通过开展大中学生暑期“三下乡”社会实践活动、中学生素质拓展计划等实践活动，引导青年在古今对比、中西鉴别中，增强永远跟党走、建设中国特色社会主义道路的信念和决心。三是利用重大节庆日、纪念日的引导，抓住重大活动、重大节庆日的契机开展“五四诗会”“七一”座谈会等主题鲜明的教育活动，发挥正面思想教育的效力。四是树立先进青年典型，开展激励性引导，持续开展“青年五四奖章”“乡村好青年”等评选活动，为青年树立一批可亲、可敬、可学的榜样，延伸扩大青年典型在青年中的影响力。

（二）充分净化互联网环境，加强网络监管

网络是西方势力争夺的重要阵地，净化互联网环境尤为重要。净化网络环境是一项系统工程，需要大家共同关注、参与。政府有关职能部门要牵头组成专门组织机构，在网吧治理、网站管理等方面下功夫：加快立法的步伐，制定切实可行的法律政策；坚决取缔那些无照经营、违法经营、侵害青少年身心健康的非法网吧，建立专门为中小学生服务的安全放心教育网站，为青少年建构一个优良的网络环境。学校要加大校园网建设，大中小学要把资源向网络安全倾斜，解决好校园网络硬件设施建设问题，正确处理好硬件、软件的关系，立足于功能与效益的发挥，做好防火墙的处理，把不良信息隔绝在学校之外，在校园里提供一个良好的网络环境。家长要注意对青少年上网的引导方式，尊重青少年的自主意识，把握好“疏”与“堵”的结合，用好正面激励与批评教育，合理限定青少年的上网时间，监督上网内容，坚决制止不健康、不文明的网络行为。

（三）积极开发新媒体产品，提倡文化传承

推动文艺繁荣发展，最根本的是要创作生产出无愧于我们这个伟大民族、伟大时代的优秀作品。面对大量充斥不良信息的网络产品和网络游戏，团组织必须挺身而出，积极开发网络文化产品和服务，不断满足青少年的网络文化需求。要探索移动互联网阵地建设，联合市场力量，借助智能手机、平板电脑、电子阅读器、移动电视、APP 软件等移动互联网平台，创作推出符合青少年兴趣特点且健康向上的音乐、视频、公益广告、电子图书、动漫及游戏等文化产品，为青少年提供积极健康的网络文化信息服务。同时，加大对优秀网络文化产品的推介力度，广泛争取主管部门和社会各方面的支持，与文化业界合作，创作和推介面向青少年的有思想内涵和艺术感染力的网络文化精品，营造良好的网络文化氛围。

（四）大力开展互联网演练，构建长效机制

互联网正能量的传播需要应对负面新闻，更需要主动谋划。河南共青团利用互联网演练，掀起网络正能量宣传的热潮，净化了网络风气。最近河南省团委紧密结合重大时间、事件节点和青少年关注的网上热点话题，深入开展网络斗争工作。特别是河南开展的“文明离校”、#河南青年真中#、“玉林舆情应对”等网络演练活动，在全团开创了网络舆论引导的“三三模式”和网络斗争的“快速反应机制”；在“南京青奥会”“抗战到底”等全团话题演练中，河南每次都名列全团前茅；针对“香港占中事件”等重大舆情的网络舆论反击，河南在总发帖量、日均发帖量等指标中均远远领先其他省份，创造了大量鲜活的工作经验。同时，笔者也深刻地认识到，开展网络演练，有利于建立共青团网络宣传引导工作的组织模式、动员模式和行动模式，凝聚一批知名大 V、意见领袖等网络达人，完善共青团网络宣传员队伍的组织结构。首先，注重网络舆情的研判前提。开展网络斗争工作，必须完善舆情监测、加强舆情研判。定期编发舆情简报，准确把握青年网络舆情重点和发展态势，准确把握青年关注的热点问题。其次，强化网络舆论的正面

引导是核心。可以充分发挥组织优势，整合团属网络宣传舆论阵地资源，不断完善团属网站矩阵和团属微博集群，针对青年关注的热点问题，定期设置网络讨论性话题，持续开展网络正面引导。再次，加强青年网络军的建设是关键。要积极构建涵盖网络指挥员、网络大 V、网络评论员、网络宣传员的共青团网络宣传“智慧团”，建立层级化管理体系，加大培训力度，强化考评机制建设，打造“同心多圆”的网络队伍格局。最后，构建长效的工作机制是保障。要建立发声机制，利用“河南青年好声音”专题板块，及时对网络青年舆情进行辨析引导，发出正面、理性声音，壮大网上主流思想舆论。同时，建立以共青团网络宣传员为核心，凝聚网络宣传工作“智慧团”，不断拓展共青团工作的网络传播途径和辐射面。要建立联动机制，通过建立专用 QQ 群、微信群、飞信群等方法，建立起指令能第一时间发出、向下全面覆盖、第一时间反馈的信息传导机制。要建立考评机制，研究制定科学的考核标准，建立起各级团组织开展网络舆论斗争考评机制，对全省各级团组织开展网络宣传工作的情况进行客观评价和督促考核，并将其作为评价该团组织总体工作的重要指标。

当今世界，信息技术日新月异，互联网大变革、大发展、大融合已成为不可逆转的历史潮流，网络已成为继领土、领海、领空之后的“第四空间”，建设好、利用好、管理好互联网，关系国家主权、尊严和发展利益，关系国家安全与社会稳定。共青团作为党的助手和后备军，必须树立忧患意识和责任意识，把捍卫网络“疆域”作为工作的重中之重，投入更大精力，拿出有力举措，旗帜鲜明地弘扬主旋律、传播正能量，为中原更加出彩营造良好的网络环境，为中原崛起、河南振兴、富民强省做出新的更大贡献。

民生建设与社会保障篇

Reports on People's Wellbeing Construction and Social Security

B.15

河南省大学生就业质量调查与分析

蔡树峰　李红见*

摘　要： 当前，高校毕业生就业难成为社会广泛关注的热点问题，解决这一难题成为各级政府就业工作的重中之重。受多种因素影响，河南高校毕业生就业难呈现常态化、长期化的趋势。随着社会转型发展的加快和高校毕业生就业质量意识的提升，高校毕业生就业亟须实现从重视“量”到更加重视“质”的转变。基于此，本文立足于河南实际，紧密结合河南就业工作实践，以近五年毕业并在河南省内就业的高校毕业生为样本，对当前河南高校毕业生就业质量情况开展了较为全面的问卷调查。本次调查基本掌握了当前河南高校毕业

* 蔡树峰，河南省劳动科学研究所书记，高级经济师；李红见，河南省劳动科学研究所研究室主任，高级经济师。

生就业质量情况，在调查基础上提出的对策和建议也具有较强的针对性。

关键词：河南　高校毕业生　就业质量

1999年高校扩招以来，河南省高校毕业生数量急剧增加。2013年，河南省高校毕业生总量达51.4万人，约占全国的7.35%。考虑到前些年扩招的高校生陆续进入毕业季，河南高校毕业生面临的就业总量压力短期内不会缓解。同时，河南高等教育发展相对落后，毕业生的整体素质相对不高，就业能力也亟须提升。河南高校毕业生就业难、质量不高的状况呈现常态化、长期化的趋势。而大学生作为社会人力资源中的优秀组成，这一群体就业尤其是就业质量状况，对整个社会人力资本投资和社会价值取向的影响非常大。当前，大学生就业难和就业质量不高的负面效应已经开始显现并有放大趋势，这一问题亟须理论研究并在政府工作实践中给予充分重视。

基于此，笔者用了半年多的时间，围绕河南高校毕业生就业质量问题进行了系统的问卷调查和大量的实地走访，问卷调查和有关成果具体情况如下。

一　问卷调查基本情况

（一）样本的选取

1. 调查对象和范围

根据课题研究需要，将调查样本设定为：近五年（2008年以来）毕业并在河南省内就业的大专学历以上的高校毕业生（包括硕士研究生和博士研究生）。样本来源范围尽可能全面，涵盖不同产业、不同行业、不同类型、不同区域、不同性质的单位和企业。

2. 样本总量和构成

由于河南高校毕业生总量规模比较大，经过统筹考虑和研究，笔者按照调查对象总规模约1%的标准，共准备问卷5000份。在调查中，实际发放问卷4680份，回收问卷4358份，有效问卷4076份。

实际回收有效问卷的基本构成见表1。

表1　样本基本构成

类别	类别细分	比重(%)
区域	郑州市	56.3
	省辖市	25.2
	县级及以下	18.5
性别	男	50.2
	女	49.8
学历	大专	33.2
	本科	56.5
	硕士及以上	10.3
单位类型	机关单位	2.8
	事业单位	22.5
	国有及集体企业	15.3
	私营企业	45.5
	外资企业	4.1
	其他	9.7
毕业院校	一本	22.9
	二本	42.1
	三本	10.0
	高职、高专	25.0
毕业年数	一年	20.8
	二年	24.8
	三年	21.7
	四年	14.7
	五年及以上	18.0

（二）问卷内容设计

在参考已有研究成果的基础上，结合河南高校毕业生的就业特点，问卷内容共设基本信息、就业质量状况调查、意见建议征询三大部分。在问卷的难易度上，尽可能做到简便易答，问卷大部分题项采用封闭式问答。

（三）问卷数据处理

根据调查问卷内容和各项信息之间的关系，对调查问卷的有关数据分三个层次进行处理和分析。一是各单项之间的统计分析；二是个人基本信息与就业质量指标之间的对照分析；三是就业质量指标之间的对照分析。

二　调查结果及分析

（一）综合来看，高校毕业生就业质量整体不高

1. 收入水平偏低，收入增长制度保障不强

样本中收入在4000元以下占比达76.4%，6000元以上的只有6.6%，而2000元及以下的却高达21.9%（见表2）。在工资正常增长机制建设上，没有建立或不清楚的达53.9%，工资增长制度保障性不强。笔者在走访中也发现，有相当比例的人表示实际收入接近当地社会平均工资。考虑到样本的培养成本和素质层次，其收入水平明显偏低。

2. 工作稳定性不强

样本中有53.1%的人有过换工作经历，有近三成的人每份工作的平均期限在1年以下。离职原因方面，接近六成的人因个人发展和收入偏低而离职。而座谈和走访结果也显示，受访对象中大部分人都有过换工作的经历，而且有相当部分人有过多次换工作的经历，这也说明“先就业后择业”理念已经为高校毕业生接受。

表2 收入情况

质量指标	评价	比重(%)
实际收入	2000元及以下	21.9
	2001~4000元	54.5
	4001~6000元	16.9
	6000元以上	6.6
增长机制	有	46.1
	没有	26.3
	不清楚	27.6

3. 劳动关系状况有待改善

结果显示，样本中有21.6%的人没有签订劳动合同，签订合同的样本中超过一半的人签的是3年以下的固定期限合同。工会在构建和谐劳动关系方面的职能和作用发挥不够，64.3%的人表示没有参加过工会活动。劳动关系和谐度评价不高，42.7%的人认为与单位劳动关系一般或者不和谐。

4. 社会保障参保及缴费情况不理想

调查结果显示，五大险种的参保率除养老、医疗超过80%外，其他险种参保率都没有超过70%。参保样本中，以低于实际工资或按当地最低工资标准进行缴费的人占比接近六成。

5. 工作福利评价偏负面

样本中有79.3%的人认为单位整体福利一般或不好，这可能受收入整体偏低的关联影响；42.4%的人表示没有享受带薪休假；69.9%的人认为培训机会较少或没有培训机会（见表3），说明用人单位对职工的培训及个人发展不够重视，缺少系统的培训规划。

6. 工作满意度明显偏低

样本中有超过一半的人对其从事的工作不满意或评价一般，61.6%的人对所在单位及行业声誉评价为差或一般，64.8%的人认为目前个人发展前景一般或看不到希望（见表4）。工作满意度整体评价不高，既有用人单位薪酬水平不高、工作环境差等原因，也与高校毕业生自我期望过高有关。

表 3　单位福利情况

质量指标	评价	比重(%)
单位福利	好	20.7
	一般	60.5
	不好	18.8
带薪休假	享受	57.6
	不能享受	42.4
单位培训	机会多	30.1
	机会较少	52.3
	没有机会	17.6

表 4　工作满意度情况

质量指标	评价	比重(%)
工作满意度	满意	48.8
	一般	44.1
	不满意	7.1
单位及行业声誉	好	38.4
	一般	54.5
	差	7.1
个人发展前景	良好	35.2
	一般	52.1
	没有希望	12.7

7. 工作环境有待改善

样本中有超过八成的人表示偶尔或经常加班，56.3%的人表示工作压力大（见表5），有近三成的人认为单位人际关系一般或比较紧张。

表 5　工作环境情况

质量指标	评价	比重(%)
加班	经常加班	31.0
	偶尔加班	49.1
	不加班	19.9
工作压力	大	56.3
	一般	37.6
	轻松	6.1

（二）性别差异上，主观性指标评价女生要好于男生

1. 主观性指标评价上，女生明显好于男生

从综合就业质量指标的性别差异分析结果看，在主观性较强的指标评价上，女生要好于男生。这一差异在偏负面的评价中尤其明显。如认为职业与能力、兴趣不匹配的样本中女生比例比男生低了10多个百分点；对目前工作不满意、认为单位社会声誉差或认为与单位劳动关系不和谐的样本中，女生比例也比男生低了20多个百分点。可见，在男女性别总量均衡的情况下，女生的主观性指标评价要好于男生。

2. 客观性指标评价上，男生要好于女生

从收入来看，月收入2000元及以下样本中男生比例低于女生11.6个百分点；而月收入在4000元以上，男生比例明显高于女生且收入越高差距越大，如月收入4001~6000元样本中男生高于女生13.6个百分点，而月收入1万元以上样本中男生高于女生48个百分点。从工作与专业匹配来看，认为职业与所学专业有联系的样本中男生比女生高12.5个百分点，而认为职业与所学专业毫无联系的样本中男生却比女生低近10个百分点。

3. 稳定性评价上，女生要好于男生

从换工作次数来看，毕业以来没有换过工作的样本中女生比例比男生高4.3个百分点，而在有换工作经历的样本中，换工作次数越多女生的比例越低。比如换工作4次及以上样本中女生比男生低了24个百分点；每份工作平均期限在六个月以下的女生比男生低近10个百分点，而三年以上的样本中女生比男生高3.4个百分点。

（三）学历差异上，整体上学历越高，就业质量相对越好

整体来看，学历与就业质量存在正相关关系。从收入来看，硕士及以上学历中43.3%的人收入在4000元以上，本科、大专的比例则分别为25%、14.8%；而硕士及以上学历中只有9.8%的人收入在2000元及以下，本科、大专的比例则分别为19.1%、30.5%。从工作稳定性来

看，硕士及以上样本中工作以来没有换过工作的比例最高，为61.5%，大专最低，仅为37.5%。从工作匹配评价来看，硕士及以上学历中30.9%的人认为目前工作是自己理想职业，53.3%的人认为其所从事的工作与所学专业对口，32.8%的人认为其所从事的工作与个人能力匹配，46.2%的人对自己的工作有兴趣。从工作满意度评价来看，硕士及以上学历的样本中46.5%的人对工作满意，48.1%的人认为所在行业或单位声誉好，几项评价都高于本科10多个百分点，更是远高于大专20多个百分点。

工作压力评价例外，各学历样本中本科的压力最大，而大专的工作相对较为轻松。如本科中58.1%的人认为压力大，比例最高，大专最低，为53.1%；大专中7.7%的人认为工作轻松，比例最高，本科最低，为5.2%。

（四）毕业院校差异上，大体上毕业学校越好，就业质量越高

整体上，毕业院校越好就业质量就越高。如一本中在2000元及以下较低收入区间的比例最低，仅有12.5%，在4000元以上的收入区间内比例最高，为35.7%，且毕业院校越好，高收入区间内比例越大、低收入区间比例越小；各学历没有换过工作和对工作满意的比例也都是随学历变低而依次递减；对工作匹配和劳动关系的评价，高学历也要好于低学历。

例外情况：一是工作压力评价上，存在低学历好于高学历的情况。比如，三本中认为工作压力大的比例为49.9%，高职、高专为53.7%，均低于一本的59.6%和二本的57.6%。二是三本的个别指标评价较为突出。如三本中认为劳动关系比较和谐的比例最低，仅为52.1%；三本中35.9%的人认为工作与专业对口，24.3%的人认为工作与能力相匹配，27.5%的人对工作有兴趣，工作匹配整体评价最差。

（五）地域差异上，除收入外城市层级优势不明显

从收入来看，地域差异非常明显，在县级及以下的收入最低。从劳动关

系评价来看，工作在省辖市的认为劳动关系较为和谐的比例最高（60.4%），认为不和谐的比例最低（2.9%）。工作压力评价上，工作在郑州市的认为工作压力大的比例最高（58.5%），县级及以下的比例最低（50.1%）。

（六）单位差异上，机关单位、事业单位、外资企业等评价突出

从收入来看，外资企业收入最高，机关、事业单位收入大众化。如工作在外资企业的收入在4000元以上的比例（55.4%）远高于其他单位。而工作在机关、事业单位的样本中收入在4000元以下的中低收入区间的集中度排在各类型单位的第二、第三位。

从工作稳定性来看，工作在机关单位、国有及集体企业中没有换过工作的比例超过六成，工作在事业单位的为55.6%，而工作在其他各类型企业中没有换过工作的比例都在40%以下。

从工作匹配来看，工作在国有及集体企业、事业单位、外资企业的学生持正面评价的比例排在前三位。如各项评价中最好的有：国有及集体企业中90.6%的人认为工作理想，事业单位中81.4%的人认为工作与专业对口或有联系，外资企业中92.3%的人认为工作与自己能力匹配。

从工作福利评价来看，工作在机关单位的样本中31%的人认为单位福利状况好，46.6%的人认为单位培训较多，两项评价都是最好，而外资企业、国有及集体企业评价紧随其后。

从工作满意度评价来看，在工作满意度、行业与单位声誉和个人发展前景三项评价上，工作在机关单位、国有及集体企业、事业单位、外资企业的学生持正面评价的比例都排在前列。其中，工作在机关单位的毕业生中62.1%的人对工作满意，81.4%的人对行业与单位声誉评价较好，50.0%的人认为个人发展前景良好，在各类单位中都是最高。

从工作压力评价来看，外资企业中64.3%的人感到压力大，比例最高，国有及集体企业、私营企业紧随其后。而社会比较关注的机关、事业单位则分别为44.8%、51.6%，比例相对靠后，压力评价相对较好。

（七）行业差异上，专业性强的行业较好，部分服务性行业较差

综合来看，整体上对专业性要求较强的教育、科研、卫生、公共产品生产和供应、金融等行业就业质量较高，而如批发零售、住宿餐饮等劳动密集型的低端服务行业相对偏低。如教育行业中 65.1% 的人没有换过工作，32.4% 的毕业生认为现在的工作是理想职业，两项评价最好；卫生行业中 67% 的人认为工作与专业对口，36.7% 的毕业生认为工作与能力匹配，比例最高；采矿业工作满意度最高，为 63.6%，金融业中行业声誉评价最好，为 51.7%，而这几项评价中，批发零售、住宿餐饮、租赁和商务服务等行业评价都相对较差。

（八）产业差异上，第一产业就业质量明显不如第二、第三产业

综合来看，第一产业就业质量明显低于第二、第三产业。如第一产业中收入在 2000 元及以下比例最高（30.0%），在 4000 元以上收入区间的却是最低（18.6%）；第一产业中没有换过工作的比例最低（44.1%）；工作满意度也是最低（45.4%）；工作压力评价最差，60.4% 的人认为工作压力大。

（九）部分就业质量指标存在明显相关性

通过对照分析，发现部分就业质量指标之间存在明显的相关性。

1. 收入高的人培训机会较多

分析结果显示，2000 元及以下的低收入区间中只有 20.0% 的人表示有较多的培训机会，2001～4000 元中等收入区间中有 28.5% 的人表示培训机会较多，4000 元以上的高收入区间这一比例却在 40% 以上，其中 6001～8000 元收入区间比例最高，为 52.1%。

2. 收入对工作满意度有明显影响

分析结果显示，2000 元及以下的低收入区间中对工作满意的比例最低，为 37.3%，2001～4000 元中等收入区间的比例为 47.1%，4000 元以上的高

收入区间比例在 50% 以上，其中 8001 ~ 10000 元收入区间比例最高，为 72.8%。

3. 工作稳定性对工作满意度有明显影响

分析结果显示，换工作频率越高，工作满意度越差。如没有换过工作的样本中 52.8% 的人对工作感到满意，这一比例高于有换工作经历的样本，且满意度随着换工作次数增多而明显下降。

4. 单位福利状况非常影响工作满意度评价

认为单位福利状况好的样本中高达 91.8% 的人对工作感到满意，而认为单位福利状况一般的只有 45.3%，认为单位福利差的更是只有 13.1%，福利状况评价对工作满意度影响非常大。

三　提升高校毕业生就业质量的对策和建议

高校毕业生就业问题是一个系统性的社会工程，解决这一难题需要政府、高校、社会、个人等方面共同参与、统筹推进，扎实做好基础性工作，为提升就业质量创造良好的社会环境。

（一）政府层面

1. 稳定经济增长，推动经济转型，扩大有质量就业的容量

实现就业是提升和保障就业质量的基本前提，而实现就业需要保持经济的适度增长以扩大社会就业容量。在当前的宏观经济形势下，河南仍需要采取各种措施保持经济增长基本稳定。同时，结合河南省实际，积极推动经济发展转型，不断提升增长质量，为高校毕业生高质量就业创造良好的宏观环境。

2. 建立健全相关法律法规体系

就业质量的改善需要法律法规的保障，需要良好的法治环境，必须建立健全相应的法律体系，推动就业机制运行法制化。既要完善现行的法律法规，又要及时更新或出台有利于保障就业公平、提升就业质量的法律法规。同时，政府部门也应加强有关法律法规的执法力度，不断提高执法水平。

3. 完善有关的政策支持体系

结合宏观经济调控政策，及时根据就业市场的变动情况，出台一些针对大学生就业的政策。比如，应进一步完善人事户籍管理制度，健全人力资源市场就业竞争机制，完善高校毕业生创业的财税、金融支持政策，完善收入分配方面的政策，规范社保参保程序、监管执行统一的参保标准，落实有关劳动保护的政策法规，改善高校毕业生的就业环境。

4. 健全公共服务体系

健全保障高校毕业生就业质量的更高服务体系，应建立统一的就业登记和信息发布平台，建立高校毕业生就业中长期监测体系，建立高校毕业生就业职业培训体系，建立高校毕业生就业见习服务机制，建立高校毕业生追踪服务体系等。

5. 健全组织管理和监督体系

政府应健全组织管理和监督体系，理顺职能、明晰权责、形成合力，发挥齐抓共管的有效作用。同时，应强化服务和责任意识，理顺管理监督机制和职能，将就业质量纳入高校工作评价体系，加强对相关就业扶持政策执行和劳动力市场运行的监督职能，营造良好的舆论环境。

（二）高校层面

1. 积极推进高等教育管理体制改革

改革高等教育管理体制，从宏观管理上讲，必须去除高校管理体制上过度行政化、商业化的色彩，借鉴西方先进国家的高校管理经验，把握高校管理体制改革的方向，明确高校管理体制改革的思路，积极与市场和社会接轨，建立科学的高校内部管理和外向协调的良性机制。

2. 积极推动专业设置和教学实践的改革

各高校应该改变人才培养模式，以社会需要、市场需求为教育教学改革方向，对专业设置和教学内容及时做出有针对性的调整。以市场需求为导向合理设置专业，在专业设置上力争做到准确预判、超前设计。结合形势需要和时代特点，更新教育理念，改革教学内容，培养学生跨领域、跨行业思考分析问题的能力。总结借鉴国内外先进的教学实践经验，创新教学方法和手段，注重教学效果和教学效率。

3. 推行素质教育，提升学生的就业竞争能力

高校应积极推进素质教育，注重提高学生的综合素质和社会适应能力，革新教育理念。教育理念要从“知识传输”向“人格塑造和能力培养”转变，变单纯的专业教育为系统性的跨行业、跨领域的通识教育，并注重培养学生的创新精神和实践能力。

4. 着重加强毕业生就业创业指导服务体系建设

尽快建立和完善集教育、指导、服务于一体的就业创业指导服务体系，提高就业创业指导服务的质量；扩展指导范围，开展全程式指导服务；提升就业创业指导教师队伍素质和专业水平；理顺高校就业创业指导工作机制；加强就业创业指导服务的信息平台建设。

（三）社会层面

1. 用人单位要创造良好的工作环境

在以就业为中心的关联型社会，用人单位应积极改变观念，采取更加适用性、人性化的用人标准，消除人才高消费和歧视性行为。要引导高校毕业生做好职业发展规划，做好高校毕业生的入职和常规培训，在单位内部建立合理的激励机制和良性的竞争机制。同时，应加强与高校合作与互动，及早开展合作培训、就业见习等活动。

2. 新闻媒体正确引导社会舆论

新闻媒体应在信息传递、舆论引导、监督执行上发挥积极作用；加大宣传引导力度，提高社会对大学生就业质量问题的认识和关注度；引导企业自觉遵守相关法律法规，执行有关支持政策，为高校毕业生就业质量改善创造良好的工作环境；积极引导和帮助大学生自我调整；监督违法违规现象，维护高校毕业生的就业权益。

3. 家庭要发挥积极作用

家庭是高校毕业生资助者和未来就业的重要影响因素，在高校毕业生就

业上应该发挥积极作用。家庭应树立正确的子女教育观，选择适合的教育层次和专业；应有合适的就业观，理性认识社会就业形势，不要期望过高，多支持学生的职业选择；应积极配合学校，在学生人格培养、价值取向、职业生涯设计、就业观点转变等方面发挥积极作用。

（四）个体层面

1. 树立理性的就业质量意识

高校毕业生应该理性认识当前的社会就业形势，树立理性的就业质量意识。应从长远发展的角度看待就业，先尽力实现就业，树立“就业是首要质量”和“合适就好”的就业意识；应有“实践中提升就业质量”的思想准备，应积极融入社会，有意识地锻炼、提升自己。

2. 做好个人职业生涯规划

从大学入学开始，高校毕业生就应该在指导老师的帮助下，合理定位自己的职业目标，做好自己的职业发展规划，在此基础上，有针对性地安排好学习和实践活动，并及时根据客观条件变换修正自己的职业目标和发展规划。

3. 优化知识结构和实践经验

处理好常规课程和辅助课程的关系，在学好专业课程和基础课程的基础上，不断拓展获取新知识的渠道，做好系统的知识储备。同时，还要有意识地参与各类社会实践活动，培养实践经验。

4. 注重素质能力的提升

塑造专业知识素质的同时，注重心理素质、职业素养的培养。同时，还要通过参与各种社会实践和就业见习活动，着重培养实际操作能力、人际交往能力、创新能力和分析解决复杂问题的能力。

5. 强化自主创业意识和能力

在当前就业形势下，大学生利用自身专业优势，进行自主创业也是非常主动的选择。大学生应积极关注各方面的信息资源，有意识地从校内实践活动做起，积极参与各类商业活动，逐步培养自己的创业能力。

参考文献

杨河清、李佳：《大学毕业生就业质量指标体系的建立和应用》，《中国人才》2007年第8期。

刘红艳：《大学生就业质量影响因素研究》，合肥工业大学硕士学位论文，2010。

杨怀祥：《美国大学生就业服务体系研究及对我国就业指导工作的启示》，《思想教育》2010年第1期。

赖德胜、石丹淅：《我国就业质量状况研究：基于问卷数据的分析》，《中国经济研究问题》2013年第5期。

李巧巧：《大学毕业生就业质量评价指标体系研究》，东北师范大学硕士学位论文，2012。

李菲菲：《我国大学生就业质量研究》，青岛大学硕士学位论文，2012。

B.16
河南省城镇养老服务供需现状与发展趋向

郑州大学课题组*

摘　要： 进入老龄社会后，我国养老服务供需矛盾和问题十分突出。在这样的背景下，本课题组对河南省五个有代表性的地市的养老服务进行关于养老服务供给和需求状况的研究。经过对近2000份统计样本资料和大量文献资料、访谈资料的分析，课题组得出了河南省养老服务存在供需短缺性和结构性两大矛盾的结论，并发现了河南省养老服务体系中存在的问题。在此基础上，课题组借鉴了国内外养老服务产业发展的先进经验，提出了要在河南省建立公平、适度普惠、可持续发展的新型社会养老服务体系的基本观点。

关键词： 老龄化　养老服务　供需矛盾　养老服务体系

人口老龄化日益成为制约我国进一步发展的重要因素，而其带来的养老服务问题给每个家庭甚至整个社会带来巨大压力，影响人民生活水平的提高。“未富先老”、家庭小型化趋势以及空巢、“失独”家庭问题的凸显等因素，使我国传统的家庭养老服务模式面临前所未有的冲击，正逐步影响国家

---

* 课题组长：张明锁，郑州大学公共管理学院教授、博士生导师；田开胜，河南省民政厅原老龄处处长，现任人事教育处处长。课题组主要成员：米粟、扬天、孙端、张容瑜、李慧娟、陈舒雯、杜远征、赵佳佳、石澹、杨洋、郑玉英、张慧颖（郑州大学公共管理学院硕士研究生）。

发展与社会稳定。2013 年，国务院颁布的《关于加快发展养老服务业的若干意见》提出，要全面建成以居家为基础、社区为依托、机构为支撑，功能完善、规模适度、覆盖城乡的养老服务体系，这就给我国养老服务体系的建设划定了目标，指明了方向。

河南省是我国的人口大省，2013 年全省 60 岁以上人口比例约为 13.8%①，老龄化结构呈现人口规模大、增长速度快、高龄化趋势明显、空巢老人多、失能老人多、农村留守老人多等突出特点，以家庭养老为主要内容的养老服务体系已经不再适应社会发展。在这样的背景下，为了了解目前河南省老年人的基本生活情况和养老服务需求状况，课题组于 2013 年 11 月 15 日至 2014 年 3 月 10 日在郑州、开封等五个具有代表性的地市开展了针对城市养老服务需求和养老服务产业发展的调查研究。

一　研究方法与样本资料

（一）研究方法

本文以实证主义为方法论基础，主要运用田野调查的研究方法。在具体研究过程中，课题组对河南省五个典型地市的老年人进行了问卷调查和结构式访问。在问卷调查的同时，课题组也通过观察、非结构式访谈等实地研究的方式，从老年人群、老年人的家庭、政府官员、养老机构工作人员、社区工作人员那里获取了丰富的定性、定量资料。这些资料有力地增进了笔者对养老服务需求和养老服务供给情况的了解。

（二）样本资料概况

本调查研究在河南省郑州市、洛阳市、开封市、安阳市和信阳市的市区

① 大河网：《河南省两会报道——河南老年人口比例 13.8%》，http://www.dahebao.cn/news/html/48929.htm，2014 年 1 月 22 日。

范围共选取了2011个老年人样本。样本选取方法采用了整群抽样和偶遇抽样相结合的方法，即在按照一定标准选取的社区、公园、广场、养老机构等老年人比较集中的地方采用偶遇的办法确定样本。经统计，排除无效问卷之后，本次调查共收集有效样本1993个，有效回收率为99.10%。具体的样本构成如见表1、表2所示。

表1　样本资料的地区构成

地区	郑州	安阳	信阳	洛阳	开封	合计
样本容量(个)	594	301	300	495	303	1993
百分比(%)	29.8	15.1	15.1	24.8	15.2	100

表2　样本资料的基本构成

	类别	频数	百分比(%)
性别	男	965	48.4
	女	1025	51.4
	缺失	3	0.2
年龄	不满60岁	158	7.9
	60~64岁	325	16.3
	65~69岁	417	20.9
	70~74岁	460	23.1
	75~79岁	331	16.6
	80岁及以上	301	15.1

二　河南省养老服务供需情况分析

（一）河南省养老服务需求状况

1. 老年人身体健康状况与自理能力现状

（1）身体健康方面

调查显示，在受访的1993位老人中，感觉自己身体非常健康的老人有

293位，占总样本数的比例为14.7%；比较健康的老人有840位，占42.1%，比重最大；身体状况一般的占22.3%；患一般疾病和重大疾病的占20.7%。通过进一步访谈得知，高血压、心脏疾病、心脑血管疾病、关节炎、慢性消化系统疾病等是这些老年人群的常见疾病，而肿瘤、严重心脑血管病等恶性疾病在老年人群体中也有较高的发病率。

（2）自理能力方面

调查显示，在所有受访老年人中，42.5%的老年人有劳动能力，而且生活能自理；45.3%的被调查者无劳动能力，但生活能够自理；而老人失能率（生活部分不能自理和完全不能自理的老人占总样本数的比例）约为12.1%，这低于2010年《中国城乡老年人口状况追踪调查》中城镇老人5.6%完全失能、12.4%部分失能的结果。但是，由于本调查采用了偶遇的抽样方式，在偶遇的人群中能够自理的老人比例肯定更大，因此，笔者估计河南省老人失能率应高于12.1%，也就是说至少有144万失能老人（按照全省1200万60岁以上老年人口计算）。

（3）身体状况和自理能力对服务方式选择意向的影响

如表3所示，随着老年人身体状况由非常健康到患重大疾病，机构养老方式越来越得到老年人的关注，比重上升非常明显。同时，不管身体状况如何，居家养老仍然是老年人的主要选择，所占比重都大于50%。由此可见，一方面，身体状况越差，老年人越希望在养老机构得到比较好的照顾，以此来减轻儿女的养老负担；另一方面，大部分老年人又不想离开自己的家庭和儿女，渴望得到家庭的温暖。

同样地，在考虑到自己的劳动和生活自理情况时，如果由老年人自己选择，随着生活自理能力的降低，选择机构养老的老人所占比重的上升趋势非常明显，生活完全不能自理的老人中希望进入养老机构的甚至达71.4%，但同时居家养老在总量上仍占有很大的比重。由此可见，自理能力差的老年人对养老机构护理服务的需求很大，希望在养老机构可以得到更专业的服务。

表 3　目前的身体状况与倾向选择的养老方式

单位：%

目前的身体状况	倘若由您自己选择,您更倾向于选择哪种养老方式			
	居家养老	机构养老	视情况而定	其他
非常健康	65.5	11.9	21.8	0.7
比较健康	59.0	16.9	24.0	0.1
一般	58.8	24.3	16.9	—
患一般疾病	55.1	37.7	6.6	0.7
患重大疾病	50.4	42.1	7.5	—
合　计	58.9	22.4	18.5	0.3

2. 老年人的经济收入状况

经济收入状况是影响老年人养老服务需求的重要因素。良好的收入状况能够将老年人的潜在养老服务需求转化为现实的有效的养老服务需求，并增强老年人获得养老服务的能力。

（1）收入状况

老年人月收入状况如图 1 所示。大部分老人的月收入在 2000 元以下，甚至有 6.8% 的老人没有固定月收入。当被问及目前的经济负担时，43.7% 的老人表示每月略有结余，所占比重最大；其次是收支基本相抵，占样本总数的 27.6%；还有 12.4% 的老人表示收入不够用。由此可见，退休后老年人的收入状况并不是特别令人满意。

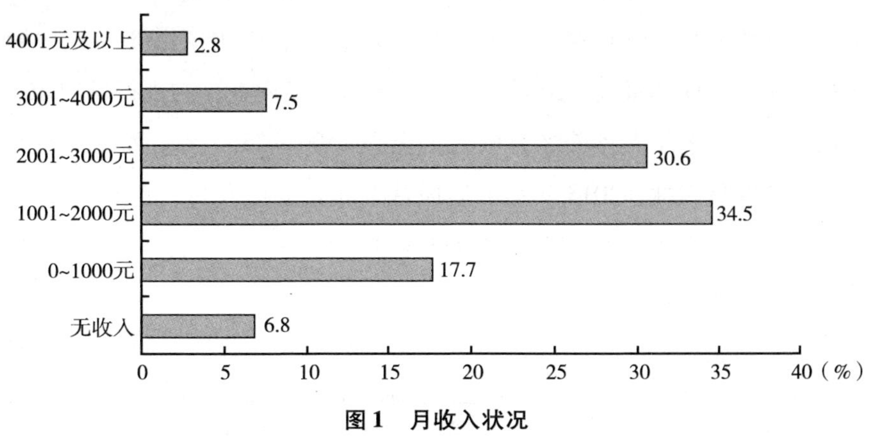

图 1　月收入状况

收入来源状况如图2所示。退休金是老年人最主要的收入来源，其选择频率最高，并且选择此项的老年人数占总人数的73.6%；选择频率第二高的是子女补贴所得，占33.3%；劳动所得、个人储蓄、社会救助、商业保险养老金、存款等收入来源的备选频率较低。由此可见，老年人的退休金及子女补贴在很大程度上决定了老年人满足其养老服务需求的能力。

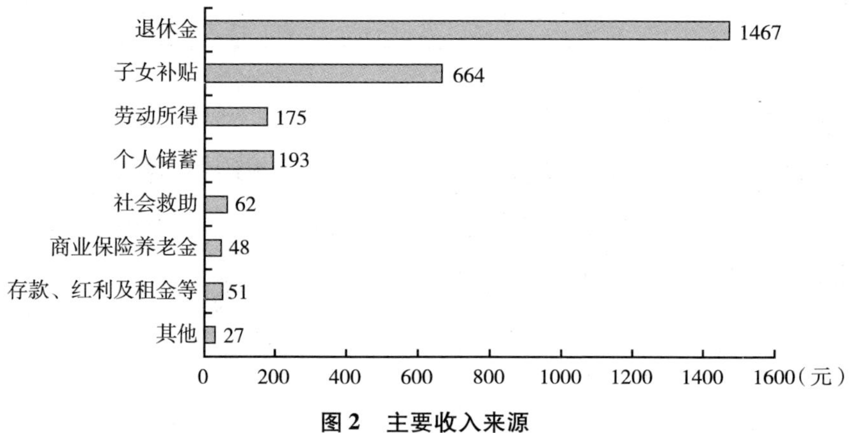

图2　主要收入来源

在社会保险收入方面，调查显示，目前养老保险的参保率很高，没有参加任何一种养老保险的比例仅占11.6%，其中参加企业职工养老保险的占45.4%，参加城镇居民养老保险的占20.6%，参加农村新型养老保险的占15.8%；与此同时，没有参加任何一种医疗保险的比例仅占6.6%。然而，虽然社会保险参保率很高，但是保障水平较低。经调查，在现行城镇职工养老保险制度中，老年人月养老金收入大多在1500~2500元；而按照现行城乡居民养老保险制度，2013年城乡居民基本养老金月人均只有81元，还不到城市低保金的1/7，是农村低保金的1/3。[①] 如此低下的保障水平显然无法满足居民的养老服务需求。

---

① 《城乡居民基本养老金每月仅81元不及城市低保1/7》，新华网，http://news.xinhuanet.com/yzyd/local/20140415/c_1110243478.htm，2014年4月15日。

（2）经济状况对服务方式选择意向的影响

如表4所示，随着老年人收入的增加，老年人选择居家养老的比例有递减趋势。同时，选择机构养老的在无收入的老人中只占15.6%，在2001～3000元范围内这一比例约为21%，而收入在3000元以上选择机构养老的要比收入在3000元以下的老人多很多。这说明老年人的收入越高，倾向机构养老的比例越大，倾向居家养老的比例越小。此外，在明确表示不能接受机构养老的708人中，330人是因为养老机构收费高，所占比重最大。由此可见，老年人不愿去养老机构的主要原因是养老机构收费高。

表4　个人月收入与期望的养老方式

单位：%

月收入范围	期望的养老方式			
	居家养老	机构养老	视情况而定	其他
无收入	74.1	15.6	9.6	0.7
0～1000元	69.0	21.7	8.5	0.9
1001～2000元	65.0	21.7	13.4	—
2001～3000元	46.2	21.1	32.6	0.2
3001～4000元	47.0	32.2	20.8	—
4001元及以上	52.8	40.0	7.3	—
合　计	58.9	22.4	18.5	0.3

3. 老年人的家庭与居住状况

（1）家庭与子女状况

如图3所示，在所有1993位老人中，有三个及以上子女的老人所占比重最高，为46%；有两个子女的位于其次，占37%；15%的老人有一个子女；还有2%的老人没有子女。由此可见，目前这一代老人，尤其是70岁以上的老人属于多子女的一代，其基本的养老任务都可交予子女，家庭提供养老服务的能力较强，尤其是人力问题很容易解决，所以应该充分发挥家庭提供养老服务的作用。

（2）居住状况

关于老人的居住状况，如图4所示，在1993个样本中30%的老人目前与子女同住，21%的老人是夫妻同住，13%的老人处于独居状态。其中，脱离子女日常照料的老人（独居和夫妻同住）所占比重高达34%，由此可见，目前处于空巢状态的老人已不在少数，应该引起社会的高度重视。

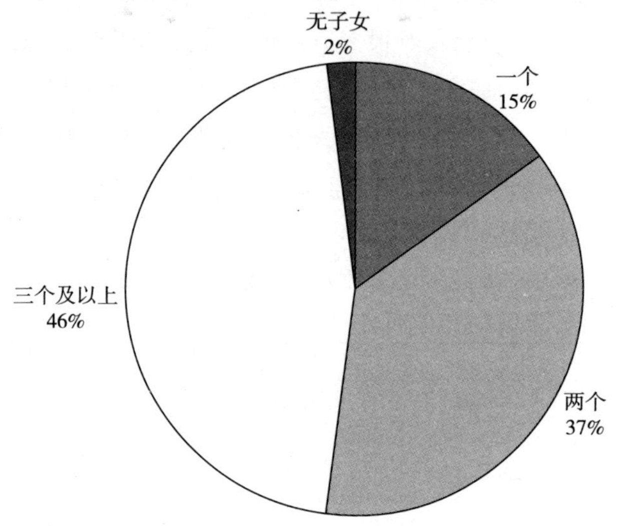

图3　现有子女数量频率分布

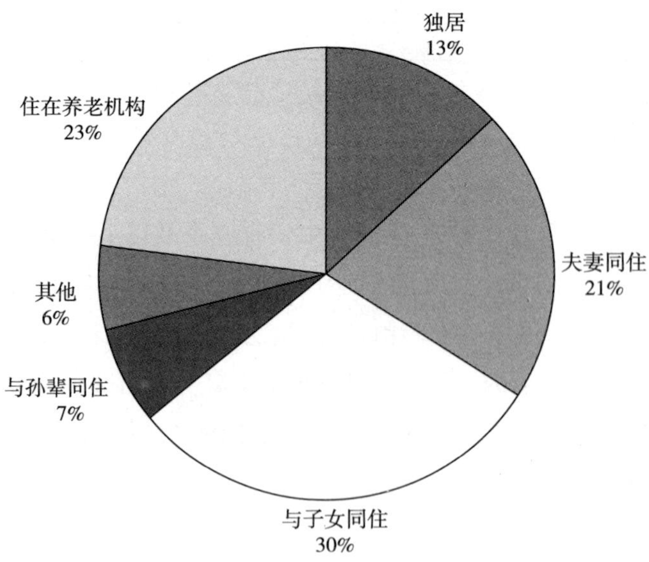

图4　居住方式频率分布

4. 老年人的养老服务方式选择意愿

如图 5 和图 6 所示，在所有 1993 个老年人样本中，目前正以传统的家庭养老方式养老的占总样本数的 73.06%，机构养老的占 22.83%，社区居

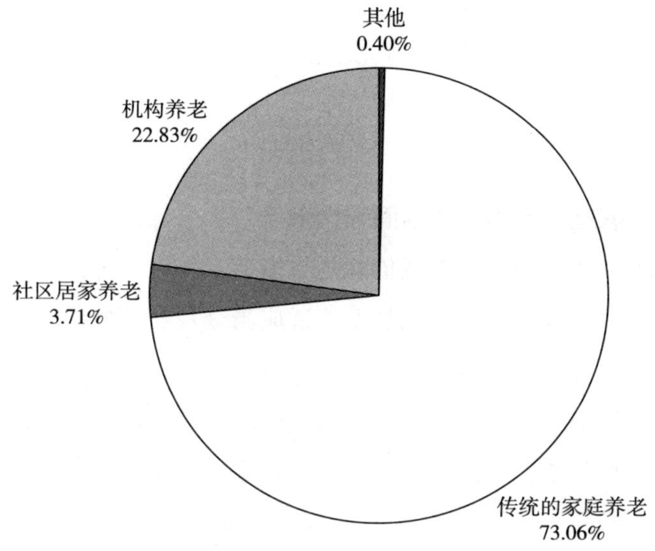

图 5 目前的养老方式频率分布

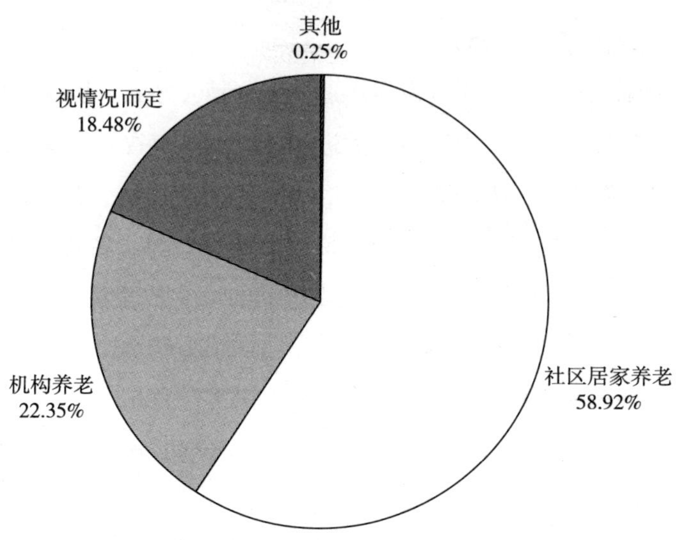

图 6 期望的养老方式频率分布

家养老的只占 3.71%。期望的养老方式方面，期望社区居家养老方式的占 58.92%，期望以机构养老方式养老的占 22.35%，还有 18.48% 的老人选择视情况而定。这表明，在目前的养老服务中，家庭养老仍是主要模式，机构养老则是补充，社区居家养老覆盖面非常小。在期望的养老方式中，老年人最喜欢的是社区居家养老模式，其次才是机构养老。

（二）河南省养老服务供给状况

1. 传统的家庭养老服务供给面临困境

调查发现，传统的家庭养老依然是大多数老年人选择的养老方式。但这种传统的养老服务模式已经越来越不能适应当今社会的发展需要。造成这种情况的原因主要有以下几个方面。首先，家庭小型化。在调查中课题组发现，目前河南省 60 岁以上的老人群体子女数量还比较多，但在 60 岁以下的人口中，就以独生子女或两个孩子为主了。家庭的小型化直接减少了参与赡养老人的子女数量，削弱了家庭提供养老服务的能力。而“失独”现象更是不容忽视。其次，家庭空巢化。现在，子女在成年后脱离原有家庭已经成为主流趋势，这也削弱了子女照顾老人的能力。

2. 机构养老服务供给状况

河南省目前的机构养老服务发展迅速，无论是公办养老服务机构还是民办养老机构，在数量上和质量上都有较大进步。但是河南省的机构养老服务仍然有很多问题亟待解决。①床位供给不足。2013 年数据显示，河南省共有 1200 万老年人，各类养老机构 3700 多个，总床位近 29 万张，每千名老人拥有养老床位 24 张。按照国家“十二五”养老体系建设规划的每千名老人 30 张床位的标准，河南省养老床位还有 7 万多张的缺口。②专业性护工缺乏，流动性过大。据统计，河南省约有 1.7 万名养护人员，其中 90% 以上没有执业证书，缺乏专业的护理知识，同时养护人员的工资和福利待遇偏低，因此招不来人也留不住人。[①]

① 《河南机构养老遭遇困境床位难求护工一人难觅》，《河南日报》，http：//www.ha.chinanews.com/html/yiliaoweisheng2012/weishengxinwen/2013/1010/20237.html，2013 年 10 月 10 日。

③养老机构服务水平参差不齐，尤其是民办养老机构服务质量不高，社会认可度低。④在公立养老机构一床难求的情况下，很多民办养老机构却空床遍布，而原本用于保障低收入失能人群养老服务需求的公办床位却出现了很多被高收入人群占用的情况。

3. 社区居家养老服务供给状况

目前，新型社区居家养老服务供给在河南省的发展尚处于初级阶段，因此各个地市都存在着各种各样的问题，其中大多数为共性问题，例如，社区居家养老服务覆盖范围窄、宣传力度小、发展不规范等。调查显示，受访群体中有403位老年人所在的社区提供养老服务，而有443位老年人表示其所在社区并未提供这一服务，还有396位老人表示不清楚社区内是否提供这一服务。同时，在问及是否了解社区养老服务时，只有241位老人表示了解，而高达79.8%的老人表示对其并不了解。这一系列的数据表明，河南省的社区居家养老服务发展还不成熟，大多数社区居家老人并未享受到社区居家养老服务的红利。

（三）河南省养老服务体系存在的供需矛盾和问题

经过以上分析，可以认识到河南省目前的养老服务供给与需求存在短缺性矛盾和结构性矛盾两大矛盾。

短缺性矛盾有以下三个表现：①以传统的家庭养老服务为主的模式面临危机；②社区居家养老服务发展潜力巨大却发展迟缓；③机构养老需求量庞大但床位总量短缺。

结构性矛盾体现在以下三方面：①社会养老服务潜在需求难以转化为有效需求；②养老服务供给层次结构不合理，中低端民办养老机构床位供给不足，而收费较高的高端养老服务供给过剩；③空巢老人、“失独”老人等特殊人群的养老服务供给处于缺乏状态。

以上矛盾的产生是由于以下六个主要因素：一是人民群众支付能力较低，致使潜在需求无法顺利转化为有效需求；二是公平与效率、事业与产业边界模糊导致公办事业性养老机构不公平，民办产业性养老机构无效率；三是公办福利性养老资源被部分高收入人群和特权人群挤占，不仅产生不公平，也加剧了公办机构床位的紧张程度；四是政府对民办养老机构的优惠政策不够完善，很大程度上没有得到很好的落实；五是目前的养老服务市场还不尽完善，在养老服务产业的某些领域仍然存在混乱和无序现象；六是河南省养老服务产业在发展过程中尚未实现规范化和标准化，行业内部标准不统一，行业规范缺失。

三　构建公平、适度普惠、可持续的养老服务体系

（一）构建新型养老服务体系的原则与构想

综上所述，河南省现有的养老服务体系所面临的供需压力与日俱增，越来越不适应人口结构的变动与社会经济的发展，也满足不了老年人的养老服务需求。所以，根据国务院《关于加快发展养老服务产业的若干意见》的精神，笔者认为河南省应该努力建设一个公平、适度普惠、可持续发展的新型养老服务体系。

1. 基本原则

一是服务体系层次化。因为不同层次人群的养老服务需求有很大差别，为了保证适度普惠性，新型养老服务体系应当致力于满足不同人群、不同类型的养老服务需求，体现层次化的特点。

二是服务供给社会化。一方面，养老服务作为准公共物品，应当主要由政府负责提供；另一方面，政府发挥主导作用并不意味着大包大揽，而应该引入多方主体，个人、家庭、社区、社会组织、企业以及政府都应当在养老服务体系中占据一席之地（见图 7）。

三是注重可持续发展。实现养老服务体系可持续发展首先要重视家庭力量，发挥社区居家养老服务的基础性作用。这是因为建设成本较低的居家养老服务设施重视家庭在养老服务中的重要作用，能够减轻政府的财政压力，从而增加整个养老服务体系的可持续性。同时，要严控养老服务体系中的各

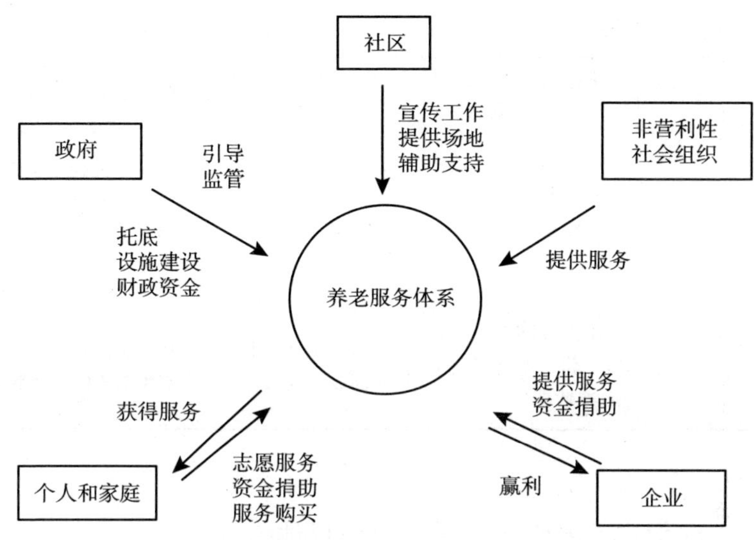

图7　养老服务体系的多元主体和资金来源

种风险，比如，以开发养老产业的名义获取土地使用权后将土地挪作他用和虚造床位骗取国家补贴等制度漏洞风险，以及老人意外受伤或死亡等机构责任风险。

2. 结构构想

为保证养老服务体系的多层次化、供给社会化以及可持续发展，新型的养老服务体系应包含四个层次的服务模式（见表5）。

表5　河南省新型养老服务体系结构构想

服务模式	性质	举办主体/方式/主要资金来源	面向对象	服务水平/主要服务内容
公办福利性养老服务	托底型	政府/以公办机构养老服务为主/财政、慈善捐助	“五保老人”“三无老人”、困难失能半失能老人	在保障老年人尊严的前提下提供满足老人基本生存需要和安全需要的服务/生活照顾、长期护理、医疗服务等
社区“类家庭”式居家养老服务网络	基础型	政府/政府购买服务/财政、收费	面向所有老人（适合居家养老的健康或半自理老人、空巢老人、“失独”老人）	提供满足健康或半自理老人基本生活需求的服务/日间照料、生活照顾、家政服务、紧急救助、社区医疗、健身娱乐、居家护理等

续表

服务模式	性质	举办主体/方式/主要资金来源	面向对象	服务水平/主要服务内容
民间非营利机构养老服务	支撑型	多元化主体/民办或公办民营养老院、护理院等/财政补贴、民间资本、收费	面向所有老人(主要针对中低收入失能、半失能老人)	提供满足失能半失能老人基本生存和安全需求的服务/生活照顾、长期护理、医疗服务等
营利性养老服务产业	发展型	企业、营利性机构/营利性养老服务/民间资本、收费	面向所有老人(主要针对高收入老人)	提供满足高收入老人享受型、发展型需求的养老服务

(二)河南省养老服务体系建设的具体措施

1. 依托社区，推进“类家庭”式社区居家养老服务体系建设

“类家庭式”社区居家养老服务是一种强调以家庭为中心，以社区为依托，通过引入专业化的养老机构服务，将社区照护、机构照护和家庭照护有机结合，将政府力量和社会力量有效融入的社区居家养老服务模式。[①] 在新型的养老服务体系中，此类社区居家养老服务应处于基础性地位。

(1) 政府购买服务的供给模式

社区居家服务网络适宜采用政府购买服务的方式，即政府向社会组织购买养老服务，由社会组织在社区的支持下建立社区养老服务中心或日间照料中心等专业性社区养老服务机构，而后向社区居民提供服务并收取低廉费用。此外，政府还可以为公办机构养老服务覆盖不到的低收入人群购买居家养老服务。资金来源方面，应以政府财政资金为主、向社区居民收费为辅，并以福利彩票收入、社会捐助为补充（见图8）。在建立护理保险制度后，也可以将社区养老服务中针对失能、半失能老人的长期护理费用纳入护理保险列支范围。

① 张明锁、杜远征：《失能老人“类家庭”照护模式构想》，《东岳论丛》2014年第8期。

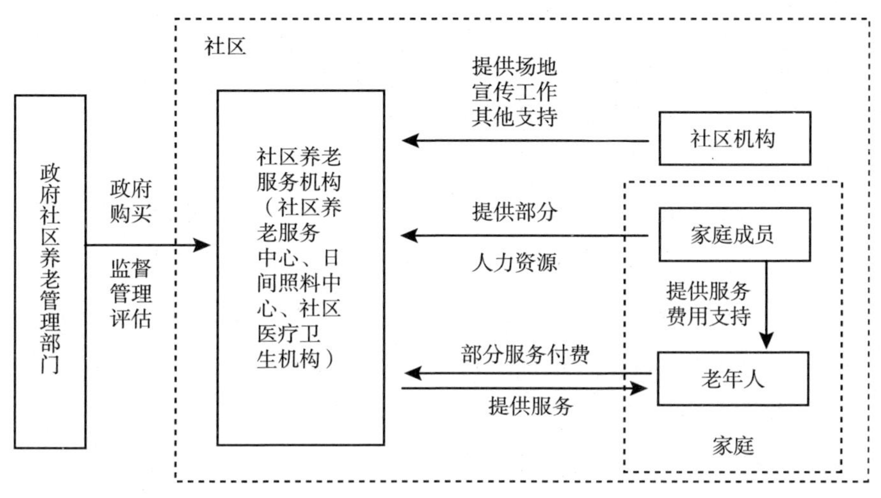

图8　社区居家养老服务供给机制

（2）服务内容多样化与服务方式“类家庭化”

社区居家养老服务体系建设应突破以往局限于社区健身娱乐、社区文体活动的范围，服务内容应覆盖老人日常生活的各个方面。主要包括日间照料、居家照顾、紧急救助、社会工作服务等。而服务方式的“类家庭化”则体现在：①社区日间照料中心应当小型化；②根据家庭中的子女数量以及子女照顾老人的能力对老人进行分类，子女照顾能力较强的家庭应保证主要由子女进行照顾；③家庭化的社区日间照料场所中倡导老年人之间的互帮互助，建立“伙伴家庭”；④吸纳老人家庭中赋闲人员为老人提供服务。

2. 明确公立养老服务定位，加快公办养老服务机构改革

在新型的养老服务体系中，应首先明确公立养老服务的定位——为整个养老服务系统进行托底的剩余型福利制度。因此，以财政资金为支撑的公办福利性养老服务机构，应该用于“五保老人”“三无老人”以及低收入人群，特别是其中的失能、半失能老人等特殊群体。因此，公办养老服务要对老人经济收入情况和护理等级加以甄别，以确保“五保老人”“三无老人”和家庭收入低于某一标准的失能、半失能老人的养老意愿得到满足。甄别工作应由养老机构上级主管部门或委托第三方进行。此外，在公办养老机构建

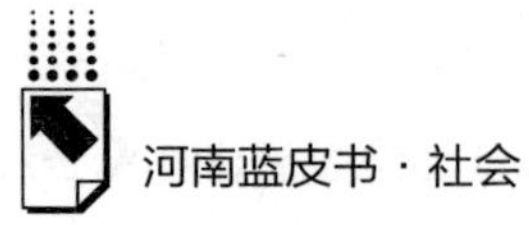

设中，应保证针对失能、半失能老人的床位不能低于一定数量，同时，应取消享受型服务项目，以满足老人基本生活需求为准。

3. 加强对民营养老机构的政策扶持

（1）降低准入门槛

加强对民营养老机构的政策扶持首先需要降低人为设置的准入门槛，从而保证所有社会主体均能获取进入该领域的公平机会。应取消社会办养老服务机构的床位数量限制，允许个人兴办小型家庭式养老服务机构，规定养老服务机构仅须在民政或工商部门登记备案即可。

（2）改革补贴机制

应改革补贴机制，实现从补贴床位到补贴人头的转变。政府可以按照老人的收入、护理等级进行分类，低收入失能老人多补甚至全包费用，较高收入老人则少补甚至不补。这样的补贴模式也容易与政府为低收入人群购买服务的制度对接，提高整个补贴机制的效率。此外，各类针对养老服务行业的补贴应形成制度化调节机制，实现制度化增长以保证养老服务机构的可持续发展。

（3）健全市场机制，加强市场监管

政府应着力引导各类养老服务机构之间的良性市场竞争，在健全市场机制的同时加强市场监管。具体措施包括：①集中对社会办养老服务机构的管理力量，取消多头管理，设立统一的登记、管理、监督部门；②出台规定明确政府、机构、老人及家庭之间的相互权责关系；③严格规范养老土地使用，严禁养老事业用地转为其他用途，对将养老事业用地挪作他用或变相挪作他用的行为加大处罚力度。

（4）推广机构老年人意外伤害险

政府可以通过推广老年人意外伤害险和养老机构责任保险将养老机构从无限责任中解脱出来。该保险可由商业保险公司提供，由政府出资为养老服务机构购买。当投保老年人在机构内发生意外伤害或意外死亡时，无论是否为机构的过错，老年人或其家属均可以获得保险公司的相应赔付。

(5) 建立养老服务机构行业协会，接管政府部分职能

建立养老服务机构行业协会是促进行业良性发展的有效手段。养老服务机构协会能够接替政府的部分职能，如制定行业服务标准和规范、维护行业合法权益、监督机构行为、了解行业信息供政府决策等。

4. 健全针对高龄、失能老人的长期照料体系

(1) 推广“医养结合”模式

推广“医养结合”模式有助于同时发挥医疗服务和养老服务的优势。在推广该模式的过程中，政府应做到以下几点：①引导公立医院、鼓励私立医院利用其医疗资源优势举办养老护理院等养老服务机构；②简化养老机构设立医疗门诊和住院床位的准入手续；③出台对医养结合养老护理机构的差别化医疗报销结算办法；④加大对临终关怀型养老护理机构的扶持力度。

(2) 调整高龄津贴，研究建立强制性长期护理保险制度

由于长期护理费用很高，而现有的医疗保险不能用于长期护理费用的报销，给需要长期护理的老人带来巨大压力。因此，应该研究建立长期护理保险制度以更好地解决养老服务。而在长期护理保险制度没有建立的情况下，应适当提高高龄津贴，并拓展津贴的适用范围。

(3) 完善护理分级制度

护理保险制度的建立、各项针对养老机构的补贴政策以及公办福利性养老机构入住审查制度等都需要有完善的护理分级制度的支持。建立全省统一的、科学的护理分级制度，具有以下几个优点：①量化老年人的自理能力水平，可以很方便地判断老人是否符合公办福利性养老机构收入困难失能老人的标准，也可以使护理保险制度依照护理水平更加公平地支付费用；②使财政补贴向失能、半失能老人倾斜成为可能，提高了财政资金的使用效率；③能够更加科学地进行养老机构服务质量的评价，完善针对养老服务机构的监督、评估与退出机制。

5. 加强养老服务行业人才培养

在养老服务职业声望不高、社会认可度低、工作强度大的情况下，要想培养人才，并遏制人员过快流动，最根本的就是提高从业人员的待遇。首

先，政府可通过工资补贴的方式，促使养老服务机构提高专业护理人员的工资待遇，保证专业护工的工资水平达到当地中等水平；其次，可以运用给予公办养老机构护理人员事业编制的方式，增加其稳定性；最后，应严格落实从业人员社会保险待遇，保证民办养老机构都能为员工购买五险一金。

6. 加快推进先进科学技术在养老服务中的应用

在加快先进科学技术在养老服务中应用方面：首先，继续推进"12349"信息服务平台建设，促进各地"12349"平台互联，使其成为河南省各类养老服务信息发布与共享、养老服务呼叫的综合性信息平台；其次，利用现代通信技术完善社区居家服务信息网络，为居家养老的空巢老人、独居老人配发身体机能监测设备、紧急呼救设备，并依托社区建立紧急救助团队，在老人呼救时予以快速帮助；最后，采取政府采购、财政支持、所得税减免、人才支持等方式鼓励养老服务相关先进技术的研发和使用。

参考文献

台恩普、陶立群：《促进老龄产业发展的机制和政策》，科学出版社，2009。

董红亚：《中国社会养老服务体系建设研究》，中国社会科学出版社，2011。

施祖美：《老龄事业与创新社会管理》，社会科学文献出版社，2013。

李兵、张恺悌：《中外老龄政策与实践》，中国社会出版社，2010。

张明锁、杜远征：《失能老人"类家庭"照护模式构想》，《东岳论丛》2014 年第 8 期。

班晓娜、葛稣：《国外发展养老服务产业的做法及其启示》，《大连海事大学学报》2013 年第 12 期。

王素英、张作森、孙文灿：《医养结合的模式与路径——关于推进医疗卫生与养老服务相结合的调研报告》，《社会福利》2013 年第 12 期。

B.17

河南省收入分配制度改革问题研究*

河南省发展和改革委员会课题组**

摘　要：收入分配制度是稳定经济社会秩序的基石，鼓励财富创造的分配制度是经济社会可持续发展的根本。改革开放三十多年来，收入分配制度的变革与生产方式、经济发展模式和社会需求同步推进，其促进社会财富极大增长的同时，城乡居民物质生活和精神生活发生了翻天覆地的变化。站在经济社会转型发展的十字路口，收入分配制度改革再次凝聚了各界共识，以充分释放的市场活力和创造力，共同推动经济社会向更高层次平稳运行。

关键词：河南　收入分配改革　财富创造

一　河南省收入分配基本情况

改革开放以来，在以经济体制改革为核心的收入分配制度改革中，市场效率不断提高，生产要素参与社会财富创造的积极性充分发挥，经济快速增长，人民生活水平显著提高。河南作为中部重要省份，在收入分配制度不断调整中，农业生产率大幅提高，第二、第三产业迅速发展，就业结构和社会结构优化重组，政府服务功能定位更明确，基础设施、公共服务等公共资源

* 本研究内容为2014年河南省政府决策研究招标课题，课题编号为27－5。

** 课题负责人：王红，河南省发展和改革委员会副主任；课题组成员：陈静、任晓莉、陈波、李怀玉、梁斌、白小营。

供给和分配更科学合理，城乡居民生活水平和再发展能力均有翻天覆地的变化。收入分配制度的不断发展和完善，在稳定巩固经济社会发展成果的同时，为经济社会健康可持续发展夯实了基础。

（一）收入分配制度变革促进了经济社会的快速发展

1. 收入分配制度改革历程

党的十一届三中全会提出“克服平均主义”之后，党的十二大报告肯定了其他经济成分存在的必要性和对社会的贡献，允许市场在计划经济兼顾不到的地方做必要的补充。党的十三大报告根据经济成分确定了按劳分配为主体、其他分配方式为补充的分配原则，允许非劳动的合法收入存在。党的十五大从理论上确立了要素参与分配的合法性，明确生产要素可以参与分配。效率优先原则在分配领域得到充分贯彻。随着收入差距、收入公平等问题日益突出，其后的收入分配改革在强调效率的同时更注重公平，加强政府对分配的宏观调控。党的十八届三中全会全面改革意见的出台，标志着深层次的分配制度改革拉开帷幕，政府和市场在生产和分配上的权责有了更科学更明确的定位。制度上的完善和成熟为经济社会充满活力的发展创造了良好的环境，以农村土地经营方式改革为突破口，在企事业单位工资制度改革中，政企分开、所有权和经营权分离，工资收入和有效劳动付出成正比等一系列具体措施，充分调动了劳动、技术、资本、土地等市场生产要素的积极性，形成了统一、竞争、高效的市场环境，社会财富增长速度大幅提高。

2. 收入分配制度改革促进经济社会快速发展

从全员劳动生产率来看，1983～2013年，过去三十年增长了48.8倍，年均增长13.9%。其中，第一产业全员劳动率增长27倍，年均增长11.7%；第二产业增长24.4倍，年均增长11.4%；第三产业增长26.9倍，年均增长11.7%。在全员劳动生产率提高的支撑下，GDP在过去三十年内保持了11.44%的年均增长速度，其中第一产业年均实际增长5.71%，第二产业年均实际增长13.88%，第三产业年均实际增长12.45%；特别是近十年，生产总值和三大产业的增长速度较为平稳，第二、第三产业基本保持了两位数的增速（见图 1）。产业结构的调整加快了工业化、城镇化步伐，第一产业从业人员占所有从业人员的比例持续下降，到 2013 年时下降到 40.1%，第二产业和第三产业从业人员的比例稳步增长，就业结构的积极变化反映了政府宏观调控和市场即时调节的日益成熟，改革开放之后的河南正快速向农业现代化、工业化、信息化相互协调的方向发展。

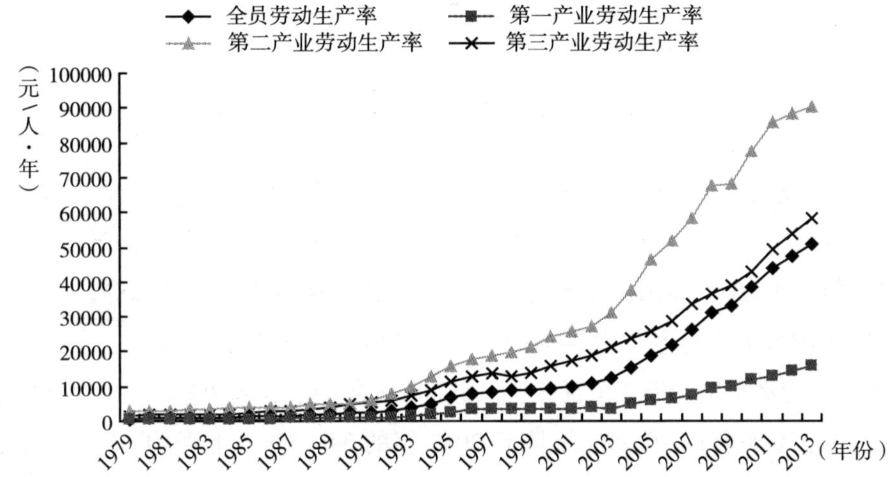

图 1　1979～2013 年全员劳动生产率和三次产业生产率的变化情况

资料来源：根据 2005～2014 年《河南统计年鉴》整理绘制。

3. 城乡居民生活水平持续提高

从城乡居民的消费支出来看，三十年来，城镇居民消费支出增长了 35.6 倍，2013 年消费支出达 14821.98 元，恩格尔系数下降了 24.1 个百分点，2013 年达 33.2%；农村居民生活消费支出增长了 27.7 倍，2013 年达 5627.73 元，恩格尔系数下降了 23.5 个百分点，2013 年达 34.4%。从消费结构分析，整体来看，河南城乡消费支出结构从衣、食为主，逐步转向衣、食、住、用、行基本均衡发展。城镇居民消费结构中，食品消费占消费总支出的比例持续下降，而衣着支出、家庭设备及用品支出和居住支出依次经过了支出比例上升再下降的过程，而医疗保健支出和教育支出在经历了缓慢的增长后目前也显示出下降趋势，交通通信支出占总支出的比例从改革开放以来持续上升，目前仍处于上升态势。城镇消费支出的变化反映出，在现有生活条件下城镇居民衣、食、住、医疗保健和教育支出均达到或接近饱和，交通通信支出的持续上涨说明生活生产方式仍处于变化中。农村居民消费结构的变化和城镇居民消费结构类似，节奏上落后于城镇。综合城乡恩格尔系数和城乡居民消费结构的变化可以看出，在改革开放的三十多年里，河南省城乡居民生活已摆脱了贫困、解决了温饱，逐步向更为富裕阶段前行，从基本需求型生活逐步走进发展享受型生活。

（二）初次分配中居民收入所占比重上升

根据收入法生产总值构成项目的测算，初次分配向居民收入倾斜趋势明显。居民收入在国民经济初次分配收入中的比重自 2008 年起止降转升以来，年均增长 19.2%，在国民收入初次分配中的比重保持逐年上升态势，由 2007 年的 41.08% 上升至 2012 年的 50.12%；政府收入年均增长 18.0%，在初次分配中所占份额也增长近 3 个百分点；企业收入年均增长 8.2%，在初次分配中的比重由 2008 年的 40.21% 下降到 2012 年的 34.23%，下降约 10 个百分点（见表 1）。

表 1　根据收入法生产总值构成项目测算的居民、政府、企业在初次分配中所占份额

单位：%

年份	居民所得	政府所得	企业所得
1978	56.10	14.75	29.16
1980	58.55	12.47	28.98
1985	58.90	13.48	27.61
1990	61.65	11.45	26.89
1991	59.97	13.48	26.55
1992	56.81	14.55	28.64
1993	53.72	13.33	32.95
1994	61.06	11.36	27.58
1995	61.00	11.54	27.47
1996	58.78	11.84	29.38

续表

年份	居民所得	政府所得	企业所得
1997	56.04	11.82	32.14
1998	52.77	9.88	37.35
1999	51.33	11.27	37.40
2000	49.46	11.53	39.01
2001	48.87	11.36	39.77
2002	46.86	11.76	41.38
2003	43.63	12.17	44.20
2004	44.78	12.12	43.10
2005	44.31	12.00	43.69
2006	41.25	12.12	46.63
2007	41.08	13.50	45.42
2008	46.97	12.82	40.21
2009	49.11	16.75	34.14
2010	49.81	13.30	36.89
2011	49.90	12.47	37.63
2012	50.12	15.65	34.23

资料来源：根据2005~2014年《河南统计年鉴》整理绘制。

（三）再分配对收入分配的调节力度加大

根据经济社会发展情况适时建立各类社会保障制度，再分配调节力度不断加大。《中华人民共和国社会保险法》实施以来，基本养老保险、基本医疗保险等社会保险制度不断规范并逐渐完善，保障公民在年老、疾病等情况下依法获得物质帮助的权利。到2014年末，全省参加基本养老保险、医疗保险、失业保险、工伤保险的参保人数预计达6243万人、10577万人、741.3万人、773.1万人，参保规模不断扩大。社会救助制度不断完善，基本覆盖了城乡收入长期困难、生活无保障人群，城乡低保月人均补助水平逐年提高，临时救助资金和救扶规模满足临时救助人员实际困难的程度进一步提高，《社会救助暂行办法》的出台，从顶层设计上改善了社会救助的规范化操作和协调性帮扶，针对特殊群体需求的支持政策力度更大。

通过社会保障制度的建立和完善，政府对偏远地区和欠发达地区的基础设施、教育、医疗等公共资源和服务投资力度的加大，低收入群体收入增长有所加快。2003～2013 年，农村居民转移性收入年均增长 19.78%，高于城镇年均 10.99% 的增长速度（见图 2）。在居民内部，根据近七年的抽样调查数据，城镇居民收入最低的 5% 住户转移性收入年均增长 16.97%，比最高收入的 5% 住户年均 11.09% 的增速高出 5.88 个百分点。同样，农村收入最低的 20% 住户的转移性收入年均增速也高于收入最高的 20% 住户。

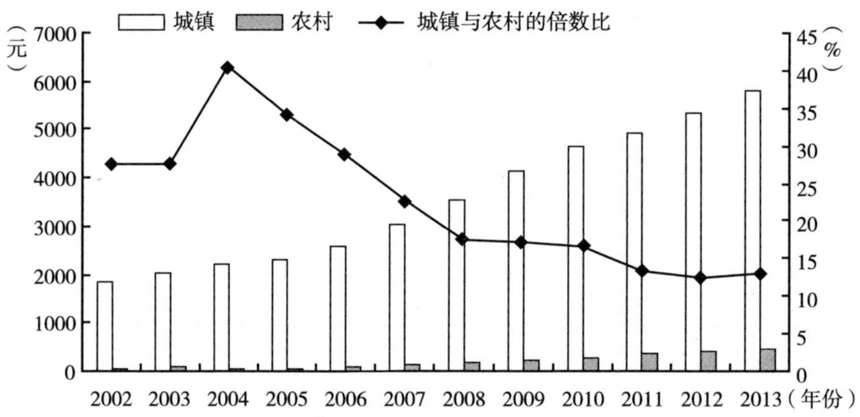

图 2　2002～2013 年河南省城乡居民转移性收入及城乡转移性收入倍数比

资料来源：根据 1996～2000 年《中国统计年鉴》、2005～2014 年《河南统计年鉴》整理绘制。

（四）城乡居民收入保持快速增长态势

1. 城乡居民收入稳定增长

截至 2013 年，改革开放后的三十年城镇居民人均可支配收入年均实际增长 7.6%，农村居民人均纯收入年均实际增长 6.9%；最近十年，城镇居民年均实际增长速度达 8.8%，2013 年达 22398.03 元，农村居民年均实际增长 8.9%，2013 年达 8475.34 元。城镇居民收入的经营性收入增长最快，近十年年均增长 22.3%；农村居民收入中的工资性收入增长最快，年均增长 18.9%，经营性收入和工资性收入成为城乡居民收入稳定增长的重要因素。

2. 城乡居民收入结构多元化趋势突出

受经济结构调整和城镇化影响，城乡居民收入的四大收入来源由原来的一元型结构逐渐向多元型结构演进，农村收入结构多元化趋势更为明显。2003 年，城镇居民收入中，工资性收入占家庭总收入的 65.7%，转移性收入占家庭总收入的 28.2%。2013 年，工资性收入和转移性收入所占比重分别下降了 3.6 个和 3.8 个百分点，经营性收入和财产性收入占家庭总收入的比重则分别上升了 6.4 个和 1 个百分点。农村居民收入中，2003 年份额最大的经营性收入占人均纯收入的 66.6%，到 2013 年时下降为 50.6%，而工资性收入在 2003 年时只占 28.4%，2013 年上升为 42.3%；此外，转移性收入、财产性收入占农民人均纯收入的比重也分别上升 2 个和 0.07 个百分点。城乡居民收入结构的变化充分说明了河南省分配方式的变化，见证了市场配置生产要素效率的提高，是生产和分配双赢的结果。

3. 城乡、地区之间收入差距有缩小趋势

在农业现代化、工业化、信息化、城乡一体化的协调发展下，河南省城乡、地区收入差距有缩小趋势。城乡收入差距由于农村居民连续多年高于城镇的收入增长速度而趋于缩小，城乡居民收入的比值由 2003 年的 3.10 下降到 2013 年的 2.64。其中，占城乡收入份额较大的工资性收入比值由 2003 年的 7.49 下降到 2013 年的 4.11，成为推动城乡居民收入差距相对缩小的决定性因素。扶贫开发的实施和对欠发达地区的扶持，省内各地市之间收入相对差距有所缩小，收入最高与最低地市比值有所缩小。城镇收入方面，收入最高与收入最低地市之间的比值由 2003 年的 1.67 下降到 2013 年的 1.48；农村收入中，收入最高地市与最低地市比值由 2003 年的 2.33 下降到 2013 年的 2.03。

二　河南省收入分配中存在的主要问题和原因

（一）居民收入在国民收入初次分配中所占比重较低

初次分配收入决定着收入分配的大格局。从 2008 年劳动报酬收入在国

民收入初次分配中占比开始上升以来，到2013年上升了约5个百分点，达51%。与成熟的市场体系国家和地区初次分配中劳动报酬所占额度相比，考虑到河南省的发展阶段和发展需求，初次分配居民收入份额仍有较大的上升空间。

居民收入在国民收入分配中的比重增长缓慢，囿于特定的历史条件。新中国成立初期贫弱的工业基础和外部环境压力，政府需要集中更多资金进行工业、国防建设，保障新生国家的经济安全和国家安全；改革后落后的生产条件促使政府改善生产设施以提高生产率，加快脱贫致富步伐。三十多年后的今天，国内外环境和河南省实际情况发生很大变化，基础设施、公共服务等生产条件与经济发展要求的匹配度日益增高，投资拉动经济增长的后劲正在减弱。整体来看，低收入群体和欠发达地区的居民消费意愿更强，支出占收入比重更高（见表2）。结合河南省经济发展水平和居民收入在全国的排名，河南省居民消费潜力尚有较大的释放空间。提高居民收入在国民收入初次分配中的比重，有利于市场主体的充分发展和社会财富的快速增长，从而带动就业规模扩大和居民生活水平提高；有利于调整投资、出口、消费对经济增长的关系，维护经济健康可持续发展；有利于将经济发展成果惠及更多人民群众，维护社会生产秩序的良性运转。

表2　河南省2011年各地市城镇居民不同收入等级的住户消费支出占可支配收入比重

单位：%

地　　市	全市总平均	最低收入户	更低收入户	低收入户	较低收入户	中间收入户	较高收入户	高收入户	最高收入户	更高收入户
郑州市	67.09	81.19	85.32	74.27	82.37	69.89	69.21	60.31	53.09	49.13
开封市	77.64	90.11	98.59	83.77	89.36	73.03	79.44	78.46	69.64	65.56
洛阳市	68.86	86.80	116.59	80.75	72.59	69.65	65.08	67.90	65.19	50.81
平顶山市	71.90	87.70	78.94	75.72	78.04	71.43	70.20	74.43	67.44	68.14
安阳市	63.49	94.48	88.59	69.50	59.90	67.48	58.09	61.34	62.80	63.23
鹤壁市	63.30	79.23	76.25	71.59	65.59	66.45	67.36	61.71	52.34	48.80
新乡市	68.64	81.31	83.62	65.84	78.57	77.64	70.87	68.32	58.18	56.45

续表

地　　市	全市总平均	最低收入户	更低收入户	低收入户	较低收入户	中间收入户	较高收入户	高收入户	最高收入户	更高收入户
焦 作 市	70.00	137.55	171.90	89.71	75.65	66.78	63.63	69.75	57.73	61.99
濮 阳 市	67.30	96.29	100.10	77.66	75.96	77.76	66.46	53.69	61.35	62.62
许 昌 市	70.79	84.40	84.68	71.47	73.08	68.35	68.14	62.41	76.89	61.70
漯 河 市	71.98	82.42	74.62	73.73	74.51	74.27	69.84	69.23	69.24	72.34
三门峡市	82.53	88.46	85.49	66.28	92.63	83.09	85.40	69.50	83.06	82.36
南 阳 市	75.74	82.71	89.07	75.62	80.42	76.53	75.78	67.04	76.71	71.01
商 丘 市	64.15	106.59	134.17	61.69	70.02	60.66	59.32	66.14	58.97	61.31
信 阳 市	68.45	77.77	87.99	73.91	70.22	67.26	68.42	63.20	65.34	59.80
周 口 市	74.95	86.37	100.55	89.30	75.57	73.75	71.55	80.37	64.54	59.92
驻马店市	74.57	98.79	97.07	84.62	71.26	71.28	72.54	72.31	74.08	70.15
济 源 市	66.22	142.71	185.23	85.93	76.43	72.90	55.12	67.17	52.94	48.12

资料来源：根据《河南统计年鉴（2012）》整理。

（二）居民收入水平整体偏低，与全国平均收入差距较大

一是河南省城乡居民收入水平低。2013 年底，河南省城镇居民人均可支配收入 22398.03 元，为全国平均水平的 83.09%，并自 2009 年以来与全国平均水平的比值持续下降，差距逐渐增大；农村居民人均纯收入 8475.34 元，为全国平均水平的 95.27%，绝对值相差 421 元。

二是河南省低收入人数较多。根据河南省近十年的抽样数据分析，全省约有 60% 的居民收入水平低于全省平均水平，其中 40% 的居民收入低于全省平均水平的 75%，低收入人数多成为居民收入增长的难题。

河南省人口多、农业生产效率不高且占国民生产总值比重大、现代工业基础弱且起步晚等实际情况，是河南省收入水平整体不高且低收入人数较多的主要原因。到 2012 年，河南省仍有约 41.8% 的从业人员从事占全省生产总值 12.7% 的第一产业，第一产业人均生产总值为 1.43 万元，远低于全省全行业的人均生产总值。河南省第二产业增长较快，但是多数产业处于产业链的中低端，附加值低，形成的收入主要是简单劳动所得，市

场可替代性较强，特别是在全球经济一体化格局下，技术、资金跨地界流动引起收入分配在全球范围内进行，产业上的弱势成为收入分配劣势的直接原因。

河南省城乡资源配置不均、机会不均等仍是引起居民内部收入差距的主要原因。虽然城镇化进程使城乡分割的格局逐渐被打破，但分割产生的影响在一定时间内还将存在。此外，改革开放后以效率优先的分配制度促进社会财富增长的同时也扩大了居民内部收入差距，市场经济探索过程中制度不完善、市场监管落后于经济发展造成的财富原始积累机会的不均等也是形成居民内部收入差距的原因，并通过代际遗传和马太效应强化了这种差距。应及时鼓励合理公平的收入差距并通过再分配加强调节以缩小差距，在强化市场监督和完善监管制度中趋于公平合理，逐步化解社会矛盾。

（三）不同群体之间的社会保障实际差距较大

就养老保险来看，有城镇职工养老保险和城乡居民养老保险，其虽然解决了广大农村居民和城镇无工作居民没有养老保险的问题，但是每月 60 元的基础养老金标准偏低，对城镇居民和完全失地农民而言，不足以保障基本生活。医疗保险方面，城镇职工、城镇居民、农村居民三种人群的医保制度各不相同，形成了三种筹资水平、用药目录和待遇标准，城镇职工医保保障水平远高于居民医保和新型农村合作医疗（简称新农合），而居民医保和新农合之间也存在差距。

社会保障是在城乡户籍制度基础上建立的，对城镇、农村的不同发展政策和社会福利政策是形成城乡社会保险制度差异的主要因素。在制度建立和逐渐完善过程中，伴随着地区发展不平衡和居民对社会保险的实际需求程度的不同，各地区在依据国家社会保障精神制定相关标准时结合本地实际情况也实施了差异化标准和可选择性的缴费办法，导致不同地区和不同群体社会保障标准的差异。

三 影响收入分配的主要因素

（一）社会生产力水平

社会生产力水平是影响收入分配的重要因素。生产力水平高的行业和地区可以创造更多的满足社会群体消费需求的物质财富，分配范围内的群体和个人可以分得相对更多的代表物质使用权的财富。在国际贸易和技术合作的推动下，收入分配的地域已扩大到全球。生产力水平高的国家和地区在全球收入分配中通过资本输出和技术转让获得更多全球财富使用权，生产力水平较低的国家和地区则获得较少。生产力水平上的差距主要通过物质资料生产部门来体现，如在加工业、制造业为主的地区，多具备劳动力成本低的优势，资本、核心技术拥有方在分配中具有定价权，产业劳动者获得简单劳动报酬。在中国，分配上的优势主要通过产业布局来体现，如经济发达地区高技术产业、金融产业等密集，凭借资金、技术优势在全国分配大局上更有发言权，获得社会财富的“大头”，经济欠发达地区则往往以加工制造业为主，以简单劳动获得“小头”。

（二）政府对收入分配的干预和调节

一是政府对分配制度的制定。政府对收入分配制度的制定主要反映在初次分配上。改革开放前，分配强调公平，政府通过各种规定缩小居民收入差距，但也限制了创造财富的积极性，全社会整体不富裕；改革开放后，确立了效率优先的分配原则，市场经济活跃，对各生产要素调配的效率提高，社会财富和个人财富都快速增长，政府通过税收、转移支付等再分配缩小初次分配收入差距，以稳定经济社会的良性发展。长期来看，政府对技术或能转化为技术的智力劳动的鼓励和支持，更有利于贯彻社会主义按劳分配的原则，也更有利于生产率的提高和社会财富的快速增长，在更大范围内的分配更有优势。

二是政府对公共资源的配置。政府在不同地区公共资源配置上的差异，影响各地的生产环境和投资环境，带来居民享受公共服务的差异。公共资源配置较为充裕的地区，居民享受的教育、医疗等服务更好，人口整体素质更高，有更多机会进入高收入行列。此外，政府对再分配调节力度的大小，对分配秩序的监督和清查，均影响收入差距的调节和财富创造的积极性。

（三）人才结构和人口素质

人才是经济社会发展的关键，人才结构决定了社会发展程度和产业结构，最终通过产业结构影响收入分配格局。良好的人才结构应该具有前瞻性和流动性，满足当下经济运行所需，同时保障未来几年和若干年经济社会发展所需人才的供给。具备良好人才结构的地区和国家生产率提高得更快，社会就业更充分，人均收入水平更高。人口素质是人才结构的底座，人口整体素质高的国家和地区人才结构起点也高，自我培养能力和发展能力更强，具有更多机会改善社会阶层和经济地位。

（四）经济全球化

国际贸易、省际贸易规模越大，区域合作越广泛，经济全球化的程度就越深，在全球范围内分配的财富份额就越大，处在产业链低端的地区和国家在分配格局中分配额度较小。河南省作为内陆省份，应考虑到全球化影响后摸准本省实际情况，找准市场定位，统筹规划和安排，扩大河南省在全国收入分配大局中的分配额度，稳步推进经济社会协调发展。

四　河南省收入分配格局展望

（一）从全国来看，收入分配改革的主要目标和要求已经确定

2013 年 2 月，《国务院批转发展改革委等部门关于深化收入分配制度改革若干意见的通知》（国发〔2013〕6 号）公布，给出了深化收入分配

制度改革的总体框架，明确了深化收入分配制度改革的总体要求和“城乡居民收入实现倍增、收入分配差距逐步缩小、收入分配秩序明显改善、收入分配格局趋于合理”四大主要目标，从继续完善初次分配机制、加快健全再分配调节机制、建立健全促进农民收入较快增长的长效机制、推动形成公开透明公正合理的收入分配秩序四个层面深化收入分配改革。随后的《国务院办公厅关于深化收入分配制度改革重点工作分工的通知》（国办函〔2013〕36 号），明确了各项改革内容的相关责任单位和任务分工。2014 年 5 月，由发改委牵头成立的深化收入分配制度改革部际联席会议制度成立，在加强收入分配改革相关单位和部门之间的协调和联系、具体目标的制定和实施等方面有更具体的规划，深化收入分配制度改革进入了具体操作层面。

（二）从河南省来看，收入分配改革正在有序推进

国家出台深化收入分配制度改革相关方案之后，在省委省政府的部署下，河南省针对收入分配领域存在的突出问题和矛盾加强调查研究，根据国家深化收入分配制度改革精神和总体部署，研究出台了河南省深化收入分配制度改革重点工作的分工方案，明确各项改革具体内容的牵头单位和责任单位，确定工作要求和工作职责，从减少和下放行政审批事项着手，在加快政府职能转变和机构改革、创新城乡发展一体化体制机制、推动国有企业改革、优化生产要素配置等方面多层次推动收入分配相关领域改革全面进行，逐步扫除收入分配制度改革的障碍和阻力，增强收入分配制度改革的动力。在未来一段时间内，收入分配制度改革在明确政府和市场关系、健全要素分配、完善城乡一体化体制机制等方面有更深入的探索和进展，河南省收入分配格局的调整已有序展开。

（三）从改革层面来看，收入分配改革还有需要克服的困难

改革是自我更新和完善，是在一定程度上的破旧出新。任何改革都不是一帆风顺的，河南省在收入分配方面的改革也存在难题。一是社会多数群众

对改革的认识程度差异较大。收入差距随市场经济的成熟逐渐成为社会关注的焦点，充斥消费市场和各类媒介的超高消费行为刺激着消费需求的急速膨胀，引起社会矛盾的产生和社会焦虑的膨胀。在这种矛盾和焦虑中，社会多数阶层对收入分配改革翘首以待，但是期望改革的多数人对政策缺乏最基本的了解和关注，对改革的系统性、长期性和艰巨性估计不足，盲目地期待收入分配改革能毕其功于一役，缺乏长期心理准备。二是政府各部门间协调难度大。收入分配改革牵涉部门较多，尤其是综合性改革涉及部门多，意见协调难度大，形成政策文件耗时较长，直接影响了改革推进的效率和进度。强化舆论对改革政策的宣传和解读、引导社会大众对改革的客观理解和长期支持、巩固社会各界对改革的信心从而保持高度凝聚力是一项长期而重要的任务。

五　政策和建议

（一）推动公共资源配置的公平合理

推进公共资源配置的市场化改革，促进公共资源配置领域的成分竞争，提高资源配置效率和资源供给总量。首先，明确政府和市场在公共资源管理使用上的权责，在资源供给的监管上，强化公平公正、机会均等的竞争原则，清除竞争领域制度性、政策性的歧视或垄断，鼓励各类市场主体参与公共资源的合理开发与供给，充分发挥市场对资源配置的决定性作用。其次，加强公共资源收益的监管。公共资源的收益所有权属于全体居民，政府作为公共资源收益的代理方，在考虑公众的共性需求时，进一步加大对弱势群体、贫穷地区和偏远地区公共服务的投资力度和扶持力度，尤其是教育、医疗资源等对人口素质和长远发展有深远影响的公共服务。

（二）加大技术要素参与分配的支持力度

在科学技术是第一生产力的时代，技术和可以转化技术的智力劳动代表了生产力发展的高度，也反映了社会物质财富的生产能力。鼓励支持技术和可以转化为技术的智力劳动在分配中的优势地位，是坚持按劳分配的分配原则的核心要求，这里的“劳”主要是指具有时代特点的智力劳动，政府在市场管理、行业标准的制定和产业政策等相关政策法规方面优先保障技术分配权利，以分配结果鼓励社会个体参与技术创新的积极性和热情，以技术进步提高社会生产率和生产力。如以技术为核心的产业在行业标准制定时降低资金、土地方面的限制。反映在产业门类上，优先发展具有核心技术所有权的工业，为其他物质资料生产部门提供必备工具。

（三）强化再分配对缩小收入差距的调节作用

加大个人所得税对居民收入差距的调节力度，摸清税源底数，强化高收入群体个人所得税征管，尤其加强利息、股息、红利等非劳动所得收入的核定和监管，同时加强个人自行纳税申报工作的领导和安排，完善个人所得税征缴制度，堵塞征管漏洞，确保应收尽收。加大对欠发达地区教育、医疗、基础设施建设的转移支付，改善当地生产生活条件，促进人口素质提高和产业结构调整，加快当地市场与发达地区市场的磨合与衔接，扩大市场规模，逐步改变欠发达地区的经济社会环境。此外，完善社会保障制度，逐渐缩小不同群体社会保障待遇上的差距，切实发挥社会保障对弱势群体基本生活需求的积极作用。扩大社会救助的范围，鼓励社会慈善组织和慈善事业参与社会救助和社会公益。

（四）加快城乡居民收入增长速度

适时发布企业和行业工资指导线、劳动力市场工资指导价位和行业人工成本信息，指导企业合理确定各岗位薪酬水平，重点提高低收入职工特别是一线职工工资水平；加强企业人工成本管理，引导企业职工工资合理增长。积极推进工资集体协商工作，做好工资集体协商备案工作，提高协商结果的履约率，保障企业通过工资集体协商实现职工工资水平的正常增长。全面落实各项支农惠农政策，稳定农产品价格，强化科技对农业增收的带动作用，大力发展农业产业化经营，培养新型经营主体，推动农业经营方式创新，不断提高农业劳动生产率和农民经营性收入。因地制宜，培育发展特色高效农业和乡村旅游，拓宽农民增收渠道。以城镇化为引领，以产业需求为导向，加强农村劳动力转移就业技能培训，积极提高劳动者就业技能，提升就业质量，不断提高农民工资性收入。创新农村土地流转形式，探索开展农村土地承包经营权抵押贷款试点，以多种手段和多种形式提高农村居民从土地流转中获得的收益。加大以工代赈力度，加大扶贫开发投入，努力实现贫困地区农民人均收入增长幅度高于全省平均水平。

（五）加大收入监管和收入分配秩序的综合治理

收入分配是市场按贡献分配和政府宏观调控的结果，分配成果的社会认可度越高，对社会秩序的稳定和经济的良性发展越有利，对社会生产率的提高越有激励性。为保障分配结果如实反映分配原则，必须保障分配秩序的正常运行，规范和纠正违反分配原则的行为，加大收入分配秩序的监管。首先，加强对不同群体实际收入和拥有财富的监管，建立个人收入信息系统和大额财富监管系统，保障个人财富信息的真实准确。其次，加强税收的征缴和监管，加大对偷税漏税相关违法行为的处罚力度，保障应缴尽缴，促进公平公正竞争环境。最后，完善市场管理制度和管理系统，尽早发现原发性市场违法行为和制度缺陷，强化市场监督和监察，明确政府的市场管理职能和权责，给市场充分的发展条件，保障市场竞争的机会均等。

（六）促进中小企业发展

中小企业一直是河南省吸纳就业的主力军，也是市场最活跃的主体。现有促进中小企业发展的政策较为分散和零碎，而且有效时间较短，考虑到企业对政策的反应时间，准确理解政策和成功运用政策的时间很短。建议整理河南省以往出台的行业优惠政策和中小微型企业优惠政策，出台《中小企业发展条例》，把可以长期实施的政策以法律形式固定下来，明确各优惠政策的执行主体和责任，尤其要明确中小企业资金扶持方面的责任单位和执行单位，降低中小企业在市场竞争中的弱势地位，提高技术、创新的市场竞争地位，保障市场主体的充分竞争和产业、行业的新陈代谢。

（七）建立全省信息数据平台

为客观全面了解全省经济社会发展情况，摸清收入分配关联因素对分配格局的影响，建议建立全省信息数据平台。拟建立的信息数据平台包括三大部分：一是全省各相关部门的即时统计数据，包括省直单位、驻豫省管单位的省级统计数据等统计资料，省辖市的即时统计数据和省直管县的主要统计数据和统计资料；二是以往年份的年度统计数据；三是省直单位及省辖市出台的重要规章制度、政策文件和条令。通过信息数据平台加强部门、地市之间横向、纵向的相互沟通学习，对全省基本情况有更准确的分析判断，强化政策的宏观指向性。

参考文献

向书坚：《中国收入分配格局研究》，中国财政经济出版社，2000。

李勇：《我国居民收入分配的理论与实践》，郑州大学出版社，2007。

陈飞翔：《开放利益论：中国对外开放的经济利益分析》，复旦大学出版社，1999。

周绍朋：《中国转轨时期的政府经济职能》，国家行政学院出版社，2005。

赵兴罗：《扩大内需背景下的国民收入分配格局调整》，《中南财经政法大学学报》2010 年第 2 期。

河南省统计局、国家统计局河南调查总队编：《河南统计年鉴》（2007 ~ 2014 年），河南统计网，http：//www. ha. stats. gov. cn/hntj/tjfw/tjcbw/tjnj/A06201401index_ 1. htm。

B.18

新常态下河南城乡居民收入分配问题研究

任晓莉*

摘　要：近年来，河南省城乡居民收入实现稳定增长，城乡居民收入结构由一元型向多元化转化，居民参与国民收入分配的比例继续保持稳定，全省城乡居民收入差距呈缩小趋势。城乡居民在一定程度上享受到改革所带来的成果。然而由于分配差距问题根深蒂固，全省城乡居民收入差距扩大问题仍没有得到根本性的扭转，城乡居民收入分配差距悬殊和分配不公仍然是一系列社会矛盾的焦点。在新常态下，为形成合理有序的收入分配格局，必须加快各项制度改革，让城乡居民生活水平和收入水平实现快速提高，收入分配差距问题得到较好的解决，实现发展成果更多、更公平地惠及全省居民。

关键词：河南　新常态　城乡居民　收入分配　收入差距

近年来，随着经济增速的放缓，我国社会进入从高速增长转为中高速增长、经济结构不断优化升级、城乡区域差距逐步缩小、居民收入占比上升的“新常态”时期。新常态下，不仅我国产业的国际竞争力将大幅提升，而且

* 任晓莉，河南省社会科学院研究员。

随着居民收入在国民收入初次分配中所占比重的提高，城乡居民之间的收入差距将不断缩小，经济发展的成果将更多地为百姓所分享。河南作为我国中部快速发展的重要省份，在整个社会越来越关注民生的背景下，城乡居民生活水平和收入水平有望快速提高，收入分配领域的突出问题和矛盾也有望得到缓解。实现社会公平分配，使河南城乡居民共享改革发展的成果成为河南新常态下的重要发展目标。

一　河南城乡居民收入分配的状况分析

21 世纪以来，随着全省国民经济的快速增长，收入分配制度的不断变革，河南全省城乡居民收入也得到了较快提高，城乡居民收入分配呈现以下四方面的态势。

（一）全省城乡居民收入实现稳定增长

2000 年，河南城镇居民家庭人均可支配收入仅为 4766. 26 元，农村居民家庭人均纯收入仅为 1985. 82 元；2013 年，城镇居民可支配收入增加到 22398. 03 元，农村居民人均纯收入达 8475. 34 元，分别增长了 3. 70 倍、3. 27 倍。收入的快速增长不断改善着河南城乡居民的生活水平，人民在一定程度上享受了改革开放带来的成果。截至 2013 年，河南城镇居民人均可支配收入年均实际增长 7. 6%，农村居民人均纯收入年均实际增长 6. 9%。特别是进入 21 世纪以来，河南城乡居民收入增速加快，城镇居民年均实际增长 8. 8%，农村居民年均实际增长 8. 9%。在工资性收入、经营性收入、财产性收入和转移性收入四大收入来源中，城镇居民收入中的经营性收入增长最快，近十年年均增长 22. 3%，农村居民收入中的工资性收入增长最快，年均增长 18. 9%。2014 年前 9 个月，河南农村居民人均现金收入为 7599. 66 元，比上年同期增加 802. 11 元，增长 11. 8%，其中工资性收入为 3254. 9 元，比上年增加 404. 77 元，增长 14. 2%。工资性收入、经营性收入成为城乡居民收入稳定增长的重要因素。

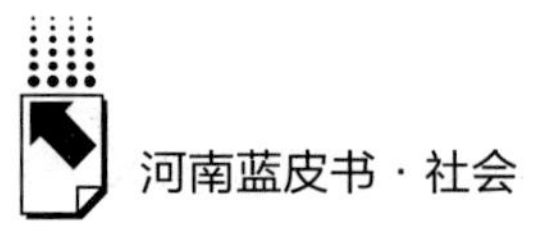

（二）城乡居民收入结构由一元型向多元化转化

随着市场经济的不断发展，特别是受经济结构调整和城镇化进程的影响，河南居民收入来源不断丰富，河南城乡居民收入的四大收入来源由原来的一元型结构逐渐向多元型结构演进，收入结构发生了明显的变化，特别是农村收入结构多元化趋势更为明显。2003 年，城镇居民收入中，工资性收入占家庭总收入的 65.7%，转移性收入占家庭总收入的 28.2%；到 2013 年，工资性收入和转移性收入所占比重分别下降了 3.6 个和 3.8 个百分点，经营性收入和财产性收入占家庭总收入的比重则分别上升了 6.4 个和 1 个百分点。近年来，工资性收入在城镇居民收入所占的比重基本维持在 62% 左右，而经营性收入、转移性收入和财产性收入逐渐成为城镇居民收入的重要来源（见表 1）。在农村居民收入中，2003 年份额最大的经营性收入占人均纯收入的 66.6%，到 2013 年时下降为 59.9%，下降 6.7 个百分点，而工资性收入在 2003 年只占 28.4%，2013 年上升为 31.6%，上升 3.2 个百分点；此外，转移性收入、财产性收入占农民人均纯收入的比重也分别上升 2 个和 0.07 个百分点。特别是近四年来，工资性收入在农村居民收入所占的比重逐年上升，经营性收入、财产性收入和转移性收入逐渐成为农村居民收入的重要来源（见表 2）。河南城乡居民收入结构的变化充分说明了河南省分配方式的变化，说明工业化进程和新型城镇化的加速，见证了市场配置生产要素效率的提高是生产和分配双赢的结果。

表 1　2010～2013 年河南城镇居民人均收入情况

单位：元，%

年份	人均全年收入	占比	工资性收入	占比	经营性收入	占比	财产性收入	占比	转移性收入	占比
2010	17142	100	10805	63.03	1478	8.62	222	1.30	4637	27.05
2011	19527	100	12039	61.65	2264	11.59	286	1.46	4937	25.28
2012	21897	100	13666	62.41	2545	11.62	334	1.53	5352	24.44
2013	23687	100	14704	62.08	2707	11.43	492	2.08	5784	24.42

资料来源：据各年度《河南统计年鉴》相关数据计算整理而来。

表 2　2010～2013 年河南农村居民人均收入情况

单位：元，%

年份	人均全年收入	占比	工资性收入	占比	经营性收入	占比	财产性收入	占比	转移性收入	占比
2010	7293	100	1944	26.66	4969	68.13	59	0.81	322	4.42
2011	8725	100	2524	28.93	5640	64.64	108	1.24	453	5.19
2012	9829	100	2989	30.41	6197	63.05	135	1.37	508	5.17
2013	11345	100	3582	31.57	6804	59.97	160	1.41	798	7.03

资料来源：据各年度《河南统计年鉴》相关数据计算整理而来。

（三）居民参与国民收入分配的比例继续保持稳定

笔者利用 2008～2013 年全省城镇居民人均可支配收入、农村居民人均纯收入、全省城镇居民人口数和农村居民人口数进行粗略估算，计算出全省全部居民收入总量，进而计算出居民收入占 GDP 的比重，分析其占 GDP 比重的变化趋势。计算结果如表 3 所示。从表 3 可以看出，近年来，河南城乡居民收入在国民收入分配中所得份额总体上保持在 43% 左右，并呈不断上升的势头。2008～2013 年，河南居民收入由 7553.56 亿元增长到 14329.11 亿元，增长 0.9 倍；同期 GDP 由 18018.53 亿元增长到 32155.86 亿元，增长了 0.8 倍，居民收入增长继续快于 GDP 增长，2011 年、2012 年、2013 年出现较显著的增长，占比分别达 44.17%、46.29%、44.56%。说明河南省高度重视民生的改善和居民收入的增长，采取的一系列增加居民收入的措施取得了显著的成效。

表 3　2008～2013 年河南省居民收入占 GDP 的比重变化

单位：亿元，%

年份	GDP 总量	全省全部居民收入			全部居民收入占 GDP 的比重
		合计	城镇居民总收入	农村居民总收入	
2008	18018.53	7553.56	4727.47	2826.09	41.92
2009	19480.46	8385.45	5400.81	2984.64	43.05
2010	23931.03	9987.35	6454.92	3532.43	41.73

续表

年份	GDP 总量	全省全部居民收入			全部居民收入占GDP 的比重
		合计	城镇居民总收入	农村居民总收入	
2011	26931.03	11896.25	7741.89	4154.36	44.17
2012	29599.31	13711.62	9143.98	4567.64	46.29
2013	32155.86	14329.11	9279.50	5049.61	44.56

资料来源：根据各年度《河南统计年鉴》相关数据计算整理而来。

（四）全省城乡居民收入差距呈缩小趋势

在农业现代化、工业化、信息化、城乡一体化的协调发展下，河南全省城乡、地区收入差距有缩小趋势。城乡收入差距由于农村居民连续多年高于城镇居民的收入增长速度而趋于缩小，城乡居民收入的比值由 2003 年的 3.09 下降到 2013 年的 2.64（见表 4）。其中，经营性收入在弥合城乡居民收入结构失衡、遏制城乡居民收入差距上起到举足轻重的作用，这主要是经营性收入在城乡居民收入中所占地位的不同造成的。从表 1、表 2 可以看出，经营性收入是农村居民收入的重要来源，占农民人均纯收入的比重保持在 60% 左右，最高年份达 68.13%，是农民的第一大收入来源；而在城镇居民的收入来源中，经营性收入所占比重要小得多，只有 11% 左右。经营性收入差距对城乡居民总体收入差距的缩小具有正效应，是缩小城乡居民收入差距的重要力量。

表 4　2003～2013 年河南城乡居民收入占比变化态势

单位：元

年份	城镇居民人均可支配收入	农村居民人均纯收入	城乡居民人均收入之比
2003	6926.12	2235.68	3.09
2004	7704.90	2553.15	3.02
2005	8667.97	2870.58	3.02
2006	9810.26	3261.03	3.01
2007	11477.05	3851.60	2.98

续表

年份	城镇居民人均可支配收入	农村居民人均纯收入	城乡居民人均收入之比
2008	15231.11	4454.24	3.42
2009	14371.56	4806.95	2.99
2010	15930.26	5523.73	2.89
2011	18194.80	6604.03	2.76
2012	20442.62	7524.94	2.72
2013	22398.03	8475.34	2.64

资料来源：根据相关年度《河南统计年鉴》计算而得。

二　新常态下河南城乡居民收入分配呈现的新问题

从前文的分析可以看出，随着全省经济的快速发展，全省居民共同享受了改革开放带来的成果，整体收入水平都得到提高。但是，由于河南人口多、农业生产效率不高且占国民生产总值比重大、现代工业基础弱起步晚等，城乡居民收入水平整体不高且低收入人数较多，全省城乡居民收入水平仍然在全国平均线以下。2010 年、2011 年、2012 年、2013 年、2014 年 1 ~9月全国城镇居民人均可支配收入分别为 19109 元、21809 元、24565 元、26955 元和 22044 元，而同期河南城镇居民的人均可支配收入分别为 15930 元、18195 元、20443 元、22398 元、18192 元，分别相差 3179 元、3614 元、4122 元、4557 元、3852 元。2010 年、2011 年、2012 年、2013 年、2014 年 1 ~9 月全国农村居民人均纯收入分别为 5919 元、6977 元、7916 元、8896 元和 8527 元，而同期河南农村居民人均纯收入分别为 5524 元、6604 元、7525 元、8475 元和 7599 元，分别相差 395 元、373 元、391 元、421 元和 928 元。同时，全省收入分配差距问题根深蒂固，居民收入分配差距扩大问题仍未得到根本性扭转，城乡居民收入差距过大问题仍然是社会分配制度不尽完善与分配政策未能完全处理好国家、企业和个人利益关系的集中体现，仍然是影响全省社会和谐发展的焦点问题。

（一）全省区域间收入分配格局仍不均衡

由于全省发展不平衡性由来已久，加上社会经济历史发展的累积，全省18个省辖市之间收入水平存在着不小的差距。一是从18个省辖市平均工资水平来看，2013年在全省平均线（38804元）以上的省辖市有四个，依次为郑州（44119元）、三门峡（42746元）、平顶山（41839元）和洛阳（39559元），比2012年增加了一个城市（洛阳市）。其他14个省辖市都在平均线以下。其中，驻马店（31896元）、新乡（33427元）与2012年比，仍为全省的第18、第17位，信阳（33833元）和安阳（34348元）滑落为第16、第15位。

二是2013年各省辖市城乡居民收入差比及排序都发生比较大的变化。从位序排列来看，（2011年、2012年）处于后几位的开封、南阳、焦作、郑州等城市，位序都有较大的提升，说明这四个地区城乡居民收入差距比前两年有较大的扩大，特别是前三位城市，城乡居民收入差距比超过全省平均线。需要引起这些政府部门的高度重视，要采取有效措施遏制收入差距比的继续扩大趋势。倒是前两年居全省收入差距比前四位的洛阳、商丘、濮阳和平顶山四市，其城乡居民收入差比在2013年有所缩小，均由过去超过全省平均线变化为低于全省平均线，特别是商丘和濮阳两市改善比较明显（见表5）。

表5　2011～2013年河南省辖市城乡居民收入差比及排序

单位：元

项目／省辖市	2011年各市收入差比及排序			2012年各市收入差比及排序			2013年各市收入差比及排序		
	城乡居民人均收入之差	城乡居民人均收入之比	全省排序(差比从大至小排列)	城乡居民人均收入之差	城乡居民人均收入之比	全省排序(差比从大至小排列)	城乡居民人均收入之差	城乡居民人均收入之比	全省排序(差比从大至小排列)
全　省	11590.8	2.76	—	12918	2.72	—	13922.69	2.64	—
郑州市	10562.1	1.96	18	11715	1.93	18	12606	2.33	11
开封市	9065.8	2.40	11	10131	2.37	11	11137	2.83	1

续表

省辖市 \ 项目	2011年各市收入差比及排序			2012年各市收入差比及排序			2013年各市收入差比及排序		
	城乡居民人均收入之差	城乡居民人均收入之比	全省排序（差比从大至小排列）	城乡居民人均收入之差	城乡居民人均收入之比	全省排序（差比从大至小排列）	城乡居民人均收入之差	城乡居民人均收入之比	全省排序（差比从大至小排列）
洛阳市	13341.8	2.96	1	13092	2.91	1	16064	2.63	4
平顶山	11770.1	2.79	4	12833	2.74	4	13941	2.38	9
安阳市	11099.5	2.46	9	12424	2.44	9	13349	2.00	15
鹤壁市	8983.2	2.09	14	9896	2.05	14	10620	2.27	12
新乡市	10455.9	2.39	12	11512	2.33	12	12377	1.94	17
焦作市	9103.0	2.02	16	10023	1.99	16	10691	2.73	3
濮阳市	11145.9	2.83	3	12566	2.81	3	13667	1.97	16
许昌市	8852.3	2.02	15	9866	2.00	15	10710	2.14	14
漯河市	9297.2	2.21	13	10381	2.19	13	11298	2.34	10
三门峡	10132.7	2.46	10	11278	2.43	10	12012	2.48	7
南阳市	10513.0	2.55	7	11792	2.52	7	12924	2.80	2
商丘市	10514.1	2.86	2	11886	2.85	2	12997	2.27	12
信阳市	9117.8	2.48	8	10248	2.46	8	11168	2.40	8
周口市	9135.8	2.68	6	10304	2.66	6	11096	2.59	6
驻马店	9991.4	2.72	5	11072	2.68	5	11994	2.61	5
济源市	9480.5	2.02	17	10592	1.99	17	11230	1.94	17

资料来源：根据2012年、2013年《河南统计年鉴》计算汇制。

（二）国民收入分配中居民收入分配占比提速过低

初次分配收入决定着收入分配的大格局。改革开放以来，在我国的收入分配结构中，国民收入向企业和政府倾斜的势头较为明显，居民收入增长长期低于经济增长，虽然自2005年以来，河南居民收入占国民总收入比重的增速呈上升趋势，但也只是从2005年的42.88%上升至2013年的51%左右，十年来只提高了8个百分点，刚刚过半，不足全国平均水平的80%。与成熟的市场体系国家和地区初次分配中劳动报酬所占额度相比，考虑到全省的发展阶段和发展需求，初次分配居民收入份额仍有较大的上升空间。提高居民收入在国民收入初次分配中的比重，有利于市场主体的充分发展和社会财富的快速增长，从而带动就业规模扩大和居民生活水平提高；有利于调整投资、出口、消费对经济增长的关系，维护经济健康可持续发展；有利于将经济发展成果惠及更多人民群众，维护社会生产秩序的良性运转。

（三）全省城乡居民内部的收入差距没有明显的改善

全省城乡居民的收入自2009年以来与全国平均水平的比值持续下降，差距逐渐增大，截至2013年底，河南省城镇居民人均可支配收入为22398.03元，农村居民人均纯收入为8475.34元，两者分别只有全国平均水平的83.09%和95.27%，虽然全省城乡居民收入差距有缩小的趋势，但在城镇居民内部、农村居民内部，收入差距没有明显的缩小。

以三分法考察全省城镇居民收入在不同阶层之间的分配时，为了方便，笔者按收入水平的高低划分取最高收入户、中间收入户和最低收入户三个阶层。如表6所示，从近6年三个阶层的收入水平看，全省城镇居民最低收入户的人均收入始终不足全省城镇居民人均收入的一半，徘徊在0.4，说明最低收入户的收入没有较大的改善。而中间收入户的人均收入略低于全省城镇居民人均收入，徘徊在0.95左右，中间收入阶层的培育还存在较大的空间。最高收入户的人均收入几乎是最低收入户的5倍，收入倍数差距目前基本保持稳定，且没有明显的缩小。

表6　2008～2013年河南不同阶层城镇居民收入及占比

单位：元

项目 年份	最低收入户		中间收入户		最高收入户		全省城镇居民人均可支配收入
	人均可支配收入	是人均总收入的N倍	人均可支配收入	是人均总收入的N倍	人均可支配收入	是人均总收入的N倍	
2008	4643	0.35	13464	1.02	32004	2.42	13231
2009	4904	0.34	13882	0.97	34491	2.40	14372
2010	5491	0.34	15428	0.97	37003	2.32	15930

续表

年份\项目	最低收入户		中间收入户		最高收入户		全省城镇居民人均可支配收入
	人均可支配收入	是人均总收入的N倍	人均可支配收入	是人均总收入的N倍	人均可支配收入	是人均总收入的N倍	
2011	7021	0.39	17306	0.95	45940	2.52	18195
2012	8142	0.40	19507	0.95	49735	2.42	20543
2013	8430	0.40	21008	0.94	55412	2.47	22398

资料来源：根据相关年份《河南统计年鉴》整理计算得出。

河南省各辖市农村居民收入差距基本上保持不变（见表7）。2010～2013年，郑州、焦作、洛阳等城市的农村居民人均收入水平仍然在全省平均线以上，而周口、驻马店等农业大市的农村居民人均收入水平仍然在全省平均线以下，保持在0.8左右。

表7　2010～2013年河南典型省辖市农村居民人均纯收入对比

单位：元

地市\年份	2010		2011		2012		2013	
	人均纯收入	是全省的N倍	人均纯收入	是全省的N倍	人均纯收入	是全省的N倍	人均纯收入	是全省的N倍
郑　州	9225	1.67	11050	1.67	12531	1.67	14009	1.65
开　封	5390	0.98	6492	0.98	7414	0.98	8355	0.99
洛　阳	5680	1.03	6822	1.03	7777	1.03	8756	1.03
焦　作	7512	1.36	8902	1.35	10113	1.34	11367	1.34
周　口	4510	0.82	5448	0.82	6199	0.82	6950	0.82
驻马店	4861	0.88	5804	0.88	6599	0.88	7437	0.88
全省平均	5524	—	6604	—	7525	—	8475	—

资料来源：根据相关年份《河南统计年鉴》整理计算得出。

三　新常态下河南省居民收入分配问题的变化趋势分析

在相当长的一段时间里，河南经济保持了高速增长的奇迹。在高歌猛进的经济发展中，涉及民生的收入分配问题容易被忽视，矛盾也很容易被掩盖。当经济运行进入新常态，增速有所放缓时，收入分配等有关民生的问题就会凸显，并成为制约经济转型升级的最大不确定因素。从这个角度来说，高度认识和把握收入分配问题的变化态势具有重要意义。

（一）收入差距和分配不公仍然是城乡居民最关注的问题

分配问题是全社会都十分关注的突出问题，也是社会各界都十分关心和经常讨论的问题，尽管每个群体、每个人都有自己的看法，而且得出的结论也不尽相同，但毫无疑问，我国是世界上贫富差距最大的国家之一，这点已经成为大家的共识。多年来，我国不断发出改革收入分配制度的呼声，党的十八大也提出，要千方百计增加居民收入，深化收入分配制度改革，实现发展成果由人民共享。2013 年 2 月，国务院批转了发改委、财政部、人力资源和社会保障部制定的《关于深化收入分配制度改革的若干意见》，文件对收入分配制度改革的方向和内容等做了总体规划。但是至今相关制度改革的进展缓慢，尤其人们最关注的收入分配中的“公平”“正义”理念未能在收入分配方案中得到具体化。人们对于城乡之间长期存在的劳动力、产品、资本、土地等要素的不平等交换、公共资源的非均衡配置等不符合公平正义原则的问题深恶痛绝，要求规范收入分配秩序，完善收入分配调控体制机制和政策体系，保护合法性收入、调节过高收入等呼声愈加强烈。

（二）相关分配制度改革的启动将弱化收入分配问题的不合理因素

城乡居民收入分配问题的累积已成为社会分配不公的集中体现，更成为一系列社会矛盾的焦点。正是看到此问题的严重性，党的十八届三中全会明确提出，要促进社会公平正义，改革收入分配制度，并提出了一系列改革的具体举措：“要着重保护劳动所得，努力实现劳动报酬增长和劳动生产率提高同步，提高劳动报酬在初次分配中的比重。健全工资决定和正常增长机制，完善最低工资和工资支付保障制度，完善企业工资集体协商制度。改革机关事业单位工资和津贴补贴制度，完善艰苦边远地区津贴增长机制。健全资本、知识、技术、管理等由要素市场决定的报酬机制。扩展投资和租赁服务等途径，优化上市公司投资者回报机制，保护投资者尤其是中小投资者合法权益，多渠道增加居民财产性收入。”① 要“规范收入分配秩序，完善收入分配调控体制机制和政策体系，建立个人收入和财产信息系统，保护合法收入，调节过高收入，清理规范隐性收入，取缔非法收入，增加低收入者收入，扩大中等收入者比重，努力缩小城乡、区域、行业收入分配差距，逐步形成橄榄型分配格局”。② 围绕上述目标，河南省委、省政府也出台了一系列方针政策，随着各项分配制度改革举措的实施，形成收入分配问题的不合理制度性因素有望减少。

（三）产业转型及相关改革的进行有望促进全省居民收入的较快增长

经济的发展归根到底是为了让每一个人都拥有更好的工作和生活、享有更健全的社会保障。一方面，为适应新常态，应对“三期叠加”的挑战，河南将会加快推进改革开放，推进经济体制改革；另一方面，为适应新常态，全省经济结构的转型升级也势在必行，这是实现居民收入倍增目标的动力源。产业的转型升级既可以优化产业结构，让企业所获利润远远高于以往的劳动密集型企业，又可以推动劳动者提高素质，减少因自身技能低、不适应新岗位而下岗的现象发生。就业率上升，就可以使经济总量有实现倍增的支撑，继而有能力调整相关制度变革，最终实现收入增长计划。这里，提高政府的服务管理水平就成为引导收入增长实现的重要环节。政府可以通过提高为社会服务的水平，充分发挥其政府职能作用，完善公共投资，积极为企业创造公平、公正的市场竞争环境，通过企业的发展来增长员工工资，提高人们的收入水平。

---

① 新华网：《中国共产党十八届三中全会公报》，http：//news. xinhuanet. com/house/tj/2013 -11 -14/c_ 118121513. htm。

② 新华网：《中国共产党十八届三中全会公报》，http：//news. xinhuanet. com/house/tj/2013 -11 -14/c_ 118121513. htm。

四　形成合理有序的收入分配格局的对策思考

（一）完善宏观调控体系，加快政府职能转变

面对我国进入经济中高速增长期的新常态，政府作为宏观调控的主体应优化职能，更加注重民生建设，加大对民生建设的财政支出，更加注重以人为本和改善民生，使改革开放成果由人民共享。一是努力提高居民收入在国民收入的比重和劳动报酬在初次分配中的比重，尽快实现居民收入增长同经济增长同步、职工工资增长同劳动生产率同步。二是有效规范政府行为，大力推进市场化改革，加强对政府行为的监督和管理，着力建立规范政府行为的长效机制。加快政府角色转换，减少政府对资源配置的过多干预，大力推进市场化改革，促进收入分配公平。在收入分配制度改革现雏形时，政府要积极地推进改革，使收入分配改革方案真正落实到具体执行措施中去，规范收入分配的秩序，合理调整政府财政收入、企业利润与劳动者工资收入的分配关系。

（二）规范收入分配秩序，构建公平公正的竞争环境

构建公平公正的竞争环境是规范收入分配秩序的首要条件。一要建立统一、开放、竞争、有序的现代市场体系，为全体社会成员提供公平、公正的竞争环境，加快建设社会信用制度，形成以道德为支撑、产权为基础、法律为保障的社会信用制度。二要全面推进政务公开，切断企业与政府部门存在的特殊联系，加大打击经济犯罪力度，严惩商业贿赂行为。三要建立保护合法收入的有效机制，加强保护合法收入的制度建设，切实保护合法收入。四要规范劳动力市场秩序，建立保护合法劳动收入的机制，使人们劳有所得。五要整顿垄断行业不合理的高收入，加大对国有企业的改革力度，建立有效的分配监管机制，加强对国有企业不合理收入的清查和整治，遏制国有企业将依靠市场垄断攫取的巨额财富用于内部分配。

（三）深化分配制度及相关领域的体制改革

实现分配公平，让发展成果更多、更公平地为全体民众所享。一要深化工资分配制度改革，以形成合理有序的收入分配格局，提高劳动报酬在初次分配中的比重为重点，提高最低工资标准，加大低收入者工资收入的增长幅度，为增加低收入者收入提供制度保障。建立企业职工工资增长有效机制，使劳动者的收入能够随着经济的发展和自身素质的提升而较快地逐步增长。二要继续深化财税体制改革，提高个人所得税起征点，依据纳税人实际能力征收，依据个人收入净所得征纳，建立综合与分类相结合的个人所得税制。另外，对垄断收益征收特殊行业税，以缩小其与非垄断行业之间的收入差距。三要加快推进社会保障制度改革，着力解决最低生活保障、基本医疗、基本养老、住房需求等问题，有效缩小不适当的居民收入差距。

（四）鼓励城乡居民创业，让更多的人创业增收

促进城镇居民增收，不仅要加快经济发展，坚持实施积极的就业政策，为劳动者就业增收更多地创造机会、提供岗位、搭建平台，更要注重在全社会营造创业的环境和氛围，倡导和鼓励民众广泛开展小型多样的“创业创收创富”活动，使更多的劳动者成为创业致富者。建立市场准入、行政管理、融资渠道等方面的政策体系和创业培训体系、创业服务体系。改善农民就业创业环境，鼓励外出人员回乡创业。开展创业带动就业，完善税费减免、补贴资助、金融支持等政策，加大对高校毕业生、登记失业人员、残疾人员、退役士兵等从事个体经营、创办企业的扶持力度；通过政府购买成果的形式，委托社会中介机构征集创业项目，搭建创业项目对接平台。

B.19

河南外来农民工城市融入问题调查分析*

李怀玉**

摘　要：随着经济与社会的发展，人口流动已成为一种社会常态。日益频繁的人口流动为城乡经济的发展做出了积极的贡献，但如何让外来流动农民工真正融入城市已经成为城镇化进程中无法回避的问题。本文通过对郑州市燕庄外来农民工的实地调查与访谈，继而进行深入的分析与探讨，提出解决问题的建议和方法，希望有助于外来农民工真正融入城市社会，实现其真正的市民化。

关键词：河南　外来农民工　城市融入　市民化

“十二五”末期，中国将加快城镇化发展进程，外来流动农民工将成为城市发展建设中不可或缺的力量，外来农民工进城务工后与城市社会居民的相互适应、相互融合对社会的进步与稳定和加快城市化进程具有重大意义。统计信息显示，截至2013年，我国进城务工人员总数约为2.6亿人，其中进城的新生代农民工总数约为1亿人，占全部农民工的38.5%。然而，我国流动人口大多数都被排斥在城市主流社会之外，众多外来农民工仍然徘徊

---

* 本文为河南省哲学社会科学规划项目“农民工市民化过程中的城市融合问题”的阶段性成果，研究项目编号：2014BSH016。

** 李怀玉，河南省社会科学院社会发展研究所研究员。

在城市边缘，融入城市的过程十分缓慢与艰难。这其中既有制度体制机制障碍，也有社会、文化、资本、观念等非制度性障碍。实践也证明，哪个地方的流动人口多，哪个地方的经济就繁荣。因此，重视外来农民工的生存、工作现状，改善他们的生活和工作环境，提供更好的服务保障帮助他们较好较快地融入当地城市，成为各流入地政府迫在眉睫的重要任务。本文通过对郑州燕庄的外来农民工的实地调查与访谈，进而深入分析与探讨，提出解决问题的方法及政策建议，希望有助于外来农民工真正融入城市社会，实现其真正的市民化。

一 外来农民工进城后的生活现状调查

本次调查是对河南郑州市燕庄新村的外来农民工的抽样调查与访谈，共随机向农民工发放问卷 500 份，其中剔除废卷 24 份，最终收回有效问卷 476 份，问卷回收率为 95%，符合问卷调查的有效性；访谈对象为流动农民工、村里常住居民、警务人员、小企业负责人、村委会成员、私营企业主，访谈总人数 76 人，其中重点访谈新生代农民工 37 人。通过访谈，对新生代农民工在城市融入中遇到的障碍、困难问题进行重点关注与分析。

（一）基本数据来源

郑州市燕庄位于金水区金水东路，隶属于未来路办事处管辖。燕庄面积 260 亩，700 多户人家，常住村民 3000 人，流动人口总数近 6 万人。燕庄西边紧靠金水河，北边是未来路，东边连接立交桥，比邻老 107 国道，南边紧靠着建业花园等高档住宅区，在燕庄的旁边，新亚国际饭店和德亿大酒店比邻而建，周围布满了金融办公区、高档住宅、公寓、酒店、写字楼、商业、学校等，如亚洲最大的数码商城——赛格数码广场、世界商业 500 强的商业航母——沃尔玛超市、浦发国际金融中心、曼哈顿广场、广汇 PAMA 以及盛润置业等。燕庄是改造比较早的城中村，社区环境、居住环境较好，生活及消费水平比较高，居住的人群收入与文化水平比较高，因郑州新区的快速发展、便利的区域位置和交通优势，燕庄成为外来务工人员租房地的首选。

被调查的外来农民工中男性有 286 人，占 60.08%，女性有 190 人，占 39.91%。调查数据显示，外来农民工的年龄分层很明显，18～35 岁的新生代农民工有 242 人，占总调查样本的 50.84%，36～45 岁的 129 人，占 27.10%，而56 岁及以上的流动农民工有 12 人，只占 2.5%。在这次调研及访谈中发现，“80 后”及“90 后”的新生代农民工已经在进城务工农民中占到了一半左右。他们与第一代农民工相比，发展型的外出流动明显增多，融入城市的意愿也非常强烈。

调查数据显示，94.33%的外来农民工仍然是农村户口，这与我国城乡二元户籍制度有关。外来农民工文化程度分层也较明显，其中接受过高中及以下教育的有 211 人，占 44.33%；接受职业中专教育的占 21.43%；接受专科教育的占 18.69%。其中，接受过职业培训的有 134 人，占 28.15%；在务工所在地居住半年以上的占 77.1%，这说明了在燕庄居住的都是长期在城镇就业的外来农民工。在外来农民工务工性质调查分析中，餐饮服务业占 25.42%，美容美发业占 7.56%，电子、机械制造业占 21.22%，这些数据充分说明了外来农民工主要分布在第二、第三产业。但他们的工资收入偏低，大部分工资收入为 2000～3000 元，占 55.25%；且 75% 的外来农民工进城打工没有与用人单位签订劳动合同，这也说明了农民工的工作不稳定、流动性较大。

在对外来农民工与其朋友、亲戚等交往、聚会的调查统计中发现，56.3% 的被调查对象一个月会与朋友、亲戚等聚会 2 次以下，这说明进城农民工交往范围还局限于血缘、地缘等关系。在其子女就读学校调查上，4.41% 的农民工子女选择农民工子弟学校，8.2% 的农民工子女选择在父母流入地公办学校读书，51.68% 的农民工子女选择在老家或亲戚家的学校就读。从调查数据中不难发现，教育仍是农民工及其子女融入城市的重要门槛与障碍。同时，笔者设置了对“土地流转的态度”这个项目的调查，71.85% 的外来农民工不愿意有偿出让或放弃家乡的土地。这个数据说明，外来农民工保留土地和宅基地意愿强烈。进一步访谈得知，外来农民工保留土地和宅基地的所有权是目前留城困难的真实写照，土地被看作一种“后路”，是“保命地、活命地”，这一现象饱含着外来农民工的深深忧虑。

二　外来农民工融入城市的困难与障碍因素

（一）收入低端化与消费城市化之间的不适应

从调查数据和访谈来看，外来农民工就业收入偏低、工作不稳定、工作时间较长、签订劳动合同和参加城市保险较少等依然是存在的难题。55.25%的外来农民工收入为2000～3000元，但城市生活成本及房价居高等阻碍外来农民工在城市的长期稳定生活和就业。尤其在本次调研中，有一半以上为新生代农民工，他们的文化程度虽然比父辈略高，但工作稳定性较差，而且从消费来看，新生代农民工的消费观念、娱乐方式越来越城市化，酒吧、茶楼、KTV等也成为其重要消费场所。本次调查显示，新生代农民工的消费观念比较超前，除租住房外，上网、购物等消费支出比较多。访谈时，有新生代农民工说：“现在到城市来了，不能像农村人那样，穿戴得‘土了吧唧’的，行头（穿戴）要换换了。”还有的说：“我们就应该有城市人的活法，吃要讲营养，穿要讲牌子……”可见，新生代农民工的日常消费与城市年轻人的消费习惯大体相同：喜欢新潮衣服，需要娱乐活动，更多地利用通信手段与人交流；在休息时间偏爱玩电脑、玩手机，喜欢上网，热衷以主动性和互动式为特征的信息使用、网络社交和娱乐。因而，他们的生活成本费用比较高，经济压力较大，这种收入低端化与消费城市化的不协调导致外来农民工的城市融入较为困难。

（二）高房价中的苦苦挣扎与等待

住房难、房价高等问题在全国各地都存在。在河南外来农民工群体中，住房、租房问题是一项无法回避的难题。对外来农民工来说，能在务工所在城市拥有自己的一套住房，才算拥有一个真正属于自己的家，才算是真正地成为城里人，成为融入这个城市的标志。但他们大多属于低收入群体，大部分无力购买商品房。另外，随着城市房价的疯涨，特别是在一些大城市，房价上涨速度远远高于工资增长速度，而房价上涨必然带动房租上涨，使得农民工在城市的生活成本越来越高，购房或者租房定居下来的愿望越来越难以实现。郑州市住房保障和房地产管理局统计公布的数据显示，2014 年 10 月，郑州市老城区商品住宅销售均价为 8216 元/平方米，环比下降 0.86%，同比上涨 11.01%；郑州东区商品住宅销售均价为 10056 元/平方米，2013 年郑州东区商品住宅销售均价为 8718 元/平方米，同比增长 15.3%。据有关专家人士预测，郑州进入“三铁”（高铁、地铁、轻轨）时代，这将成为郑州房价坚挺的一个重要因素，未来五年内，三环内房价将翻倍，而一般的外来农民工的普通工资很难达到 3000 元，并且现在的工资增长根本赶不上房价的增长。因而，对外来农民工来说，在城市买房定居是很难实现的梦想，不少外来农民工表示，为了减少租房经济压力，他们大多居住在环境乱、条件比较差的城乡接合部。那么，究竟在城市购买房子面对外来农民工来说有什么特别的意义呢？为此，本调查对部分外来农民工家庭进行了访谈。

WLN（C06－M－35）[①]：我们半年内搬了三次家，拖儿带女的啥东西都得有，搬来搬去找不到便宜的房子。你看吧，这一片都拆了，每次一拆，房租都跟着涨，现在每月没有 2000～3000 元租不到二室一厅的房子。孩子都跟着在郑州做个小生意，一家人住一起有个照应。

GCZ（C26－F－45）：俺两口子 2000 年左右就来郑州做小生意了，黑庄、沈庄包括燕庄这一片都住过。那时候房子便宜得很，租个房子才几十块钱。那时候房价才 1000 多，俺都没有想过要在这买房子。现在想买，连个首付都付不起。俺村里人说俺出来得最早，混到现在还是没有房子。连俺孩

① 采用名字的首字母方式编码案主情况，“C＋数字”代表个案访谈顺序；M（男）和 F（女）表示案主性别，最后数字表示年龄，中间用“－”分开，如“C01－F－26”，表示个案 1 是案主，女，26 岁。

子都说俺笨，没有眼光，不知道在城市里买房子。现在后悔都晚了，哪有钱买房子，说实话，连个生活都顾不住。

JXJ（C37－F－28）：我是四川的，我来郑州干推销化妆品好几年了。我买了二手房，首付20多万，其余的靠按揭贷款还账，虽然每个月有还款压力，但是感觉钱没有白花。户口也落在这里了，儿子不用多交钱就能在这附近上学了。买房后基本上不怎么回老家了，老家的亲戚朋友都挺羡慕我的，说在郑州混的不赖，还买套房子，我自己也觉得蛮成功的。

从访谈中发现，WLN和GCZ都因为在务工地租房，没有自己的住房，觉得自己在城市里没有安全感和归属感；而JXJ在城市购买了一套二手房后，不仅感受了买房带来的实实在在的好处——买房有了城市户口，孩子不用花钱可就近读书，享受城市孩子的待遇，而且也得到亲戚朋友的称赞和认可，自己也找到了成就感和归属感。可见，在务工所在地拥有相对独立的住房是外来农民工获得城市生活安全感、归属感和认同感的必要条件，这也体现了房子对流动农民工融入城市的意义和价值。

（三）以谋求较高的经济收入为主要目的，不关注经济以外的自身权益

外来农民工进城以来，常遭受到城市居民的歧视和白眼。他们从来就没有获得与城市居民相同的社会地位，而是生活在城市社会的最底层。外来农民工对社会保障和政治参与等其他权利并不关心，其合法权益常常受到侵犯。调查数据显示，当合法权益受到侵害时，农民工选择最多的是找劳动监察（14.6%）、劳动争议调解仲裁（18.5%）和工会（11.5%），合计占44.6%。可见在维护自己合法权益时，依法行使权益的意识在农民工中还是占主导地位的。这可能与参与调查的新生代农民工有关。新生代农民工往往不光是自己的权利受到侵犯时去维权，身边的同事、老乡，甚至与自己毫不相干的其他工友权益受到侵害时，他们都毫不犹豫地参加到相应的群体维权活动中去。但也有15.1%的人通过求助亲友、反复找老板等方

式维护自己的合法权益，也有18.9%的人感到无奈，选择忍气吞声，采取消极方式对待。

（四）为争取利益更大化，采取频繁跳槽的方式

与城镇职工不同，外来农民工频繁跳槽现象较为突出。调查数据显示，在某企业或公司工作半年以内时间的占23.6%，半年至1年的占21%，1～2年的占21.4%，2～3年的占14.6%，3年以上的占19.3%。由此可见，他们的工作岗位非常不稳定，绝大多数人在目前的工作岗位上不到2年时间，95%的人换过工作（其中，62%的人换过2次以上，12%的人换过5次以上），65.1%的流动农民工选择"获得更高的收入"为换工作的原因，选择"获得更好发展机会"的占26.3%。这说明外来农民工的择业主动性更强，为了获得更大利益和更好发展，他们选择了频繁跳槽的策略。同时，调查数据显示，流动农民工从业人员中，主要以中短期和灵活就业为主，没有与用人单位和雇主签订劳动合同的占68.3%，其中雇用时间在两年以下的劳动合同签订率约为50%。如焦作市68.4%的外出务工人员务工时间为6～12个月，12个月以上的为31.6%；许昌市的调查结果也显示，45.6%的农民工已更换两个以上的企业，在同一企业连续工作1年以上的只占42.3%。就业场所多不固定，在国有和集体单位就业的占比较低，以平顶山为例，在国有和集体单位就业的比例仅分别为6.9%、4.2%，无固定单位的农业转移劳动力占78.8%。这充分说明他们是一个流动的、经常变换工作的群体。流动性大、经常变换工作，无论是对农民工自身而言，还是对他们所在的企业、公司以及社会来说，都增加了流动和经济成本，给制度建设和管理增加了难度。

（五）高风险社会预期影响外来农民工的城市融入

目前，中国因巨大的社会变迁正在进入一个"风险社会"甚至是"高风险社会"。特别是处于社会转型中的城市化发展进程，各种风险与日俱增，外来农民工进入城市务工，他们对风险的预期也是影响其融入

城市社会的重要指标之一。根据本次调查，外来农民工对城市生活有着很强烈的风险预期，他们最担忧的风险是“没活干”、子女教育、生病、养老等，“一天找不到活，可能就没饭吃，两天找不到活，就心里发慌，三天找不到活，就有点绝望的念头”，这是他们最常说的话和最直接的感受。另一个重要的风险是外出农民工对自己的未来归宿没有明确的目标，不知道以后自己落脚在哪，只有干一步算一步，对自己的未来没有规划。在对新生代农民工访谈中，他们的普通想法是成为城里人，在城市买房稳定下来。但他们不知道应该用什么方法或途径去获得这样的生活，长期具有这样的心理负担，也会成为影响外来农民工城市融入的心理障碍。

（六）程序化的城市生活导致新生代农民工心理压抑，难以融入城市社会

随着经济社会的变迁，新生代农民工既具有老一代农民工的一般性特征，又有其自身特点。与老一代农民工相比，新生代农民工的思想观念、行为方式与城市居民更加接近，利益诉求更加明确，维权意识更加强烈。他们在城镇工作不仅是为了打工挣钱，也是为了追求体面的就业和发展机会。调查数据显示，34.8%的人认为“已经融入务工所在的城市并在事业上取得成就”，43.9%的人表示“正在发展、融入阶段”。[①] 但是，对他们来说，精神、心理的困境才是最大的考验。城市社会有别于农村社会那种“日出而落、日落而息”的生活，城市社会一直处于高速运转的状态，人际关系较为复杂，信任度较低，再加上新生代农民工正处于交友、恋爱、结婚的黄金时期，其中刚走出校门、步入城市生活的新生代农民工，对人际交流和情感需求更为强烈。然而，大部分农民工工作时间较长、生活和休闲方式比较单一，接触面比较窄，有些行业男女比例失调较为突出，再加上一些企业非人性化的管理及人文关怀的欠缺，婚恋和精神情

① 李怀玉：《新生代农民工生存困境及其市民化路径研究分析》，《中国名城》2014年第5期。

感容易导致新生代农民工陷入一种孤独、压抑、失落、抑郁、绝望等心理困境中。

三　外来农民工城市融入的对策建议

（一）多种渠道为外来农民工提供落户新举措新途径

2014 年 11 月 11 日，河南省公布了《关于深化户籍制度改革的实施意见》（以下简称《意见》）。《意见》提出，河南将取消农业户口与非农业户口性质区分，统一登记为居民户口。而在郑州试行的居住证制度，也将在全省推行。此意见的出台，为更多外来人口圆了城市梦，如居住一年以上，其随迁子女可以享受相关的入学政策，符合保障条件的可以申请公共租赁住房等公共服务。但从河南省公布的《意见》可以看出，今后落户郑州主要指标至少包括合法稳定就业、合法稳定住所（含租赁）、参加城镇社会保险年限、连续居住年限四项。事实上，国内一二线城市都在入户条件设置了诸如社保缴纳年限、住房面积等门槛，相对来说经济较不发达的三四线城市更容易迁入。例如，上海户籍管理制度改革，从上海实行“积分落户”管理办法来看，年纪越轻、学历越高、专业技术职称和技能等级越高、缴纳社保年限越长的，总积分越高。这让很多人感觉户口改革门槛过高，最需要解决户籍问题的外来农民工仍然“入户难”，这与户籍制度改革的理念尚有一定差距。因此，建议河南各级政府出台的户口改革文件不能全向具有高学历、高技能的人才倾斜，应考虑为外来农民工落户提供多种渠道的新举措、新途径。

（二）完善各项制度建设，加大保护外来农民工权益力度

在逐步剥离附加在户籍制度上的各项权益的同时，还必须通过制度设计确保流动农民工能够享受相应的权益。当前，外来流动农民工最迫切需要解决的是就业、子女上学、医疗、住房等民生问题。因此，应优先完善外来流

动农民工就业、子女上学、医疗、住房等方面的制度。同时，要逐步扩大外来流动农民工社会保障和社会救助的覆盖面，完善流动农民工医疗保险、工伤保险、养老保险及最低生活困难补助等社会保障体系，并逐步过渡到统一的社会保障制度，真正消除外来流动农民工在城市融入中的政策障碍。

（三）适当调整相关住房政策以及市场调控

随着经济发展和城市化进程加快推进，外出流动农民工在城市的滞留时间越来越长。据统计，10%的外出流动农民工外出年限在16年以上，平均外出年限为8年；在外每增加1年，有意愿返回老家的概率将随之减少0.5%，有留城意愿的概率会增加0.6%[①]；且家庭式迁移成为迁移流动的主体模式，稳定性明显增强。住房作为他们获得融入城市社会的关键因素，是这些流动人口家庭实现市民化的现实需求。各级城乡政府应为适应外来农民工家庭的居住需求而不断调整住房政策。地方财政要将廉租房保障资金纳入年度预算安排，廉租房建设要更大范围地面向外来农民工群体，制度设计要更符合流动家庭迁移的现实需求；要规范租赁房市场，使外来租房家庭在城市生活中能有安全感等；要探索和完善外来流动人口住房公积金制度，发挥住房公积金在流动农民工住房买房中的作用。政府要加大监管力度，确保用人单位为流动农民工缴存住房公积金等，要完善相关服务水平，为流动农民工在使用住房公积金时提供高效便捷服务等，这些都是促进外来农民工融入城市生活的重要措施与保障。

（四）加强社会化管理方法的探索和创新

随着河南外来流动人口规模的不断增长，单靠政府进行流动人口管理已远远不够，还必须加快社会化管理方法的探索步伐。一方面，将社区打造成流动人口管理和服务的前沿阵地。社区是流动人口的立足之所，也是流动人口进行交流和实现融入的有效载体。应充分发挥社区的组织作用，利用社区

① 李强：《农民工留城与返乡意愿影响因素分析》，《中国农村经济》2009年第2期。

开拓多元的沟通渠道、组织多彩的社区活动，将流动人口吸纳到社区活动中，促进流动人口与本地人口的交流，实现二者的良性互动。另一方面，政府要积极引导流动农民工建立自治组织，这是实现流动农民工有效治理的方式之一。只有这样才能弥补政府在流动农民工治理上的薄弱环节，才能有效提高服务流动农民工的效率，更好地保护他们的权益。

（五）创建流动人口中弱势群体紧急社会救助制度

外来流动人口来到城市，举目无亲、身无分文、生活无着落，在城市时刻面临着找不到工作、失业、伤病等风险，尤其是部分妇女、儿童、老人、残疾人、流浪乞讨人员等弱势群体，面临的风险更大，生活处境更为艰难，随时都有可能面临各种困难与风险，还时常成为偷盗、诈骗、抢劫等不法侵害的对象。各级政府要创建流动人口中弱势群体紧急社会救助制度，这种救助制度具有十分鲜明的兜底特征，能够维护特殊群体的基本生活保障权益，能够协调社会关系，缓和城乡矛盾，树立政府的良好社会形象和提升社会风气，进而维护社会稳定，消除和化解部分社会矛盾。

B.20

推进农村转移人口社会保障体系建设问题研究*

河南省发展和改革委员会课题组**

摘　要：社会保障体系是农村转移人口的生活保障线。现行不同群体保障制度之间的差异和不同地区保障制度之间的衔接问题成为农村转移人口稳定就业、安心生活的最大障碍。在转移人口规模日益增大的情况下，社会保障制度和应保障人口高度、高效融合的社会保障体系成为城镇化快速发展的助推器。

关键词：河南　社会保障体系　农村转移人口

一　现阶段河南省城乡社会保障体系建设情况

河南省城乡社会保障体系主要包括以养老、医疗、失业、工伤、生育五大保险为主的社会保险体系和以城乡居民最低生活保障制度、城乡医疗救助、城乡临时救助为主的社会救助体系等。目前，河南省社会保障制度建设已初步实现了由单位和家庭保障向社会保障、由覆盖城镇职工向覆盖城乡居民、由单一保障向多层次保障的根本性转变。覆盖范围迅速扩大，待遇水平不断提高。

* 本文为2014年河南省政府决策研究招标课题的初步研究成果，课题类别为全面深化改革类，课题编号：6－4。

** 课题组负责人：陈静；成员：李忠乾、陈波、王运祥、梁斌、白小营。

（一）基本养老保险

2011年，河南省将新型农村社会养老保险和城镇居民社会养老保险合并实施，建立起统一的城乡居民基本养老保险制度，并于2012年提前全国两年实现了城乡养老保险制度全覆盖。截至2014年上半年，全省城乡居民基本养老保险参保人数达4821万人，实际领取养老金人数达1214万人，参保人数、领取养老金人数在全国均居第一位；全省城镇职工基本养老保险参保人数达1378.8万人，其中参保职工1046.5万人、参保离退休人员332.3万人。养老金按时足额发放率达100%，并全部实行社会化发放。企业退休人员养老金实现连续10年调整，2014年，企业退休人员月人均养老金水平达1950元，较2010年增加672元，增长了52.6%。全省建立年金制度的企业达1812家，参保职工为55.06万人，年金净资产达80.98亿元，多层次的养老保险体系加快形成。养老保险省级统筹进一步巩固，个人账户进一步做实，经办管理实现省、市、县、乡四级联网。

（二）基本医疗保险

截至2014年上半年，全省参加城镇基本医疗保险人数为2302万人。其中，参加城镇职工基本医疗保险人数达1152万人，参加城镇居民基本医疗保险人数1150万人。农村居民8262万人参加新型农村合作医疗（简称新农合），参合率达98.77%。2014年，城乡居民医疗保险人均财政补助标准提高到320元。基本医疗保险保障标准继续提高，新农合大病保险已在全省全面铺开，城镇居民基本医疗保险、大病保险正在试点。城镇职工医保政策范围内住院费用报销比例达80%以上，城镇居民医保和新农合政策范围内住院费用报销比例分别达70%和75%。城乡居民“病有所医”的愿望初步实现。

（三）失业保险

截至2014年上半年，全省参加失业保险人数为755万人，累计向14多万名失业人员发放失业保险金6.1亿元，失业金按时足额社会化发放率达

100%。基本建立了失业保险与促进就业联动机制、失业金标准与物价上涨挂钩机制，累计帮助3.7万名领取失业金人员实现再就业，失业保险保生活、促就业功能进一步发挥。

（四）工伤保险和生育保险

截至2014年上半年，全省参加工伤保险人数为789万人，有3.1万人享受了工伤保险待遇；参加生育保险人数为575万人，有6.3万人次享受了生育保险待遇。

（五）城乡社会救助

2014年上半年，全省累计发放城市低保资金15.85亿元，资助城市低保对象127.26万人，较上年同期减少6万余人，月平均标准为320元/人，较上年同期增加了20元；累计发放农村低保资金23.9亿元，资助农村低保对象395.2万人，较上年同期增加了20万人，年补助标准为1900元/人，较上年同期增加了100元。建立了医疗救助同步结算制度和困难群众大病统筹制度，累计发放城乡医疗救助资金2.64亿元，累计资助179.23万人参加城镇居民医保和农村合作医疗，实施了15.29万人次城乡困难群众住院和门诊医疗救助，“雪中送炭”的救助作用更加凸显。

（六）社保基金

2014年上半年，五项社会保险基金收入合计630.8亿元，基金支出544.6亿元，社保基金规模不断扩大，支付保障能力不断提高。

二　农村转移人口参加社会保障基本情况

社会保障是农村人口在转移就业过程中最关心、最直接、最现实的问题之一。目前，河南省农村转移就业人员参加各项社会保险和社会救助的情况如下。

（一）基本养老保险

目前，农村转移人口可参加“城乡居民社会养老保险”（2011 年河南省已将新农保和城镇居民社会养老保险制度合并实施），采取个人缴费和政府补贴相结合的模式，个人缴费标准为 100～5000 元/年，共 16 个档次，参保人自主选择档次缴费，多缴多得；省、省辖市两级财政对参保人缴费每人每年补贴不低于 30 元。年满 60 周岁，可按月享受不低于 63 元/月（全省平均 78 元/月）的基础养老金待遇。农村转移人口进城务工的，根据省政府《关于促进农民进城落户的指导意见》（豫政〔2011〕4 号）精神，在城镇可以选择参加城镇职工养老保险；有工作单位的，由用人单位和个人按规定分别缴纳基本养老保险费；灵活就业人员可以灵活就业身份缴纳基本养老保险费。截至 2014 年上半年，全省参加城镇职工基本养老保险的农民工约 34 万人。

（二）基本医疗保险

农村转移人口普遍参加了针对农民的新型农村合作医疗。2014 年，各级政府对新农合补助标准提高到每人每年 320 元，农民个人缴费 60 元，筹资标准普遍在 380 元左右；新农合住院费用补偿封顶线也由 15 万元提高到 20 万元，政策范围内住院费用报销比例在 75% 左右。进城落户农业转移人口在城镇单位就业并有稳定劳动关系的，可参加就业地城镇职工基本医疗保险；其他灵活就业人员可选择参加户籍所在地城镇居民基本医疗保险或城镇职工基本医疗保险；参保（合）人员转移医疗保障关系的，按有关规定执行。截至 2014 年上半年，全省共有 54.2 万农民工参加了职工医疗保险。

（三）失业保险

农村转移人口进城务工的，可以参加城镇职工失业保险，可选择单位参保缴费、个人不缴费，失业后按规定只领取一次性生活补助金；也可选择与城镇职工一样参保缴费，失业后与城镇职工享受一样的失业保险待遇。截至2014年上半年，共计有28万名农民工参加失业保险。

（四）工伤、生育保险

农村转移人口进城务工的，可以参加工伤保险。近年来，国家和省关于矿山、建筑等高风险行业农民工强制参加工伤保险政策的出台，使农民工参加工伤保险人数大幅增加。截至2014年上半年，全省有187.2万农民工参加了工伤保险，成为农民工参保人数最多的险种。而目前农村转移人口基本未参加生育保险。

（五）社会救助

目前，农村转移人口在务工城镇享受城市低保还存在诸多限制和制约。

一是户籍性质限制。《城市居民最低生活保障条例》明确规定，只有持非农业户口的城市低收入家庭才能够享受城市低保，农村户籍的转移人口显然不在这一规定范围内。

二是“属地原则”限制。《河南省〈城市居民最低生活保障条例〉实施办法》第三条规定，“城市居民最低生活保障制度实行属地管理，遵循保障城市居民基本生活的原则”。不仅如此，长期远离原籍的农村居民，即便是在户籍地申请农村低保也仍有政策障碍。

三是工作机制制约。农村进城务工人员多为灵活就业，流动性大，居住也不固定，难以确定其申请受理和审核审批的行政单位，核实其具体收入水平的难度也较大，相应地也难以享受城市低保。

四是资金保障限制。河南省城市低保办法明确规定，“城市低保最低生活保障资金，由地方人民政府列入财政预算。”近年来，虽然中央财政不断加大此项资金转移支付力度，但各地因担心本级财政匹配资金困难，很多异地进城务工人员仍难以享受城市低保待遇。基于上述同样的原因，农村转移人口也难以享受医疗救助、临时救助等城市社会救助。

三 推进城乡社会保障体系建设存在的主要问题

（一）城乡各项社会保障制度不统一，标准差距过大

由于现行的社会保障制度是在二元结构背景下形成和发展起来的，城市社会保障制度与农村社会保障制度还存在较大差异。如养老保险方面，城乡居民养老保险的实施，虽然解决了广大农村居民及城镇无工作居民没有养老保险的问题，但每月平均78元的基础养老金标准偏低，对于城镇居民和完全失地的被征地农民而言，不足以保障其基本生活，与城镇企业职工月平均1950元的退休金相比差距较大。医疗保险方面，城镇职工、城镇居民、农村居民三种人群的医保制度各不相同，形成了三种筹资水平、三种用药目录、三种待遇标准，城镇职工医疗保障水平远高于城镇居民医保和新农合，而城镇居民医保和新农合之间也存在差距。失业保险方面，现行《失业保险条例》对城镇职工和农民工就参保缴费和享受待遇做出区别规定，如农民工选择个人不缴费的模式，则只能领取一次性补贴，如在领取失业保险金期间生病的，则无法享受医疗补助金，对他们生活的保障十分有限。

（二）城乡社会保障制度之间衔接转移不顺畅

目前，各项社保制度之间缺乏有效的衔接办法，加之社会保险统筹层次低，各统筹地区经济发展水平不同、筹资标准不同、保障待遇水平不同，给区域间社保关系衔接带来困难。如医疗保险方面，城镇职工、城镇居民与新农合经办机构不同（分属人力资源和社会保障部及卫生部门），制度分块运行，参保人群存在不同程度的交叉，出现人员重复参保、财政重复补助、待遇重复享受等问题。工伤、生育等保险都需随用人单位统一参加，目前还无法以个人身份参加等。

（三）农村进城务工人员社会保险参保率低

截至2014年上半年，省内农民工参加城镇职工养老保险、医疗保险、

失业保险、工伤保险的人数分别为34万、54.2万、28万和187.2万人，分别仅占同期全省参保人数的2.52%、2.35%、3.76%和24.22%。究其原因，主要有以下几方面。

一是农民工参保意识差。很多农民工担心自己不能在城镇长期就业，担心自己以后能否享受养老待遇。因此，普遍重视眼前利益，认为扣缴个人社会保险费用不如发到工资里实惠，不愿参保；离开参保地时，也不愿将钱放在社保机构而多选择退保。

二是费率偏高。一方面，相对其收入水平来讲农民工个人缴费水平偏重，如参加城镇职工养老和医疗保险，个人需缴纳工资总额10%以上的保险费，如以灵活就业身份参加职工养老保险的，缴纳比例更在20%，而目前河南省农民工月平均工资仅在2300元左右。另一方面，企业承担的基本养老、医疗和失业三项保险费平均为工资总额的28%，对部分用人单位特别是经营困难企业而言难以承受。

三是现行制度下农民工异地就业转移社保关系时，只能转移个人账户资金，占资金大头的统筹账户全部或大部分留在了当地，个人无法享受社会统筹部分的权益，对农民工今后养老保障待遇的领取有不小影响，从而也影响了农民工缴费积极性。

四是转移手续烦琐。农民工流动性强且相对不稳定，社保转移既不顺畅，手续也不简便。一方面，不断参保退保费时费力；另一方面，高流动性也导致用人单位和本人都缺乏参保积极性。

五是对用人单位而言农民工处于弱势地位，缺少为自身争取权益的话语权，也助长了企业逃避责任的概率。

（四）基础设施建设落后，监管和服务水平不高

目前，城乡社会保障服务设施，特别是基层县、乡社会保障服务体系不健全，服务范围覆盖有限，服务水平有待进一步提高。城镇居民、农村居民、城镇职工社会保障信息化建设各自为政，使用软件不同，数据接口标准不统一，系统互不兼容，难以实现有效的对接和信息共享。

四　加快推进城乡统筹的社会保障体系建设的必要性及可行性

（一）必要性

随着城镇化进程的加快，大量农民向城镇流动并转移。受城乡二元户籍制度的限制，大量农村进城务工人员目前还享受不到与城镇居民同等的社会保障待遇，游离于城市生活之外，影响了城镇化进程。因此，加快推进农村转移人口社会保障体系建设，统筹城乡社会保障制度建设刻不容缓。

一是加快推进城乡统筹的社会保障体系建设是落实科学发展观和构建社会主义和谐社会的重要举措。加快推进农村转移人口社会保障体系建设，使其尽快融入城市生活，有利于消除城乡二元结构的弊端，使全体国民能够享受经济社会发展成果。

二是加快推进城乡统筹的社会保障体系建设是扩大居民消费、促进经济持续协调健康发展的重要保证。目前，我国宏观经济面临着国内消费需求相对不足，尤其是农民和低收入群体消费不足的问题，影响经济的长期持续发展。加快构建城乡统筹的社会保障体系，可以有效减少城乡居民的后顾之忧，改善其消费预期，增加当期消费，从而达到刺激内需、为经济发展提供持久动力的目的。

三是加快推进城乡统筹的社会保障体系建设是调整收入分配格局、改善民生的有效途径。社会保障作为社会运行的安全网和稳定器，是收入再分配的重要手段。统筹城乡社会保障体系建设，对于理顺收入分配关系、缩小城乡居民收入差距、提高低收入群体尤其是农村转移人口收入、逐步解决其各类生活风险等民生问题具有重要意义。

（二）可行性

改革开放三十多年取得的丰硕成果，使目前统筹城乡社会保障体系建设成为可能。

一是国民经济持续健康发展为统筹城乡社会保障体系建设奠定了坚实的基础。经过三十多年的稳步发展，我国综合国力极大增强，财政收入大幅度增长，城乡居民收入也达到历史新高。经济的持续健康发展和财政收入的不断增加，不仅提高了城乡居民的收入水平和社会保险缴费能力，也使政府不断加大了对城乡社会保障的投入力度，为统筹城乡社会保障体系建设提供了强有力的资金保证。

二是相关领域的改革为统筹城乡社会保障体系建设创造了良好条件。近年来，我国大力推进的户籍制度、医药卫生体制及经济适用房制度等一系列改革，均与社会保障制度改革密切相关，从而为统筹城乡社会保障体系建设奠定良好的社会基础。

三是社会保障重点领域的制度建设使统筹城乡社会保障体系建设水到渠成。近年来，我国社会保障制度建设不断健全并有序推进，在一些重点领域和薄弱环节取得了积极进展。城乡居民基本养老、基本医疗制度实现了全覆盖，城乡最低生活保障制度基本实现应保尽保，统一城乡户口登记制度，全面实施居住证制度，稳步推进义务教育、就业服务、基本住房保障等城镇基本公共服务覆盖全部常住人口等，为统筹城乡社会保障体系建设提供坚实的支撑。

五　“十三五”时期，城镇化进程中加快农村转移人口社会保障体系建设的思路、目标及政策措施

“十三五”时期，河南省推进农村转移人口社会保障体系建设的思路是：按照统筹城乡发展和推进新型城镇化的要求，坚持全覆盖、保基本、多层次、可持续的方针，以增强公平性、适应流动性、保证可持续性为重点，在继续扩大各项社会保险覆盖范围的基础上，着力解决城乡社会保障制度的完善和衔接问题，加快实现各类参保人员在地区之间、制度之间的顺畅转移和衔接，实现各类社会保障服务项目一卡融合。

到2020年底，城乡居民社会养老保险制度实现全覆盖，城乡居民社会养老保险参保人数达4800万人，城镇职工基本养老保险参保人数达2500万人，实现人人享有基本保障、保障项目基本完备、待遇水平稳步提高、制度衔接顺畅有序、管理服务高效便捷、持续发展的多层次社会保障体系。到2020年，建立公平、统一、规范的城乡居民基本养老、基本医疗保险制度，基本医疗保险制度覆盖率达98%以上，失业、工伤、生育及城乡低保等社会保障制度实现应保尽保。

（一）加大宣传和督查力度，力促更多农民工参加社会保险

一是加强宣传培训，深入开展《劳动法》《社会保险条例》等法律法规和政策的宣传教育，使广大农民工认识到参加社会保险的长远利益，切实增强农民工参保的积极性和主动性。

二是加强劳动合同管理，督促建筑、餐饮、服务等岗位流动性大的用工单位与农民工签订规范的劳动合同，提高劳动合同签订率，扩大缴纳社会保险范围。

三是加大执法力度，依法查处用工单位瞒缴、漏缴或少缴社会保险费的违法行为，切实维护农民工的合法权益，促进社会公平公正。

（二）修改完善社保政策，消除农民工进城参保及享受社保待遇的制度障碍

一是实现统筹区域内城乡居民医疗保险筹资水平、用药目录、医保待遇的统一，使农民工在务工地即可转移或参加城镇居民医疗保险。

二是修订《失业保险条例》，统一失业保险缴费模式及待遇水平等政策，实现农民工与城镇职工在就业失业登记、免费就业培训、领取失业保险金等方面的待遇标准均等化。

三是逐步扩大强制参加工伤保险的行业，简化工伤保险工伤待遇申请程序，必要时司法部门介入，切实保证农民工享受工伤保险待遇。

四是将被征地农民全部纳入城市社会保障范围，建立被征地农民基本

生活保障风险准备金，资金从适当提高征地补偿标准或从土地出让金收入中解决。

五是取消户籍制度与低保和社会救助相挂钩，改为按居住地原则实施低保和社会救助，或对农村进城务工人员家庭确实困难的采取临时救助政策。

（三）推进社会保障制度整合和城乡衔接

进一步完善城乡居民基本养老保险与城镇职工基本养老保险之间的转移接续机制。落实医疗保险关系转移接续办法，实现医疗保险缴费年限在各地互认，累计合并计算。实现统筹区域内医疗费用异地即时结算，在此基础上，建立省级异地就医结算平台，实现全省范围内医疗费用异地即时结算。

（四）稳步提高各项社会保险统筹层次

强化职工基本养老保险的省级统筹质量，实现职工基础养老金全国统筹。进一步巩固完善医疗、失业、工伤、生育保险市级统筹，推动城乡居民基本养老保险、基本医疗保险、失业保险、工伤保险、生育保险从市级统筹向省级统筹过渡。

（五）健全社会保障公共服务体系

加强基层特别是乡镇（社区）社会保障服务中心（站）建设，力争三年内覆盖所有乡镇（社区）。推行网上社保信息查询、参保登记、基数申报、基本信息维护等社保业务办理的“一站式”服务。整合社会保险征缴和稽核业务经办机构，三年内努力实现城镇职工养老保险、医疗保险、失业保险、工伤保险、女工生育保险经办服务“五险合一”和“一票征缴、分账管理”的模式，提升社会保险经办机构的服务能力。建立省级异地就医结算服务平台，对省内异地就医结算实行统一规划和管理。

（六）加快社会保障信息化建设

加快社会保障标准化、信息化、专业化建设步伐，建立全省统一的社会保障信息系统，实现省、市、县（区）、乡镇（社区）信息系统四级联网与信息共享。加快社会保险与医疗卫生、社会救助、社会福利等社会保障相关信息系统之间的衔接，逐步实现社会保障资源共享。建设全省统一的社会保障卡管理系统和省、市两级社会保障卡应用系统，发行规范、统一并加载金融等功能的社会保障卡，三年内基本实现社会保障“一卡通”。积极支持国有或国有控股银行及存款金融机构申请代理城乡居民社会养老保险发放业务，健全服务体系，规范服务方式，创新支付结算方式，推进金融服务站点向乡村延伸。

B.21

南水北调移民融入问题研究

——以河南省 D 市为例

宋 雯*

摘 要：南水北调大型水利工程既是人类工程建设史上的一件大事，也是关系我国整体发展布局的重要环节，在前期安置工作顺利完成之后，如何更好地引导移民群体融入安置地成为新的议题。本文从融入的角度出发，以 D 市移民为研究对象，从经济、身份和社会三个维度对南水北调移民的实际状况进行研究。从实地调研的结果来看，结合移民时间综合考虑，当前移民群体的融入状况基本处于正常的水平，但是促进移民的融入仍然大有可为。本文认为，应该将移民融入问题放在区域整体发展框架中予以考虑，将推进移民融入纳入区域整体建设和可持续发展中，并就此提出关于移民融入以及迁入地后续持续性发展的一些政策建议。

关键词：移民 融入 区域发展

南水北调工程是党中央、国务院决策实施的重大战略性基础设施项目，关系国家整体的可持续发展。按照规划，河南、湖北两省丹江口库区共需要搬迁 33 万人，其中河南省共需搬迁 16.2 万人，安置区涉及全省 6 个省辖市、25 个县（市、区），这一规模在我国水利移民史上前所未有。在完成前

* 宋雯，博士，郑州轻工业学院讲师。

期的搬迁任务后，如何使移民融入当地的生活，更好地进行生产和发展，如何维持安置地社区的和谐稳定，更好地推进“三化”建设，是亟待解决的后续问题。本文即着眼于此，以南水北调水源地的河南省 D 市为例对移民群体的融入问题进行研究。

导　言

南水北调作为一项大型水利工程，既是人类工程建设史上的一件大事，也是国家整体建设布局的关键环节，具有十分重要的历史意义和现实意义。在前期安置工作顺利完成之后，如何更好地引导移民群体融入安置地成为新的议题。本文从融入的角度出发，从经济、身份和社会三个维度对 D 市南水北调移民的实际状况进行研究。

2008 年 11 月南水北调丹江口库区移民工程开始实施至今已有近六年的时间，搬迁工作已全面完成，搬迁后的安置工作也已有序开展。在搬迁阶段，河南省委、省政府根据工程建设的要求结合本省情况，提出了 16.2 万移民“四年任务、两年完成”的目标，搬迁完成时间由原计划的 2013 年底提前至 2011 年 8 月底。D 市在这一工作进度内共接收安置移民 29835 人，占河南省安置总量的近 1/5，是新中国成立以来安置外迁移民数量最多的县级市。

D 市移民安置共分试点、第一批和第二批三个批次（见表 1）。历时三年的安置阶段，D 市共调整土地 5.12 万亩，建楼 6915 座，建筑面积为 104.92 万平方米，动用客车 1013 辆、货车 2282 辆、工作用车 846 辆，随车队工作人员 4083 人。工程建设动用人力累计 20 余万人，动用机械 2.7 万台（套）。

表 1　D 市搬迁情况

批次	移民户数	移民人数	调整土地面积(亩)			开始时间	完成时间
			建筑用地	生产用地	其他用地		
试点	235	1018	118.58	1868.96	52.26	2008 年 12 月	2009 年 8 月
第一批	2497	11026	1455.97	17017.46	562.95	2009 年 9 月	2010 年 8 月
第二批	4183	17791	2314.61	26921.24	900.64	2010 年 3 月	2011 年 8 月

本研究以 D 市移民为典型研究对象，采用问卷调查法，在该市的 3 个移民安置村发放共计 102 份调查问卷，其中男性受访者占 45.1%，女性受访者占 54.9%；未婚人群占 7.8%，已婚人群占 89.2%，丧偶人群占 2.9%；受访者年龄和受教育程度分布分别如图 1、图 2 所示。

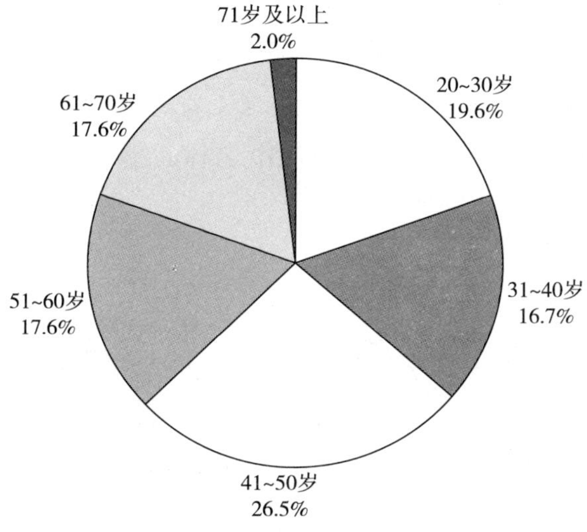

图 1　受访者年龄分布

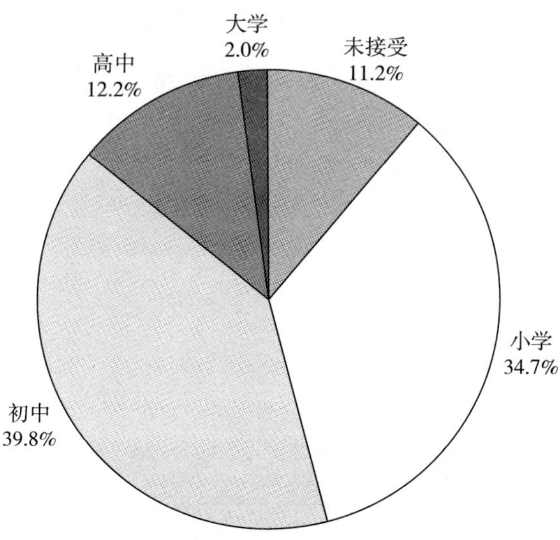

图 2　受访者受教育程度分布

一　南水北调移民的经济融入状况

经济是发展和融入面临的一个根本性问题，经济发展程度的高低直接关系着移民群体能否在安置地安居乐业。同时，搬迁意味着原有生产方式发生变化，接受并适应迁入地的生产方式，融入迁入地的经济发展总体布局，直接关系着移民群体的生活水平和福祉。本文主要从搬迁前后的生计结构情况、找工作的难易程度以及经济收入状况对移民群体的经济融入状况进行考察。

（一）生计结构

生计结构主要是指移民群体生计方式的构成状况。从图3可以看出，在设置的生计方式选项中，搬迁后所占比例提升的有种植粮食作物、居住地打工、家庭手工业和无业，其中，无业人群由搬迁前的10.9%提升至搬迁后的26.7%，提升幅度最大；搬迁后所占比例下降的有种植经济作物、养殖、经商、异地打工等。

这样的变化可以看出，在搬迁后比例有所提升的生计方式倾向于“内卷式发展”，即倾向于利用自身已有的资源谋求发展，属于比较传统的生计方式类型，而比例有所下降的生计方式则更依赖外部资源。

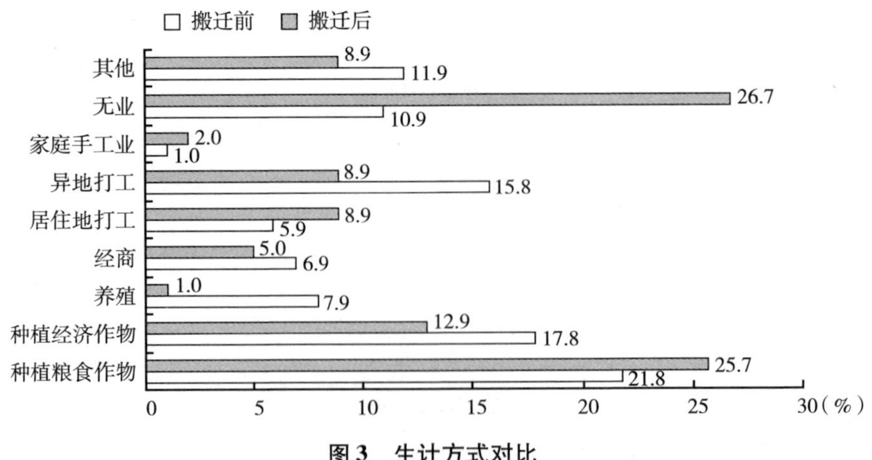

图3　生计方式对比

（二）找工作

在当前的中国农村，打工已经成为获取现金收入的主要途径，因此，工作获取的难易程度以及工作的质量对于个人和家庭来说至关重要，容易找到合适的工作意味着个人和家庭提升生活水平的可能性较高。根据问卷调查的结果，63.4%的受访者认为和原来的地方相比现居住地比较难找工作，25.7%的受访者认为一般，6.9%的受访者认为工作还是比较好找的，另有4.0%的受访者表示说不清楚（见图4）。

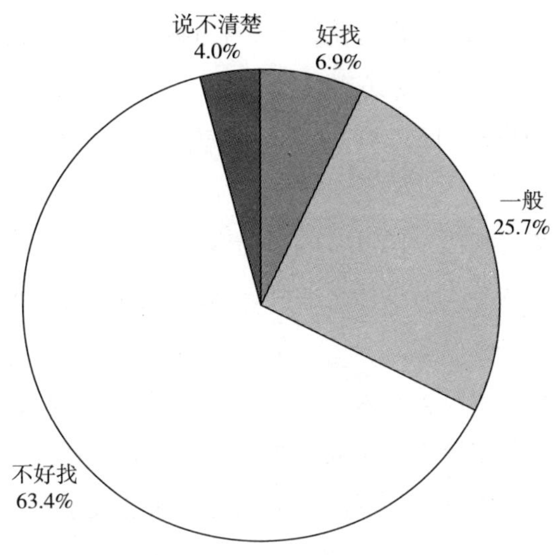

图4　找工作难易程度

在中国农村语境中，找工作意味着外展式资源比较丰富，即在当地或打工地拥有比较广泛的人脉，借助这些人脉与外部资源进行连接。从收集到的数据来看，大多数受访者认为与原居住地相比现在更难找工作，这意味着对于移民群体来说在迁入地的人脉以及由此可能带来的外展式资源并不如原居住地丰富，这也从侧面说明了当前移民群体并未建构起真正融入当地的资源网络。

（三）经济收入状况

本文用三个指标来衡量移民的经济收入状况，包括家庭收入的稳定程度、与安置地平均水平相比受访者家庭的经济状况以及与老家未搬迁的亲友相比受访者家庭的经济状况。

从家庭收入的稳定状况来看，3.1%的受访者认为自己的家庭收入相当稳定，23.7%的受访者认为自己的家庭收入还算稳定，44.3%的受访者认为自己的家庭收入不太稳定，27.8%的受访者认为自己的家庭收入很不稳定，另外有1.0%的受访者表示说不清楚。

与安置地平均经济水平相比，4.2%的受访者认为自己家庭的经济状况比较宽裕，44.8%的受访者认为自己家庭处于中等水平，34.4%的受访者表示稍有困难，16.7%的受访者表示自己家庭的经济状况比较困难。

与未搬迁的亲友相比，10.1%的受访者认为自己家庭的经济状况要更好一点，31.3%的受访者认为没什么差别，44.4%的受访者表示差一点，另有14.1%的受访者表示差很多。

从以上对移民群体经济融入的状况分析可以看出，移民群体生计结构的变化是比较明显的，相较于移民前，更多的受访者选择倾向于运用自身资源的生计方式，而较多依靠外界资源，诸如通过人脉关系的经商和异地打工等生计方式则有所下降；从找工作的难易程度来说，有相当大一部分受访者（63.4%）表示迁入地比原居住地难找工作。这些情况都反映了移民群体对当地外部资源的利用程度不够，与当地的经济融入仍然有待深化。但是值得一提的是，将近一半的受访者认为，与安置地平均经济水平相比，自己家庭的经济状况是处于中等甚至是更高的水平。这也说明移民群体的经济状况与安置地的平均水平并没有存在巨大的差距，影响其经济融入程度的因素与其社会支持网络有关系（关于社会支持的部分下文将会详细分析）。总体而言，结合移民安置的时间来看，移民群体的经济融入程度处于正常并有待进一步深化的阶段。

二 南水北调移民的身份融入状况

移民工作的目的从一定意义上来说就是消灭“移民”这个概念，实质上就是指移民群体身份的消失，只有当移民群体感觉不到所谓的“移民”身份，自然而然地将自己和迁入地联系起来，融入问题才算是得到了解决。本文用身份认同、政府的态度以及与政府打交道的频率三个指标来衡量移民群体的身份融入状况。

（一）身份认同

所谓身份认同，简而言之，就是移民群体是把自己视为“当地人”还是“外来人”。移民的安置和融入工作就是要促进移民群体身份从“外来人”向“当地人”的过渡。根据调查，认同自己“外来人”身份的比认同自己“本地人”身份的高出了12.2个百分点，但是整体而言，这一差别并不太大，两种身份认同基本持平。

（二）政府的态度

政府对移民群体的态度是影响其身份认同的重要因素，政府在制定和执行政策过程中做到一视同仁、公平对待，对移民群体的身份认同来说有着重要的意义。在被问及当地政府对待您和当地人有没有区别时，38%的受访者认为还是有所区别的，62%的受访者则表示并无差别。也就是说，大多数受访者认为政府是以较为公平的态度对待自己的。

（三）与政府打交道的频率

在当前中国尤其是农村地区，政府仍是资源的主要提供者，在搬迁和安置阶段能与政府保持良好的沟通和联系，能够及时获取相关的扶持信息，能够积极主动地从政府处得到资源扶持等，对于移民群体来说有着至关重要的意义。从表2可以看出，13%的受访者表示经常与当地政府打交道，9%的受访者表示有时会跟政府部门打交道，22%的受访者表示只是偶尔会与政府打交道，而56%也就是说一半多的受访者则表示从未跟政府打过交道。

表2　与当地政府交往频率

单位：%

频率	频数	比率	有效比率	累计比率
经常	13	12.7	13.0	13.0
有时	9	8.8	9.0	22.0
偶尔	22	21.6	22.0	44.0
从不	56	54.9	56.0	100.0
合计	100	98.0	100.0	
缺失值		2	2.0	
总　计	102	100.0		

从以上三个指标可以看出，移民群体对于自己身份的认同状况比较复杂，总体而言，有将近一半的移民群体已经认同自己本地人的身份，一半多的受访者认为政府对待自己是比较公平的。但要注意的是，这一时期移民群体的主要任务是发展与融入，作为资源天然欠缺的外来人，政府应该起到相应的补充作用，而充分利用政府资源促进自身的发展对于移民群体来说有重要意义，调查显示其在这方面的能力是比较欠缺的。

三　南水北调移民的社会融入状况

除了经济和身份维度之外，社会融入也是衡量移民群体融入程度的重要维度，本文用和当地原有居民的熟悉程度、日常生活中的互动以及提供最大帮助的群体三个指标来衡量移民群体社会关系网络的构建状况。

（一）和当地原居民的熟悉程度

从完成移民搬迁至今已有三年多的时间了，从图6可以看出，4.0%的受访者认为自己和当地的原居民非常熟悉，21.2%的受访者认为自己和当地原居民是比较熟悉的，14.1%的受访者认为一般，38.4%的受访者认为自己和当地原居民不太熟悉，而 22.2% 的受访者则认为自己和当地原居民很不熟悉。从数据可以看出，明确表示自己与原居民是熟悉的受访者只有 25.2%，大部分的受访者与原居民并不是很熟悉，可以结合搬迁时间对这一数据进行解释。

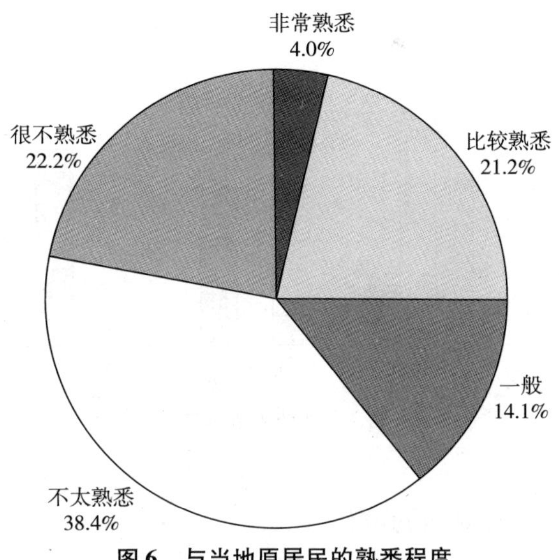

图 6　与当地原居民的熟悉程度

（二）日常生活中的互动

移民群体日常生活中与哪些人群互动更多，是其社会交往状况的直观反映，本文究对此采用了多选排序的形式，请受访者从给定的选项中按照实际情况进行选择。从图 7 可以看出，在首选的日常生活中互动最多的人群里，一起移民的朋友入选率高达 61.6%，而这一群体在第二顺序选项中也占据较高比例；其次是一起移民的亲戚，也就是说，对于移民群体来说，日常生活中互动的对象仍然是一起移民的亲戚朋友。这与移民点的设置有关，移民村以整体落户的形式存在，移民的住房和土地相对集中，加之搬迁前社会支持关系的延续，其自然而然地与原有的社会支持网络保持相对密切的关系。在实地调研中也有如下情况，在原居住地其实并不集中，组与组之间是有较远距离的，而搬到迁入地之后住房集中，联系比在原居住地更加紧密了。

总体来看，移民群体在日常生活中互动的群体仍然是一起移民的亲朋好友，其在当地的互动伙伴群体并没有真正建构起来。

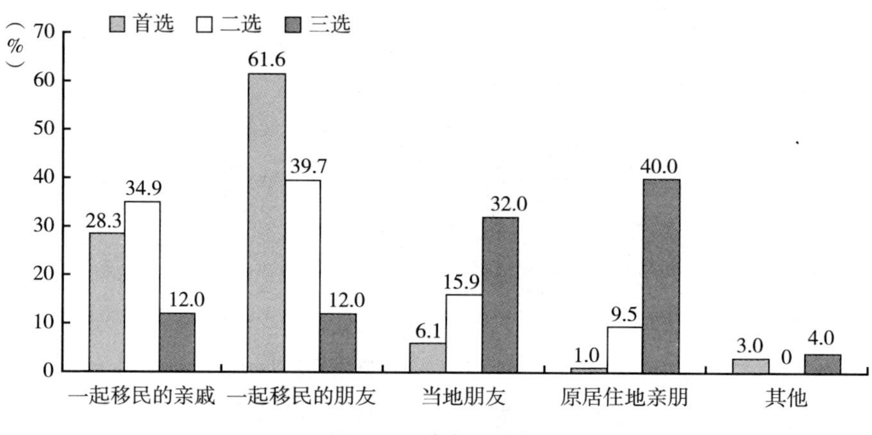

图7　互动人群选择

（三）提供最大帮助的群体

本文用受访者认为能够给自己提供最大帮助的群体作为衡量其社会融入程度的一个指标。由图8可知，在遇到困难时，41.4%的受访者认为家人能够给自己提供最大的帮助，29.3%的受访者认为一起移民的朋友能够给自己提供最大的帮助，15.2%的受访者认为一起移民的亲戚能够给自己提供最大的帮助。相比之下，当地朋友和政府的入选率则非常低。这说明在移民群体看来，最为牢固的社会关系网络仍然是家人，其次便是一起移民的朋友和亲戚，仍然是原有并一起迁移的社会支持网络。

可以看出，不管是在日常生活互动中，还是在受访者心目中，能够为自己提供最大帮助的群体仍是以一起搬迁的好友和亲戚为主，而对于迁入地的原居民，大多数受访者的熟悉程度并不高。这说明移民群体的社会支持网络仍然以原有的支持网络为主，并没有明显地发展出与迁入地相关的新的支持网络。也就是说，从社会融入的角度来看，移民群体的融入仍有较大的提升空间。

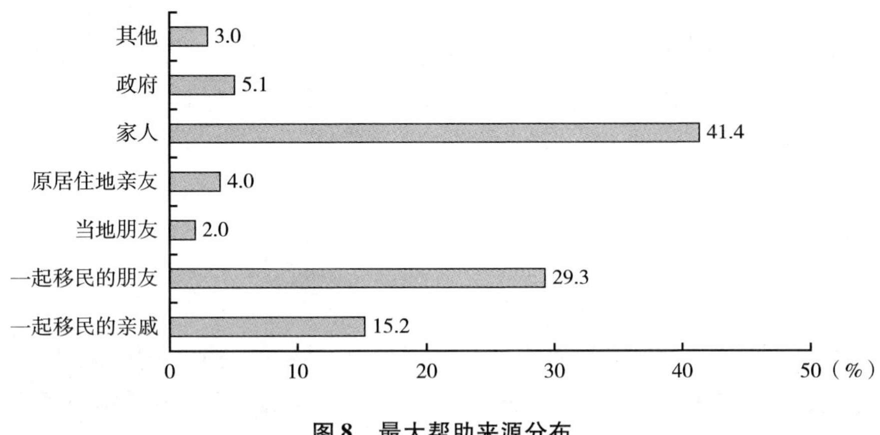

图8　最大帮助来源分布

四　南水北调移民融入的政策建议

移民搬迁完成至今不过三年有余，在这三年的时间要做到经济、身份和社会等方面的全面融入显然是不符合客观规律的。移民工作应该将移民融入问题放在区域整体发展框架中予以考虑，将推进移民融入纳入区域整体建设和可持续发展中。本文着眼于此，提出关于移民融入以及迁入地后续持续性发展的一些政策建议。

（一）细致宣传体系，以移民工作为契机吸引社会资源投入

为了南水北调工程，移民群体、迁入地人民以及移民干部等相关主体都做出了巨大牺牲，在工程即将全线竣工的时间节点，加大对南水北调移民工作的宣传力度，吸引社会的关注，引导社会资源投入到对移民工作的扶持以及移民地建设中，将有利于更好地推动移民地后期的持续性发展。

1. 拓展宣传范围

将移民、迁入地群众和移民干部等相关主体都纳入宣传范畴。移民群体为了国家建设离开了世世代代居住的故乡，他们为南水北调工程建设做出了巨大的贡献和牺牲，应该予以宣传。与此同时，迁入地群众为了配合国家的

移民政策也出让了部分原有的资源。以某市为例，为了使移民新村的建设能够符合移民的要求，迁入地让出了最接近镇街的土地建设移民新村，并尽量把质量好的土地给移民。在当前国家支农惠农政策的支持下，土地作为一笔可观的财富，其重要性也日益为农民所认识，尽管国家在给移民提供土地时需要一定的补偿，但这种补偿毕竟是一次性的，并且价格偏低。因此，对于迁入地人民来说，永远地失去土地不啻为一种巨大的损失。此外，移民村建设是“国字头”的大项目，大多按照统一的标准规划建设，配备村部、学校、医疗室甚至垃圾处理设备，有着崭新整洁的房屋外观和比较完善的配套设施，这和迁入地其他村庄形成鲜明的对比。以某镇为例，移民新村和当地村庄相距不到一里，站在移民新村的休闲广场上就能看到两三个当地村庄，这边的移民新村是统一的两层小楼，村中道路全部硬化，相关设施配套齐全，休闲广场上有简单的健身器材，在村中甚至有太阳能的路灯提供夜间照明，在村部监控设备中能看到全村路口的状况。而相隔不远的当地村庄，则仍以砂石路为主，平房和自建的楼房间杂而立。这种直观的差别很难说不会对当地群众产生心理上的冲击。

移民群体、迁入地人民以及移民干部站在不同的角度，为南水北调中线工程这一事业做出了自己的贡献，他们的努力应该为大家所知；另外，这三个主体因为频繁的利益接触容易产生误解，对各自工作的宣传也有利于加强彼此的了解和体谅，促进移民工作共同体的生成。

2. 谨慎使用相关概念，避免标签化现象的深化

在移民工作的前期宣传以及中期迁移过程中，对移民身份的强调是客观需要，但是在后期发展过程中，过度强调移民身份，则极有可能引发标签化问题。首先，对于移民群体来说，对这一身份的强调似乎时时刻刻在提醒着他们作为外来人的事实，这既会在潜移默化中形成心理上与迁入地的间隔，又有可能使他们产生由移民身份带来的对外界资源的过度依赖。其次，如果迁入地人民在安置过程中目睹和自己生活环境有很大差别的移民社区，又在后期发展中不断感受到和移民群体的差别，即使这些差别可能事实上并不全部是移民身份带来的，但对移民的过度强调很容易使人将问题的症结都归于移民身份，导致其心理上的变化。

因此，本文认为，在移民搬迁阶段强调移民身份是这一阶段工作的实际需要，有利于维护移民群体的利益，赢得社会各界对这一群体的关注，而在安置和发展阶段，过分强调移民身份，则有可能陷入标签化的误区。在实际工作中，应按照不同的宣传情境谨慎使用相关概念，尤其是在发展阶段，对区域利益共同体的强调将更加有利于融合式的经济社会发展。

3. 积极引导社会资源投入移民地区的发展建设中

党的十八届三中全会指出要“创新社会治理体制”，“社会治理”概念的提出标志着我国治理模式的变化，其中一项重要内涵就是治理主体的多元化，即广泛引入社会力量参与社会治理，这是与我国当前所推行的政府职能转移互相配合的重要举措。也就是说，当前我国政府职能转移的趋势要求政府向“服务型政府”转变，从全面主导的管理变为以服务为主，引导市场和社会力量介入社会治理，而我国存量丰富的社会资源也亟待找到切入口以有效推进社会经济的发展。具体到移民工作中也是如此。从搬迁、安置到发展，参与移民工作的主体仍是政府，政府承担了大量细致而繁杂的工作，在安置后的融入和发展阶段，目前大多数移民仍然认为政府应承担主要的扶持责任，而事实上移民群体的期望和政府的实际工作职能是存在张力的，政府的有心无力和社会资源的空置待用形成鲜明的对比。针对移民工作，应在宣传中凸显移民相关群体的付出和贡献，并建立相关机制鼓励和引导社会资源投入到对移民群体和迁入地的发展支持中，将社会资源与移民工作的实际需求进行有效对接，这样既使社会资源得到发挥空间，也有助于移民工作实际困难的解决。

（二）创新治理机制，以移民工作为载体实现区域统筹发展

南水北调工程移民作为一类特殊的人群，其产生于国家水利经济的整体建设布局，发展于我国社会治理体制创新的时代背景，移民群体和迁入地的发展都不能脱离这些现实情况。从移民融入的角度来看，在后期持续性的发展过程中，原有的区隔化发展路径既不利于移民群体摆脱移民身份带来的负

面效应而真正融入迁入地，也无益于区域整体的经济社会发展。因此，依托社会治理机制创新的政策环境，以移民工作为载体探索新型农村发展路径是解决移民问题乃至整体区域发展的有益尝试。

1. 以“发展”为着眼点，统筹规划区域建设

在前期的移民安置工作中出于种种考虑，大多采用了整体安置的方式，这一方式在增强移民搬迁的信心和动力以及安定移民情绪等方面都起到了积极作用。但从另一个角度来说，移民社区比较完善的基础设施与周边村庄相对滞后的发展状况形成落差，在某些地区这种落差表现得非常鲜明，这对于区域整体的稳定和发展而言并非有利因素。因此，在后期的发展政策设置中，应适当淡化“移民”与“老户”之间差别化的身份特征，利用移民建设、新农村建设以及新型城镇化建设等一系列国家支农惠农政策，以发展为着眼点，统筹多渠道资源推进以区域整体为单位的经济社会发展战略，推动移民群体和原有居民生活水平的共同提升。

2. 以“民生”为主抓手，活化社会治理机制

从调研所收集到的资料来看，移民身份本身所带来的社会融入问题在安置初期可能比较明显，而在经历了一段时间的发展后其实并不突出，移民群体所反映的问题大多包含与民生相关的范畴。诸如缺乏致富门路、市场信息不足以及生产能力欠缺等经常被移民群体提到的议题，显然这并非是移民群体的独特诉求，而是当前农村发展中普遍存在的与民生密切相关的问题，解决这些民生问题对于当前稳定和推进移民工作有着至关重要的意义。

创新社会治理机制要求多元主体共同参与到社会建设中，具体到移民工作中可以做出如下尝试，即围绕当前迫切需要解决的民生问题，发动移民群体、“老户”、企业以及社会组织等主体群策群力，发挥各自优势，构建协同机制以推进整体建设，而政府则运用购买服务等新型治理方式加以引导和辅助。如针对普遍存在的生产性问题，政府不宜再扮演传统的主导角色，而应尝试以项目等形式鼓励居民自发结成互助组织选取致富项目，政府可以设置如“对移民与‘老户’共同结成的合作社予以资源倾斜”等条款，引导移民和“老户”发挥各自的技术和社会关系优势，在自然的生产过程中建

立和谐关系。此外，要使市场在资源配置中发挥决定性作用，尊重自然经济规律和企业的自主发展，将政府在这方面的工作重心聚焦于诸如提高办事效率、简化办事程序等投资环境的优化上。针对普遍存在的养老和农村文化建设等问题，则可以尝试以购买服务等形式引入专业的社会组织来解决，这既有利于推进政府职能的转变，又可以为当地社会组织等社会力量的生成和壮大提供机会。在解决当前移民问题的过程中，应不囿于“移民”本身，而是围绕“民生”议题尝试探索多主体共同参与的社会治理机制，在更大的框架内解决问题。

3. 以“共赢”为总目标，构建宏观区域认同

“移民”作为一个身份概念总会存在，而开展移民工作的终极目标实质上是消除这一身份概念及其带来的差别化待遇。按照历史规律，一个个移民个体最终会随着时间的推移慢慢褪去这一身份而变为当地人，而这一过程所经历的时间有长有短，这种差距也就是社会融入速度和效果的直观体现。从这个角度来说，移民工作本身其实就是消除差异身份，构建宏观认同的过程。在进行移民工作的同时，淡化移民的特殊印记，构建宏观的区域认同，这对于政策制定者和执行者来说是一个极大的考验，也是其施政艺术的体现。

移民工作是一项长期而又细致的工作，通过一项研究显然无法窥其全貌。此外，用比较典型的 D 市的情况来观照整个移民群体的融入问题，虽然会有窥斑知豹的作用，但其是否能代表河南省乃至全国南水北调移民的融入情况仍然有待进一步观察。民生无小事，为国家整体建设做出巨大牺牲的移民、原居住地人民和移民干部更值得政府用具有针对性和有效性的政策使之真正受益，对相关问题应予以充分细致的思考。

B.22

创新河南流动人口服务管理机制*

郭 玲**

摘 要: 随着河南省城镇化进程的日益深化，户籍制度的进一步改革，既促进了省内人口流动，又吸引了省外流动人口的涌入。河南省相关部门在流动人口的管理方面，进行了经验借鉴、大胆探索和改革，取得了不小的成绩，但与现实需要仍有一定差距。抓好流动人口的服务管理工作是政府及相关部门面临的艰巨任务。本文从河南省流动人口的现状和发展趋势出发，分析了当前流动人口服务管理面临的难点与问题，进一步探讨创新流动人口服务管理机制。

关键词: 河南 流动人口 服务管理

近年来，河南省经济与社会迅速发展，城镇化进程日益深入，农村剩余劳动力在城—乡、城—城、乡—城之间的流动日益频繁。毋庸置疑，流动人口为城乡经济的发展做出了积极的贡献，给城市带来了翻天覆地的变化，给城市居民生活带来了便利。但大量流动人口的自由流动也是一把双刃剑，给流入地的治安、就业、教育、计生、交通、文化等带来诸多压力，挑战了流入地的承载力，也对流入地政府的社会管理提出了新要求。新形势下如何加

* 本文是河南省哲学社会科学规划项目（“农民工市民化过程中的城市融合问题研究”，项目编号：2014BSH016）的阶段性成果。

** 郭玲，郑州师范学院副教授。

强流动人口的服务与管理，做好流动人口工作，提高城市运行管理效率与社会服务水平，从而更好地解决日益频繁、日益增多的流动人口带来的新问题，是需要破解的重要课题。

一　河南流动人口的现状和发展趋势

（一）流动人口的基本情况

河南省总人口约1.05亿人，其中常住人口9406万人，农村人口6234万人，估算农村富余劳动力约3200万人。目前，全省外出务工流动人员达2640万人，其中省内流动1510万人，省外流出1130万人。全省共登记暂住流动人口746.7万人，其中省内流动人口645.6万人，省外流出101.1万人；男性为435.7万人，占登记流动人口总数的58.4%，女性为311万人，占登记流动人口总数的41.6%。居住在旅馆的35万人，居住在居民家中的201.1万人，居住在单位内部的224.3万人，居住在工地现场的37.3万人，居住在出租房屋的126万人，居住在其他地方的123万人。总体来看，流往省外的人口大于外省流入的人口，省际流动人口表现为净流出型。

（二）流动人口发展趋势量化分析

1. 流动人口的性别、年龄

男性青壮年劳动力居多，男性为435.7万人，占总数的58.4%，女性为311万人，占总数的41.6%。流动人口以中青年为主力军，年龄在50岁以下的占流动人口总人数的88%，其中30岁以下的占49%。

2. 居住时间

居住一个月以下的为14.3万人，占总数的1.9%；居住一个月以上一年以下的为224.7万人，占总数的30.1%；居住一年以上的507.7万人，占68.0%。居住一个月以下的暂住人口多为从事服务行业或临时工作的从业人员，这部分暂住人员因经济利益驱动和工作性质的不稳定，流动性比较大，特别是从事娱乐服务行业的从业人员更难以进行统计与服务管理。

3. 居住分布情况

除成建制务工团体实行统一居住外，多数流动人口处于散居状态，大多居住在交通方便的城乡接合部、集贸市场附近的租赁房屋中，管理难度较大。流动人员居住在租赁房屋的126万人，占总数的16.9%；居住在单位内部的224.3万人，占总数的30.0%；居住在居民家中的201.1万人，占总数的26.9%；居住在工地现场的37.3万人，占总数的5.0%；居住在旅馆的35万人，占总数4.7%；居住在其他处所的123万人，占总数的16.5%。

4. 流动人口流向

流动人口主要是从河南省经济欠发达地区向外省、市和沿海经济发达地区流动，向本省大中城市经济条件较好的地区流动。其中，52%的流动人口在本县域就地就近就业，48%的流动人口跨市县转移就业。省外流动就业的1130万人中，主要集中在东部地区，其中长三角350万人、珠三角350万人、京津地区200万人、东南沿海地区100万人、中西部地区130万人。

5. 流动人口的就业稳定状况

受流动人口工作流动性大等诸多因素影响，目前流动人口普遍存在就业不稳定、就业质量不高等问题。据2012年调查数据显示，流动人口从业人员中，主要以中短期和灵活就业为主，没有与用人单位和雇主签订劳动合同的占68.3%，签订劳动合同中雇佣时间在两年以下的劳动合同签订率约为50%。焦作市68.4%的外出务工人员务工时间在6~12个月，12个月以上的为31.6%；许昌市的调查结果也显示，45.6%的农民工已更换两个以上的企业，在同一企业连续工作1年以上的只占42.3%。就业场所多为无固定单位，在国有和集体单位就业的占比较低，以平顶山为例，在国有和集体单位就业的所占比例分别为6.9%、4.2%，无固定单位的农业转移劳动力占78.8%。

从流动人口总体情况与流动人口登记的数据分析情况看，流动人口的发展会随着经济发展速度的加快呈上升趋势，各级政府的服务与管理任务将十分繁重，社会治安形势更加严峻，创新流动人口服务与管理工作机制势在必行。

二 流动人口服务与管理面临的难点与问题

（一）流动人口的信息统计困难

流动人口的基础信息混乱、底数不清、情况不明，是流动人口管理中的最大困难。有相当一部分人口在乡－城、城－城、城－乡直接多次流动；有的在第一产业与第二、第三产业之间经常流动；有的在不同的就业岗位之间频繁流动。截至2013年的统计数据，河南外出务工人员动态保持在2000万人左右，在公安机关登记的暂住流动人口达746.7万人。目前，实有人口信息分散于公安、计生、流管办等多个部门，信息分割、“数出多门”，政府部门对流动人口的基本情况如居住时间、就业、收入、社保、流动意愿等缺乏总体掌握。这不仅造成行政资源的浪费，也导致地区发展规划和相关政策的制定、公共资源及管理服务力量的配置、治理内容和方式的调整等缺乏科学依据。

（二）城市综合承载能力与流动人口需求不相符

目前，河南省尚未形成合理完善的城镇体系，表现在大城市少、中等城市不足、小城镇数量多且规模小。省会郑州的首位度过高，造成城市中心区功能过度强大，抑制了次级市镇的发展，对周边中小城市的辐射带动作用还不太明显。优质公共服务资源过分集中在中心城市，居住区与工作区严重分离，社会治理水平有限，造成中心城市区交通拥堵、环境污染严重、土地价格和住房价格上涨，增加了城区企业的生产费用，产生了大量的外在成本，反而带来聚集的“不经济”。

（三）城镇化发展规划缺乏人口理念和人口信息支撑

河南省的城镇化发展一直以来都存在规划不到位的问题，缺乏全盘考虑的综合性理念，没有将人口有序流动、人口合理分布和人的城镇化纳入规划中，往往只注重物质化、实体化的投资，“土地城镇化”“房产城镇化”远远快于人口城镇化，也没有对城镇化格局和未来发展进行科学评估。严重缺乏对人的发展的考虑，没有将城镇化与人口数量、结构、分布、素质等进行综合考量，没有将城镇规划与人口发展规划、产业规划、就业规划等进行有效的衔接。不太注重城镇化水平和质量的评估，常常出现大城市人口规模不断突破规划目标、中小城市人口规模达不到目标的现象。具体到流动人口，相关的人口信息是多部门采集、分散管理，甚至由于统计指标、方法的差别而使数据的差距较大，且人口信息共享机制滞后，对全省流动人口的真实状况掌握不够，不能及时达到“实时更新、覆盖全部实有人口”的要求，也满足不了城镇化进程中社会治理和公共服务的需求。

（四）流动人口需求多元化给政府服务与管理带来压力

流动人口大量涌入城市，在城市工作、在城市生活、在城市落脚，给城市社会管理和社会服务带来巨大的挑战，增加了城市政府及相关部门的服务与管理工作的难度。流动人口的涌入造成城市人口规模的不断扩大，许多市政基础设施加速加大运转，超出其原本的承载力，造成社会公共资源的日益紧张，使社会资源供需矛盾日益尖锐。流动人口不仅数量不断增加，而且流动性强、群体结构复杂、需求多元化，给政府相关职能管理部门的服务与管理工作带来了巨大的困难。为满足不断增加的流动人口在工作、政治、生活、交流、文化、教育、健康、发展等方面的需要，政府在人力、财力、物力等方面支出日益增加，加大了社会管理与社会成本的投入。

（五）社会分化给河南人口服务与管理工作带来诸多困难

社会公共事务的良好治理既涉及社会不同阶层的团结与合作，也涉及不同行业之间的良性竞争与合作。改革开放以来，中国社会获得前所未有的活力和空间，市场成为资源配置的主要方式，新的经济组织、社会组织不断产生，人们的就业方式发生了很大变化，人们的经济地位、政治地位、文化地位等发生了很大变化，形成不同的社会阶层，城乡之间、地区之间、行业之间都存在很大的差距。目前，城市社会分化严重，不同社会阶层之间存在一些隔阂和误解，也向政府的流动人口服务与管理工作提出了差异化的要求。这种情形下，一些人希望加强某一领域的社会治理，另一部分人则希望放松同一领域的社会治理。人们的利益诉求和安全期待存在着明显的差异，导致很多社会治理工作难以形成社会共识，社会治理行为如城管的一些执法行为、居民楼的一些防范设施，经常收不到预期的效果，结果两头不讨好，社会评价也很不一致。

三　创新流动人口服务与管理机制的对策建议

（一）健全流动人口工作制度

健全流动人口管理的法律法规是做好流动人口工作的制度保障。国家颁布的关于农村流动人口管理的文件法规有：1980 年颁发的《关于进一步做好城镇劳动就业工作的意见》、1984 年颁布的《关于农民进入集镇落户问题的通知》、1989 年颁布的《关于进一步做好控制民工盲目外流的通知》、1991 年颁布的《关于劝阻民工盲目去广东的通知》、1998 年颁布的《流动人口计划生育工作管理办法》、2000 年《关于做好农村富余劳动力就业工作的意见》、2001 年《关于印发国民经济和社会发展第十个五年计划城镇化发展重点专项规划的通知》等[①]，这些文件法规都是比较宽泛的法律条文，也不是专门针对流动人口管理的法律法规，并且缺少具体的方法措施。

当前，各地使用的流动人口管理办法都是各自为政、一方之政，缺乏国

① 张曙光：《思考变迁》，郑州大学出版社，2004。

家层面的宏观大略作为最高指导。流动人口的管理与服务工作是城镇化进程中的重中之重，直接关乎我国流动人口的市民化程度。要做好流动人口服务与管理工作，首先必须做好顶层设计，需要党中央和国务院根据天时、地利、人和及时推出专门针对流动人口工作的法律法规、方针政策，从宏观层面给各地的流动人口工作提供指导。这项工作是各地政府和专家学者难以胜任的。在搞好顶层设计的前提下，鼓励各地因地制宜，积极探索、创新流动人口服务与管理的多种途径和措施。

（二）转变流动人口工作观念

树立服务意识。2014 年 11 月，河南颁布了户籍新政，取消农业户口与非农业户口的区分，统一登记为居民户口，郑州将实行积分入户，会有更多的流动人口在城乡之间流动起来。不同城市根据不同的城市“容量”，有不同的城市落户渠道，主要有投资、就业、家庭团聚、特殊贡献和其他渠道。流动人口工作中要随机应变，改变流动人口工作的基本观念。传统的流动人口工作是一种“刚性管理”，以治安管理为主，“只重管理不重服务”“只重义务不重权利”的管理思想，如今应该以人为本，以服务管理、权利保障为主旨，更加突出人性化，树立服务与管理并重、权利与义务对等的新观念，积极开展为流动人口的全方位服务。

引导有序流动。流动人员的流动缺乏计划性，主要是从河南省经济欠发达地区向外省、市和沿海经济发达地区流动，向本省大中城市经济条件较好的地区流动，这造成部分城市外来人口过多，超出城市的承载能力，使这些城市患上了“城市病”。因此，作为流入地的政府部门，要和劳动力主要输出地联系，将城市建设所需要的各种人才规格、数量等通报流出地政府，有目的、有计划地将农村多余劳动力迁移到流入地，这样既可以有效地缓解“城市病”，又可以增强流动人口就业的稳定性，还可以为流动人口的信息登记提供渠道。

关注弱势人群。在流动人口中往往有些弱势人群，包括部分妇女、儿童、残疾人、刑满释放人员、流浪乞讨人员、即将和已经失去劳动能力的老年人等。这些弱势人群自立自理能力差，往往因为找不到谋生的工作，生活濒临崩溃的边缘，孤苦无依，处境非常艰难，甚至还会成为社会的不稳定因素。相关部门必须高度关注这些弱势群体，积极探索救助这些弱势群体的法规、措施，并落实到行动中，改善其生活状况，缓和新旧居民的矛盾，协调社会关系，维护社会稳定，树立良好的政府形象，提高政府的公信力。

（三）保障流动人口公共服务

解决安居问题。中国人都有一个传统观念，有房才是家，有房才安心。要想在城市“扎根”得有真正属于自己的房子，哪怕仅够栖身，这样才有归属感。出于经济等多方面原因，他们往往没有能力在城市买到属于自己的商品房，大多在城乡接合部租房而居，以降低生活成本。其生活环境差、生活质量低，心理上会产生飘摇不定、寄人篱下、城市过客的消极心理，影响流动人口心理层面和生活方式真正融入城市社会，使他们工作在城市，居住在城市，却像浮萍一样缺少生活在城市的“根”。政府部门要逐步建立和完善流动人口的住房保障体系，扩大保障房供应范围，把廉租房、公租房、平价房等建立在产业集聚区附近，让流动人口享受政府的安居工程，降低流动人口的购房成本和市民化成本，消除流动人口的后顾之忧，实现让流动人口流得起、进得来、留得下、过得好、有奔头的良性发展。在探索保障房建设的道路上，北京、上海、深圳、成都、黄石、淮安六个城市已经明确被列为全国共有产权住房试点城市。“共有产权房”是保障房的补充形式，购房人与政府或投资人共享产权，形成产权主体多元化，以后出售房屋所得按比例分成，减小购房者的压力。中低收入住房困难家庭购房时，可按个人与政府的出资比例，共同拥有房屋产权，而当市民有购买能力后，则可以向政府“赎回”另一部分产权，变“共有产权”为“自有产权”。①

开展多种培训。一方面，随着经济社会的高度发展和科学技术的进步，

---

① 高雪晴：《共有产权房给公租房注入新活力》，《中国建设报》2014 年 11 月 20 日。

企业需要越来越多的高层次技术人才和管理人才，对流动人口的素质提出了越来越高的要求。另一方面，各方面的原因造成流动人口文化素质较低和劳动技能薄弱，不能适应城市企业对人才的要求，从而形成流动人口就业稳定性低、就业层次低、流动性强的局面。为了提高流动人口的就业层次，增强其就业稳定性，流入地政府要根据当地企业对流动人口的需要，联合企业、高校、社区，通过多渠道筹措资金，有针对性地对流动人口进行文化知识和劳动技能的培训，提高其在城市生活的核心竞争力。

抓好流动人口的子女教育。随着社会发展，流动人口迁移模式逐渐转变为以家庭迁移为主要模式，他们举家迁移，带着老人，也带着孩子。孩子是祖国的未来，也是每个流动家庭的重心。大多数家庭是为了子女享受更好的城市教育资源才来到城市，但城市优秀的教育资源有限，使流动儿童的教育问题不能很好解决。不少城市都存在着对流动儿童的歧视现象，以各种名义对流动儿童收取借读费，或以多种理由少收、拒收流动儿童。流动儿童不能享受优质的教育资源，造成其文化素质和专业技能缺失，使他们面临贫困的代际传承和阶层固化的双重风险。流入地政府要根据当地实际情况，增建新的中小学，增加更多的优质教育资源，使每个流动儿童享有和原城市居民子女平等的教育，确保其接受教育的权利。这样可以减轻流动人口的经济压力，降低进入城市的代价，更重要的是可以提高流动儿童的素质，增加其人力资本。

扩大社会保障覆盖面。社会保险是社会保障体系的核心部分，是以国家为主体，由法律法规规定的专门机构负责实施，运用社会力量，通过立法手段向劳动者及其雇主筹集资金建立专项基金，以保证劳动者在失去劳动收入后获得一定程度的收入补偿，从而保证劳动力再生产和扩大再生产的正常运行，保障社会安定的一种制度。出于历史原因，流动人口社会保险参保率低，造成流动人口的权益流失。流动人口的社会保障问题亟待解决，如果不及时合理解决，就会影响经济社会发展和社会的和谐稳定。就实际操作来说，流动人口的强流动性给社会保障体系的建立带来了巨大的困难。应该给每个流动人口建立一个个人社会保险账户，走到哪里带到哪里，让个人账户随着流动人口一起流动，使社会保险覆盖到包括流动人口在内的每一个公民，让每一个公民公平享受经济社会发展的福利。

（四）完善流动人口信息平台

成立流动人口服务管理队伍。流动人口的覆盖面大、数量多、流动性强，造成了流动人口服务与管理任务重、困难多的局面。这就要求在流出地、流入地设立专门的基层工作机构，培养专门的工作人员，及时登记和更新流动人口信息，把握流动人口的流动趋势。这支队伍不仅要有热爱本职工作的热情，还要有胜任本职工作的技能，更要树立一切为流动人口服务的思想观念，以人为本，这样才能做好流动人口的服务与管理。

设计专门系统，动态掌握流动人员信息。目前，河南流动人口在公安机关登记的大约只有 37.3%，政府部门没有准确掌握流动人口的家庭成员、居住地点、居住时间、职业种类、劳动收入、社会保障等信息，无法全盘规划，造成资源浪费，也加大了流动人口的城市生活成本。政府要调动技术人员的积极性，根据河南省流动人口的实际情况设计专门的流动人口信息系统。

多部门相互协调。目前，河南流动人口信息分散于公安、计生、流管办等多个部门，信息分割、各自为政。为了全面掌握流动人口的多方面信息，各个部门可以使用同一个信息平台，并及时更新流动人口的信息，以便全方位、全过程、准确地掌握流动人口信息，进一步做好流动人口的服务与管理。

（五）促进流动人口心理融入

加大宣传，消除隔阂。农村文化与城市文化的差异，造成城市原居民对流动人口的不理解、不接纳，既加大了新旧居民之间的隔阂，也妨碍了流动人口的融入。传媒应大力宣传流动人口进入城市的积极作用，宣传流动人口给城市建设带来的显著效果，树立流动人口中的正面典型，纠正长期以来城乡分割造成的观念上的歧视，形成平等友善、和睦相处、共建城市的社会氛围，给流动人口提供一个温馨的“大家庭”。

利用社区，培养归属感。流动人口在城市中生活，处在经济接受、心理排斥的尴尬局面，并没有建立起与社区原居民的密切联系，更没有融入社区原居民的生活和文化圈子，而是处在城市的“边缘地带”，难免有被排斥、被隔绝的心理体验。参加社区组织的各种活动，不仅是流动人口自身认同城市社区的一种标志，同时也意味着其在某种程度上被城市社会接纳，使其在心理上有一种归属感、安全感，觉得自己是城市社会中的一员，进而培养流动人口的主人翁精神。通过社区活动，流动人口还可以获得与城市原居民一致的价值观念、行为方式、思维方式、生活习惯等，更容易与周围的城市社区融为一体，建立流动人口的精神家园。

心理教育，促进心理市民化。大量研究结果显示，流动人口在城市生活中存在一些消极的社会心态，其在城市生活的心理不适影响流动人口心理层面的融入，不能真正实现人的市民化。政府及相关部门要建立心理教育的专业队伍，和企业、社区联合起来，利用心理学、教育学的原理和知识，培养流动人口良好的心理素质，学会控制不良情绪，优化流动人口个性品质，并提供必要的心理咨询，疏解流动人口城市生活、工作、交往过程中的不良心理，促进流动人口心理的市民化。

参考文献

曹瑞阳、李中斌：《政策演变视角下流动人口管理和服务问题研究》，《海峡科学》2014 年第 4 期。

钟孟伟：《深圳流动人口动态管理》，《现代经济：现代物业中旬刊》2014 年第 2 期。

张语桐：《社区流动人口管理系统的设计与实现》，厦门大学硕士学位论文，2014。

郭玲：《心理教育：进城务工人员心理市民化的有效途径》，《中国成人教育》2013 年第 19 期。

B.23

河南青年志愿者发展状况研究

河南省青少年研究所课题组*

摘　要： 进入21世纪，河南省青年志愿者队伍得到了迅速壮大，志愿服务的活动领域不断拓展、活动规模不断扩大，河南青年志愿者的志愿服务方式和发展机制也得到了不断创新。志愿者是志愿服务的重要主体之一，是传递志愿服务的核心载体，而青年志愿者则是志愿者群体中最活跃、最有创造力的部分。本文以河南青年志愿者为研究对象，结合深入访谈与问卷调查，了解河南青年志愿者队伍的现实状况，总结其发展面临的问题，并提出有效的对策建议，力求在回顾河南青年志愿者队伍发展历程、分析河南青年志愿者队伍发展现状的基础上，为河南青年志愿者事业今后的发展建言献策。

关键词： 河南　青年志愿者　志愿服务

1993年12月，共青团中央正式在全国发起"中国青年志愿者行动"，2万多名铁路青年职工在京广线为广大旅客开展志愿服务，第一次亮出了青年志愿者的旗帜。志愿服务具有群众性、准公共性和非营利性的鲜明特点，是政府服务和市场服务的重要补充。20多年来，河南青年志愿者积极拓展服务领域，创新服务项目，夯实组织建设，参与社会管理创新，推动社会主

* 课题组成员：完颜华、韩冰、王豪、李明、张伶莉。

义现代化建设和中原经济区建设。青年志愿者的志愿行动已经成为社会积极向上的风向标、青少年思想道德建设的生动实践平台。青年志愿者行动得到了广大青年的积极响应，获得了党政领导和社会各界的充分肯定，受到了人民群众的普遍欢迎，产生了良好的社会影响，越来越多的青年及社会各界群众加入志愿者的行列。

一　河南青年志愿者的发展现状

（一）河南青年志愿者的现状

截至2013年10月，河南省注册青年志愿者人数达348.6万人，逐步形成一支以大中专学生、机关和企事业单位青年干部职工等为主体的相对稳定的青年志愿者队伍，累计向社会提供3984万人次、19.98亿小时的志愿服务。其中具有高中（职高）、大中专（技校）学历的占36.3%，具有大学本科学历的占44.2%。河南省青年志愿者志愿服务主要领域包括扶贫济困、助老助残、社区服务、生态建设、大型活动、抢险救灾、社会管理、文化建设、西部开发、海外服务等。结合河南实际，河南省先后组建了大学生志愿服务计划队伍、关爱农民工子女项目专员队伍、青年网络文明志愿者队伍、消防志愿者队伍、旅游志愿者队伍、环保志愿者队伍、平安河南志愿者队伍、关爱小天使志愿者队伍、文明交通志愿者队伍、地震救援志愿者队伍、春运志愿者专项队伍、食品安全志愿者队伍等15支专项队伍。同时，深入开展敬老爱老、助残、社区等志愿者队伍建设。调查得知，64.8%的青年志愿者参与过关爱农民工子女、关爱小天使等帮助弱势群体类志愿服务活动；50.1%的人参与过地震救援、敬老爱老、助残等医疗卫生服务类志愿服务活动；22.7%的人参与过旅游、环保等环境保护及美化类志愿服务活动；27.5%的人参与过青年网络文明、消防、平安河南、文明交通等宣传服务类志愿服务活动；春运等大型活动类参与比例为11.2%。志愿服务项目在具体细化中又会衍生更多，以郑州大学为例，

2014 年有 58 个院系项目、33 个服务队项目、27 个公益类社团项目，共计 118 个服务项目。

（二）河南青年志愿者的品牌建设

品牌是信誉与能力的象征，尤其是慈善公益类组织，品牌就是形象，形象就是生命。河南青年志愿者长期以来十分注重自身品牌的塑造。

1. 河南青年英雄帮扶志愿服务

2013 年 7 月，围绕河南省青年英雄“井喷”现象，启动实施的河南青年英雄帮扶行动是青年志愿者工作的深化与创新。按照“精神上关爱、生活上关心、解困上帮扶、发展上指导、权益上维护”“五位一体”的帮扶志愿服务工作内容，对河南省涌现的青年英雄开展“一对一”结对志愿帮扶服务。全省共开展 200 余次的实地调研活动，形成调研报告 150 份，建立较为全面直观的全省青年英雄帮扶信息库。同时，建立“河南青年英雄帮扶基金”，招募 1200 余名青年志愿者，组建 132 支志愿服务队，累计开展关爱慰问、农业助收、技能培训、创业扶助、医疗救治等志愿服务 380 余次，提供 4800 余人次、超过 1.5 万小时的志愿服务，发送中秋节日贺卡 163 张、祝福短信 620 余条，募集青年英雄帮扶资金 74.65 万元，募集各类慰问物资价值 19.4 万元，为帮扶行动的开展注入了强劲的力量。

2. 关爱进城务工人员子女志愿服务

关爱进城务工人员子女志愿服务活动，是志愿者行动的品牌工程之一，广泛动员青年志愿者为农民工子女健康成长提供形式多样、切实有效的志愿服务。河南省青年志愿者通过开展“实心结对子、真心送温暖、关心助成长、倾心连亲情、爱心游城市”的“五心”服务，运用“项目 + 阵地 + 活动 + 信息”的“四加”工作模式，科学设计“微笑 · 成长”志愿服务项目、“微笑四季”“温暖冬天”等活动，切实为进城务工人员子女送去温暖与服务。河南省建立了由 2209 人组成的“共青团关爱农民工子女志愿服务行动”项目专员队伍，共结对农民工子女较集中的学校 2860 所，结对农民工子女 732917 人，募集资金 2515 万元，建设“七彩小屋”“微笑吧”310 个，各类关爱阵地3955个，累计开展各种类型的“七彩课堂”活动21.77万次，约132.4万小时。

3. 大学生志愿服务基层计划

从2003年开始，按照公开招募、自愿报名、组织选拔、集中派遣的方式，每年招募一定数量的高校应届毕业生，到西部贫困县的乡镇从事为期1~2年的教育、卫生、农技、扶贫以及青年中心建设和管理等方面的志愿服务工作。自2003年活动启动以来，按照服务地的实际需求，经过认真选拔，河南省共派遣4384名思想过硬、品学兼优的“大学生志愿服务西部计划”志愿者分赴新疆和新疆生产建设兵团、贵州、陕西等西部地区，以及省内“农村党员干部远程教育”试点乡镇和158个基层团县委开展志愿服务工作。其中，1104人到新疆开展志愿服务，1854人到新疆生产建设兵团开展志愿服务，711人到贵州、陕西等西部地区开展服务，498人到本省158个县级团委开展志愿服务，研究生支教团有217人。在做好西部计划的同时，于2004年启动的地方项目“河南省大学生志愿服务贫困县计划”，累计向河南省兰考县、栾川县、洛宁县等20余个国家级或省级扶贫开发工作重点县的贫困乡镇派遣志愿者1800人。志愿者在当地扎实开展志愿服务，积极弘扬志愿精神，既有效服务了当地的经济社会发展，又促进了自身的成长进步，其影响和作用日益凸显。

4. 社会管理志愿服务项目

按照政府有关职能部门的部署，建立不同层次、不同专业类型的应急救援志愿者队伍，定期开展应急救援志愿服务演练活动，积极做好应对突发自然灾害应急救援的准备工作。组织志愿服务队2000余支、志愿者15万余名，积极参与2008年抗震救灾、2009年抗旱浇麦和抗击冰雪灾害、2010年玉树地震救援等救灾应急公共事务，有效服务人民群众的生产生活和国家粮食安全，充分发挥了突击队作用。与综治委等部门联合开展“平安河南志愿者专项行动”，以基层平安创建为载体，建立“爱心调解员志愿者”“法制宣传志愿者”“社区矫正志愿者”等队伍；与公安厅联合建立“文明交通志愿者”队伍，营造平安和谐的文明交通安全环境；与地震局联合建立

"地震救援志愿者"队伍，成为专业救援的重要辅助力量；与铁路局联合建立"春运志愿者"队伍，有力支援了铁路春运的顺利开展；下发《河南省消防志愿服务活动工作标准》，进一步树立消防志愿服务品牌。同时，支持商丘市水上义务救援志愿者服务队、红五月公益联盟等民间应急救援志愿者队伍的发展和服务。

二　基于实证研究的河南青年志愿者发展困境分析

为了更加深入地了解河南青年志愿者队伍的服务运行现状，本文对洛阳、平顶山、焦作和郑州等地的志愿者进行了问卷调查，总共发放调查问卷480份，回收问卷447份，其中有效问卷437份，有效率为91%（本文把青年志愿者年龄范围界定为14～39岁）。

（一）实证发现

1. 队伍建设

随着志愿服务活动的不断发展，河南志愿者队伍日益壮大，特别是青年志愿者的数量逐年递增，在志愿服务活动中发挥着不可忽视的作用。青年志愿者具体情况分析如表1所示。

表1　样本的基本信息

变量	指标	频数	频率(%)	样本数	缺失值
性别	男	198	45.3	437	0
	女	239	54.7		
年龄	14～19岁	18	4.1	437	0
	20～25岁	94	21.5		
	26～30岁	219	50.1		
	31～35岁	60	13.7		
	36～39岁	46	10.6		

续表

变量	指标	频数	频率(%)	样本数	缺失值
文化程度	初中及初中以下	61	14.0	435	2
	高中/职高/大中专/技校	160	36.6		
	大学本科	193	44.2		
	硕士研究生	20	4.6		
	博士研究生	1	0.2		

从上表可以看出，在青年志愿服务的队伍中，20～39岁、大中专及以上学历的青年志愿者已逐步成为青年社会志愿服务事业中的主力军，这部分群体人数多、影响力大，是推动青年志愿服务发展的重要人群。

2. 服务领域

调研数据显示，64.8%的青年志愿者参加过帮助低收入阶层、贫困阶层的社会服务；50.1%的青年志愿者参加过医疗卫生服务；27.5%的青年志愿者参加过科普、政策及法律宣传服务；22.7%的青年志愿者参加过环境保护与美化服务；19.0%的青年志愿者参加过儿童、青少年教育与心理咨询服务；11.9%的青年志愿者参加过社区治安、纠纷调解等社会安全服务；另外还有11.2%的青年志愿者参加过大型会展、大型活动服务；也有一些青年志愿者认为自己参加的志愿服务没有包括在问卷设计之内（见表2）。

表2　志愿者参与志愿服务领域

变量	指标	频数	频率(%)	样本数	缺失值
志愿服务项目	帮助低收入阶层、贫困阶层的社会服务	283	64.8	437	0
	儿童、青少年教育与心理咨询服务	83	19.0		
	医疗卫生服务	219	50.1		
	科普、政策及法律宣传服务	120	27.5		
	环境保护与美化服务	99	22.7		
	社区治安、纠纷调解等社会安全服务	52	11.9		
	大型会展、大型活动服务	49	11.2		
	其他	35	8.0		

3. 服务频率

调研数据显示，青年志愿者的服务时间比较规律（如每周一次），能够保持该频率长期参加志愿服务的人数所占比重最大，为59.0%；集中一段时间参加活动的占17.8%；只是偶尔参加的占12.7%；时间不规律，但一直参加的所占比例最小，仅为10.5%（见图1）。从调研数据可以看出，有规律、有组织的志愿活动更容易吸引和激发青年志愿者的志愿服务热情。

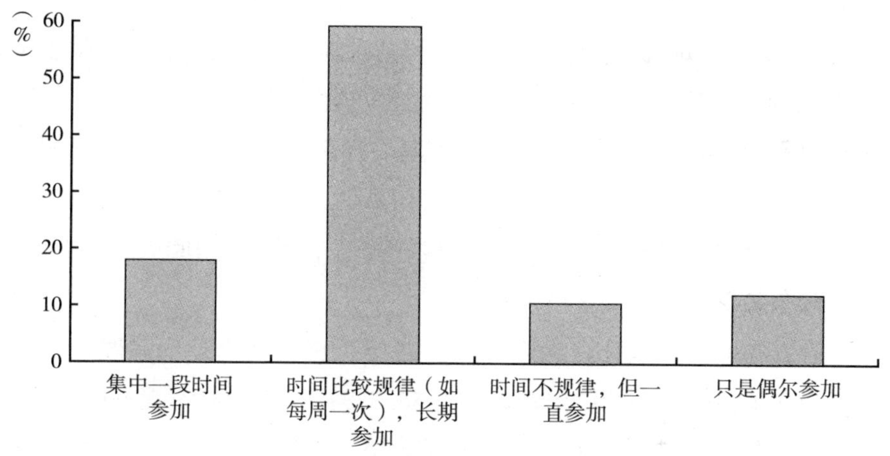

图1 参加志愿服务的频率

4. 服务动机

表3 志愿服务动机分析

变量	指标	频数	频率(%)	样本数	缺失值
参与志愿服务的动机或原因	对弱势群体的关心和同情	341	78.0	437	0
	对社会的责任感	135	30.9		
	被要求做一定数量的志愿服务活动	18	4.1		
	获得心理上的成就感	183	41.9		
	可以获得相应的奖励	20	4.6		
	充实自己的生活,实现自身价值	166	38.0		
	其他	53	12.1		

对青年志愿者动机的研究，是正确理解青年志愿者参与志愿活动的基础。在调查的437份有效问卷中，问及参与志愿服务的动机时，选择“对弱势群体的关心和同情”的比例最大，占78.0%；其次是“获得心理上的成就感”，占41.9%；选择“充实自己的生活，实现自身价值”的占38.0%；选择“对社会的责任感”的占30.9%；选择“其他”的占12.1%；相对而言，选择“可以获得相应的奖励”与“被要求一定数量的志愿服务活动”的所占比例较小，分别为4.6%和4.1%。

从以上数据不难看出，青年志愿者参与志愿服务大部分是出于利他主义心理，对弱势群体感情逐渐由同情升级为关怀，再由情感关注转化为实际帮助，最终由实际行动转化为自我实现与人生成长。在洛阳调研参与社区志愿服务的青年大学生时，有些大学生这样说道：“暑假参加志愿服务活动，不仅可以充实自己的生活，增加社会经验，也可以结交一些朋友，增长自身阅历。”

5. 服务效果

针对青年志愿者践行志愿服务时的期望是否得到满足的问题，调查显示，认为期望得到实现的比例较高，占56.8%；认为没有实现自己期望的，占11.4%；说不清楚的占31.8%。青年志愿者在践行志愿服务时总会有一定的心理期望，当这种期望得以实现时它就可以转化为激发青年志愿者更好、更持久地践行其志愿精神的热情与活力，这种期望得不到满足则势必挫伤青年志愿者的志愿积极性。

6. 激励措施

关于“给予志愿者适当补偿能否提高其积极性”的问题，认为能够提高青年志愿者积极性的占49.4%，认为不能的占34.6%，不知道的占10.7%，拒绝回答的占5.3%。从数据来看，有接近一半的人认为，为青年志愿者提供一定的补偿是有助于提高青年志愿者积极性的。

（二）困境分析

1. 志愿服务参与积极性高，但专业程度不高

首先，青年志愿者参与活动的积极性大于专业性。志愿者中有59%的人

能够将志愿服务活动作为自己日常生活的一部分，长期坚持参与活动。但是，河南省青年志愿者的主体是大中专学生和机关企事业单位青年，人员组成过于单一，专业技术性人才相对缺乏。以青少年教育与心理咨询类志愿服务为例，仅有19%的青年志愿者参与过此类活动。其次，组织中的专业人才无财力保障，兴趣志愿让位于专业志愿。由于志愿组织尤其是草根非营利组织，所募集的志愿资金难以向组织管理人员提供如企业那样的薪酬、福利待遇，使这些组织在发展的过程中很难有具有相关专业素质的人员的参与和帮助。即使是有专业能力的青年志愿者，在选择参加志愿项目时，往往也侧重选择新鲜感强的项目而不愿意从事自己日常工作中所从事的专业。

2. 志愿服务团体发展迅猛，但科学统筹不足

2013年10月，河南省省辖市志愿者协会有143个，县（市、区）志愿者协会有399个，高校志愿者协会有124个，志愿者服务站（服务中心）也由1246个发展到3864个。志愿服务团体规模化发展，但志愿服务团体大多是在政府或者官办社团的扶持下发展起来的，普遍具有浓厚的行政色彩，在管理体制方面没有摆脱政府的行政干预，活动领域和活动方式上没有足够宽松的制度空间。草根志愿组织在登记注册的过程中，如找不到合适的管理单位就不能获得合法身份，导致部分志愿者组织放弃取得合法的身份认证。从人员流动性看，大多志愿组织的成员均为自愿加入，利用业余时间来参与组织活动，很多志愿者由于种种因素，不能长期、固定地参与组织活动，这在一定程度上造成组织内部稳定性较差，缺乏长期在组织内部服务的人员。在活动组织形式上缺乏创新，缺乏有效的协调机制，青年志愿组织相对独立、各自为政，没能充分挖掘社会资源，不能提高青年志愿服务的层次与水平。同时，存在重服务项目、轻服务效果的现象，对志愿者队伍的培训工作和服务水平缺乏足够的重视。

3. 志愿服务领域不断拓展，但制度保障不够

近年来，青年志愿者的社会参与更加广泛，志愿服务领域逐步拓展，也越来越引起社会各界的关注和肯定。但是由于缺乏有效的法律制度和权益保障制度，青年志愿者在提供志愿服务的同时，自身的合法权益往往不能得到

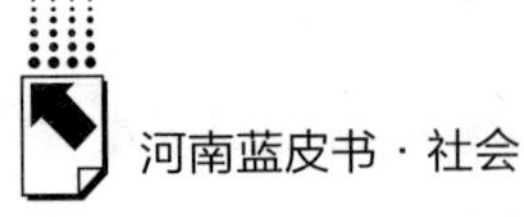

有效的保障，一些损害志愿者权益的现象时有发生，志愿者在公益活动中一旦发生意外，便会面临无法寻求援助的尴尬局面。

4. 志愿服务项目日趋广泛，但组织资金不多

青年志愿者组织遇到的另一困境是资金短缺。作为青年志愿者组织，尤其是草根性青年志愿者组织，其运作资金主要靠自筹。青年志愿者组织来自民间，所拥有的资金绝大部分投入到助人活动中，在日常组织运作方面资金较为缺乏，发展过程中由于资金的缺乏，给组织带来了诸如无固定办公地点、必要办公器材不足等一系列问题，限制了青年志愿者组织的发展。

5. 志愿服务内容相对完善，但公益意识不强

相较其他国家，我国公民参与志愿服务的程度较低，公民基础相对薄弱。由于社会对志愿精神、志愿文化的宣传并不十分到位，广大青年民众对志愿者缺乏相应的了解，形成许多偏见和误解，甚至挫伤了青年志愿者的积极性。

三　河南青年志愿者发展对策建议与展望

（一）对策建议

1. 围绕发展大局求作为

充分发挥党委的领导作用，坚持党委领导是关键原则。在此基础上积极按照国家的部署，充分发挥共青团组织作为青年志愿服务主管单位的职责，全面推动青年志愿者队伍建设及相关领域志愿服务的开展。青年志愿者组织应整合各个部门如文明办、工会、妇联等志愿服务资源，实现资源统筹管理的协调机制。将各类志愿服务组织纳入整体组织管理体系之中，从而形成一个筹备—招募—培训—实施—考评—总结—表彰的完整工作体系，既能充分挖掘志愿者资源，又能保证志愿者服务水准。

2. 紧抓项目运作树品牌

不断拓展服务领域，完善项目规划体系，持续做好重要项目活动，创新

重要领域服务项目，大力支持基层志愿者直接参与的服务项目发展，满足多样化需求，努力拓展志愿活动空间，延伸服务手臂，建立各具特色、内容丰富、层次鲜明的志愿服务项目体系。利用市场化、社会化的手段，通过社会募集、企业资助、商业赞助等多种方式，积极协调统筹人员、经费、政策等资源，推动建立志愿服务行动专项基金。利用社区活动中心、爱国主义教育基地、青少年宫等，广泛建立和完善各级志愿服务站（点），稳固项目活动阵地，打造河南省青年志愿服务品牌。完善相应的监管机制，赋予社会各界以监督权，保证组织内部的公开、透明，只有这样才能将资源合理、有效地投入到志愿服务活动中。除了完善监督机制，提高志愿组织的公信力，还要在志愿组织内部进行以人为本、使命优先的道德伦理教育，培养组织管理者和志愿者的人本观念与道德使命感。同时，还可以借鉴企业的运行机制，加强组织内部的民主监督，提高组织的运作效率，防止内部控制，从而达到品牌建设的目的。

3. 坚持文化宣传聚合力

青年志愿者组织和个人若想在志愿行动中成就自己、有所作为、有所建树，离不开组织和个人对各种社会资源的有效利用。常用的社会资源包括人力资源、资金资源、自然资源、宣传资源、人文资源等，只有将这些资源利用好、整合好，才能够更好地促使河南省青年志愿者事业朝着更加美好的方向发展。鼓励志愿组织与企业开展广泛合作。现代社会企业对社会责任大多非常重视，通过和志愿组织的合作，可以塑造其奉献、向上的社会形象，还可以了解志愿组织的服务对象，并发展其潜在的志愿者，实现双方的互惠共赢。此外，只有当青年们的志愿服务意识得到充分启发，青年志愿者组织才能有源源不断的发展活力，有效的志愿服务活动才能得以顺利持续地开展。因此，要充分利用政府、街道、社区、新闻媒体、团属网站等多条宣传渠道，普及志愿服务知识，传播志愿理念，弘扬志愿精神，开展具有广泛性和针对性的宣传活动，搭建文化服务和参与平台，广泛宣传青年志愿者行动，对志愿服务的新举措、新进展、新情况进行及时报道，动员和吸引更多的青年投入志愿服务活动中。

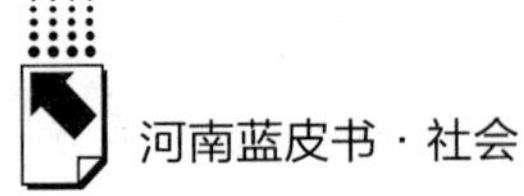

4. 夯实组织建设固根基

随着青年志愿者队伍的不断扩大，志愿服务活动领域的不断拓展，志愿服务必将向着“去行政化”的方向发展，志愿服务的监督权与行政权实现分离，民间力量组织志愿活动成为必然趋势。志愿服务项目的社会化运作更加成熟，通过政府补贴和建立志愿服务基金会等方式，为志愿服务提供有效的资金保障，从而使得志愿服务人员长期化、稳定化、专业化。随着志愿服务立法的不断成熟完善，不断壮大的青年志愿组织将对社会稳定、和谐、发展、进步产生积极而长远的影响。

5. 完善法律制度做保障

积极推动志愿服务立法工作，建立健全科学合理的工作机制和规章制度，进一步规范志愿服务，逐步实现志愿服务常项化、规范化、制度化，使志愿服务工作纳入法制轨道。从国家层面对志愿服务的有关概念和法律责任进行明确与规范，通过法律保障志愿者合法权益不受侵害。应结合我国具体国情制定一部具有中国特色的《中国志愿服务法》，通过国家立法的形式，指导地方法规的制定，改变地方立法层次低、地方差异大的现象。结合河南省具体情况，加强配套法律的完善，加强对地方性志愿服务法规的修订，使其与相关志愿服务法规相互衔接、相互配套，从而构建一个完整的、可确保志愿服务事业健康持续发展的法律体系。提高志愿者和志愿组织在相关法律关系中的地位，降低草根组织的准入门槛，以备案等制度代替主管部门注册制度，提升民间志愿服务的积极性。

6. 提升管理服务促发展

首先，做好志愿者招募规划，完善志愿者注册登记和服务认证制度。充分发挥志愿服务主管单位职责，加强青年志愿者队伍建设，整合志愿者资源，建立统筹管理协调机制，逐步建立健全志愿者招募、注册、选拔、培训、考核、表彰等工作体系。实行统一的青年志愿者注册登记制度，明确志愿项目说明，包括职责、任务、时间、所需知识和技能等。志愿者服务认证制度，可以不断激发志愿者的志愿热情，同时增强志愿者坚持该志愿行为的决心和毅力。构建青年志愿者管理信息平台，实现对志愿者个人情况的综合管理。其次，建立风险补偿与保障机制。志愿服务活动中也存在风险，如在大型的救灾活动中，一些志愿者可能会突发意外甚至牺牲生命。在一些社会治安或者法律纠纷的服务方面，青年志愿者也可能会受到权益损害或身体伤害。青年志愿者组织应协同社会各有关方面，做好青年志愿者在志愿活动中的风险管理工作，制定相应的风险管控制度。青年志愿者组织可以利用会费或政府给予的资金补助为组织成员购买相应保险，让志愿者更加安心地参与志愿服务活动。

7. 完善激励制度增活力

首先，建立评估机制，创新激励方法。有效评估是各种激励措施的基础，对青年志愿者的认可，不仅看其志愿时数的多少，而应综合评估其志愿行为的方方面面，以此对志愿者做出更加全面的评价。对志愿者的奖励可采取多种方式，如在组织内部进行表彰、褒奖，先进事迹的刊载，日常生活中的关心、倾听意见等，都能激励青年志愿者的工作士气。各级政府与团委在志愿者激励方面更要主动发挥作用，面向所有青年志愿者组织，表彰组织的先进人物，如评选各级优秀青年志愿者等。如果可以为他们的志愿行为提供一定的补偿，在某种程度上也可以提高其积极性。但总体上对青年志愿者的激励方式，仍应以精神激励为主、物质激励为辅。其次，通过内部民主、社会支持，促进志愿者行为的持续化。青年志愿者遵循平等自愿的原则加入青年志愿者组织，参与志愿服务活动，在组织中拥有平等的地位。青年志愿者组织中的领导者和管理者与志愿者不是上下级、管理与服从的关系，而是一种合作关系。青年志愿者组织应该秉承以人为本的理念，采取人性化的管理，对青年志愿者的志愿行为进行认可和鼓励，让青年志愿者充分参与到组织的活动决策和管理当中，建立青年志愿者与组织间的互信关系。

（二）发展展望

根据上文对河南青年志愿者发展现状的研判，特此建构河南青年志愿者发展展望模型（见图2）。

如图2所示，志愿服务中的各个主体应在同一个平台上互相沟通，党委、政府以及各级团组织应对青年志愿者组织和青年志愿者尽到督导与保障

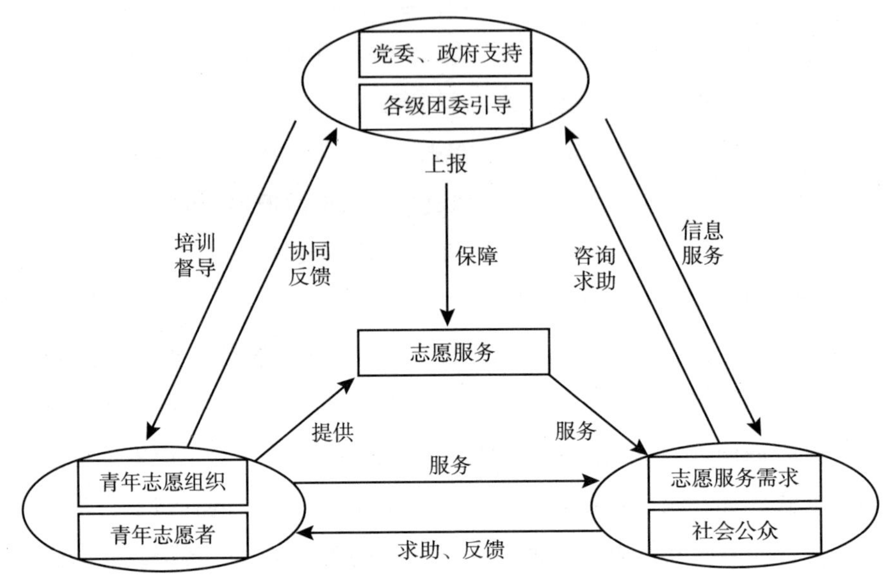

图2　河南青年志愿者发展展望模型

的职责。同时，青年志愿者组织以及青年志愿者要达成同各级党委、政府、团组织以及社会公众与受助方的良性互动。一方面，志愿服务的需求方应有有效渠道反映自身的诉求；另一方面，各级党委、政府、团组织要在青年志愿者发展的进程中有作为，保障志愿服务的供需双方沟通顺畅、不受伤害，并尽力给予必要的支持。

综上所述，随着河南省社会、经济的快速发展与社会转型和民众公益意识的觉醒，志愿服务必然呈现欣欣向荣的景象，青年志愿者队伍势必不断多元、壮大。面对多元、繁荣的青年志愿者组织，各级党团组织与政府必须思考自身的转型问题，让各类型的青年志愿组织和青年志愿者充分发挥其在志愿事业中的创造力。青年志愿者的志愿行为体现了人类价值的最高形式，社会各界应当竭尽所能地完善志愿服务中的管理、运作、支持、激励机制，使青年志愿者在志愿行动中既献出自己的爱心，又能体会并感受到社会的关爱。只有将青年志愿者变成一种值得自豪的称谓，把志愿服务变成一种愉悦的体验，志愿精神才能在全社会得到充分弘扬，社会资源才能源源不断地向志愿服务靠拢，社会也会最终因为青年志愿者组织与青年志愿者的存在而更加焕发光彩。

参考文献

张明锁、王豪、李杰等：《中国青年志愿服务有效供给机制研究》，《中国梦与当代青少年发展研究报告——第九届中国青少年发展论坛（2013）优秀论文集》，天津社会科学院出版社，2014。

董强、翟雁：《中国民间志愿服务实践与国际和地区经验》，知识产权出版社，2011。

丁元竹、江汛清、谭建光：《中国志愿服务研究》，北京大学出版社，2007。

徐中振：《志愿服务与社区发展》，上海三联书店，1998。

袁媛、谭建光：《中国志愿服务：从社区到社会》，人民出版社，2010。

龙菲：《当代中国的社区志愿服务》，《城市问题》2002 年第 6 期。

田军：《志愿服务理论与实践》，立信会计出版社，2007。

郭媛：《基于对比视角的中国志愿者活动现状、不足及对策》，《南通大学学报》（教育科学版）2009 年第 2 期。

任云霞：《大学生参与社区志愿服务的行为意向探析》，《四川理工学院学报》（社会科学版）2008 年第 8 期。

韩彬翔：《社会转型期志愿服务组织运行机制初探——以绍兴市为例》，《绍兴文理学院学报》2010 年第 4 期。

Abstract

This book, compiled by Henan Academy of Social Sciences, systematically sums up the achievements received in the social-construction field in Henan Province during the recent years, hackles the characteristics of the social situation development at present, analyzes the hot、difficult and focused problems faced with nowadays, studies the development trends in the future scientific and rational, and also offers some proposals on the social construction as well as the objectives for reform and development in Henan in 2015 and in future.

Based on the spirit of the Decisions by the Third and Fourth Plenary Session of the 18th Central Committee of the Chinese Communist Party, the thread of 《Blue Book of Henan (in 2014)》 is "to promote the ability and level towards modernization that the Government manages the society, to deepen social system reform and to expand the social undertakings open" . Some major problems which occur in Henan Province such as social governance, people's wellbeing construction, public security, and so on are unscrambled comprehensively and systematically.

This book is composed of the main report, reports on system reform and social governance, reports on online public opinion and public security and reports on people's wellbeing construction and social security. The main report has concentrated on the whole book's key thoughts and ideas. In the opinion of the main report, in 2014, Henan Province has always explored reform and advanced steadily, a series of policies such as adjusting the structure, maintaining stability, and promoting development, etc. have achieved remarkable results, the level of social construction has been promoted larger, people's livelihood has been solved better, the strategic position of social governance has been enhanced, and the reform of social management system is facing the new opportunity. However, there are some problems to be solved. For example, the government's social-management level is to be further improved and its functions is urgently to be further transferred, the openness in the field of social undertakings is not enough, social organization is not developed which is smaller and low-quality and the number of social organization with bridge-bond effect is even fewer, old-age service system has lagged behind which cannot fit in with the needs of the aging and advanced-age society, and the legacy of new rural community construction still cannot be solved better and the like. The difficulties and problems facing at present can be solved step by step only if the management system reform of social undertakings is further deepened.

The reports on system reform and social governance, online public opinion and public security and people's wellbeing construction and social security analyze thoroughly the significant items in the social field in Henan from different fields and points of view, reflect the basic status quo、contradictions and problems in the social development in Henan, put forward some measures and proposals on the social development in 2015 in Henan, and also look into future situation overall.

Contents

B I General Reports

Abstract: Henan Province has always explored reform and advanced steadily in 2014. A series of policies such as adjusting the structure, maintaining stability and promoting development, etc. have achieved remarkable results. The level of social construction has been promoted larger, people's livelihood has been solved better, the strategic position of social governance has been enhanced, efforts against corruption had been intensified, social opinions become good and the whole society is in stability as a whole. However, there are some problems to be solved. For example, the government's social-management level is to be further improved and its functions is urgently to be further transferred, the openness in the field of social undertakings is not enough, social organization is not developed which is smaller and low-quality and the number of social organization with bridge-bond effect is even fewer and old-age service system has lagged behind which cannot fit in with the needs of the aging society. At the same time there are some opportunities for the development. For example, with the needs of public service rapid growth, social services will have a large space which will create many new jobs, the new-type urbanization has been pushed on rapidly and the openness in the field of social undertakings has been expanded steadily, which will bring along other industries to develop. Zhongyuan city group has been brought into the national strategic planning which will bring the significant historical opportunity for the economic and social development in Henan. The difficulties and problems facing at present can be solved step by step only if the management system reform of social undertakings is further deepened. Therefore, we should create the social-governance system and mechanism and improve its ability and level, further strengthen the reform on household register and others, drive on the reform on agricultural land and dwelling house actively, sovle the legacy of new rural community construction properly, enhance network-governance ability and level, and guide and regulate online public opinion correctly, and so on.

Keywords: Social Governance; Social Undertaking Openness; Household Register NewDeal; New-type Urbanization

Abstract: There are many social hot questions related to deep system problems in the economy and society in Henan in 2014. In Blue Book of Henan (in 2014) we selected ten hot questions, hackled carefully and commented on them briefly in order to provide some useful reference to futher deepen the reform. The ten questions are the followings: college entrance examination system reform, managing and regulating highway's station card、fines and fees, barbaric demolition, local officials'style construction, administration by law, government information publicity, governing air pollution, preventing and punishing the corruption system construction, the immigrants'stable development in the South-to-North Water Diversion Project, household registration system reform.

Keywords: Henan; Social Hot Questions; Hot Questions Analysis

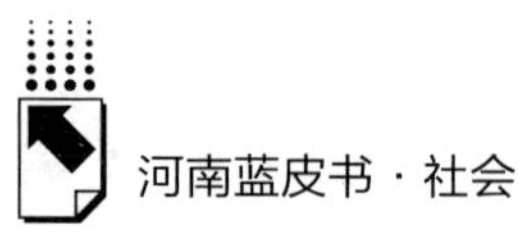

ⅡB Ⅱ Reports on System Reform and Social Governance

Abstract: There is a growing perception to develop social organization strongly today. The social organizations in Henan have developed rapidly in these years which has become an important force to encourage innovation in social management. There are some remarkable results in the construction and management of social organizations as well as some problems that cannot meet the social and people's demands. Therefore, we should shape modern idea, strengthen the top-level design, construct modern social organization system, increase supportive strength, establish and improve governmnet-purchasing service system, improve the breeding mechanism, innovate the regulation system and reinforce self-development, which is the effective route to develop social organization, and is also the inherent meaning to deepen the social-management system reform in the new period.

Keywords: Henan; Social Organization; Construction and Management

Abstract: With the Third Plenary Session of the eighth innovative social governance system as an important part of promoting national governance systems and governance modernization since, Henan Province in promoting social governance has made exploration of localization. This paper discusses the experience of Shenzhen and Henan practices based on social work attempts to explore this opportunity and social organizations involved in the path of social governance, aims to propose feasible suggestions for the promotion of social governance scientific Henan Province.

Keywords: Social Governance; Henan practice; Government Purchases

Abstract: In general, the achievements of rural land system reform are significant in Henan province. However, Henan province also faces some problems that cannot be ignored, such as the nonstandard procedure of land circulation, the change of land function, the universal compulsory land circulation, the deficiency of rural housing land's compensatory exit mechanism, etc. In order to promote Henan province's rural land system reform, we should firstly establish standard land circulation system, secondly explore the compensatory exit mechanism of the rights of contracted management and housing land use, thirdly strengthen the governance of the illegal behavior relevant to rural land.

Keywords: Henan; Rural Land System; Housing Land

Abstract: Although the rural grassroots governments of Henan province still face various problems of governance after several reforms, specifically including the serious shortage of resources, the heavy task of governance, the complex governance environment, the difficult transformation of functions, and the single governance subject. Basing on the analysis of the current situation and the problems of the township government in Henan province, the research proposes some measures such as reforming and completing the current financial system of township government, transforming the rural cadres'governance notion, unblocking the channels for the populace participating in administration, and improving the assessment mechanism of the rural cadres, to comprehensively promote the governance of the rural grassroots governments in Henan province.

Keywords: Henan; The Rural Grassroots Governments; Governance; Measure Problem

B.7 The Optimization Research of Social Security Financial Supplying System in Henan

Abstract: Through the method of empirical analysis, we analyze the financial supply in social security system of Henan Province, summarize the benenficial results of social security development, compare financial parts of social security expenditure level within Henan province. We find that the major problems of financial supply in social security system of Henan Province main problems include: ①the lack of financial support for development of the social security to build a normalization mechanism, ② the lack of financial support for social insurance expenditure structure to build a rationalization mechanism, and ③ the lack of supervision in financial expenditure of social security system of Henan province. Finally, We put forward corresponding suggestions to solve these these problems.

Keywords: Social Security; Financial supply; System Optimization

Abstract: The paper thinks that with the deepening of social and economic reforms, community service plays a positive role in residents'life and social development. This paper describes the status of the city community service system in Henan Province, think that city community service system at the primary stage, the developments among different regions are imbalanced, the construction of community service system in different regions have their own characteristics. We also analyzed some problems existing in Henan city community service system. For example, the lack of community service facilities, the personnel shortage in community service and the community service mechanism is faulty, community residents autonomy is weak. We brought up some possible solutions to improve the community service system in Henan Province, such as increase the government's investment, strengthen community service system innovation, enrich the contents of community service, intensify the construction of community service personnel team, etc.

Keywords: Community Service System; Basic Public Services; Community Volunteer Service

B Ⅲ Reports on Online Public Opinion and Public Security

Abstract: In the overlap period of a society full of risks and a network society, frequent network public opinion events are considered normal. Some changes have taken place in the network public opinion environment in 2014, and the number of public opinion events does not reduce. The focus of network public opinion is still on those events related to government officers and politics. Environment pollution becomes a sensitive issue causing discontents of people. Although Internet public opinion events are some individual cases, they reflect "the cognitive differences between people and the government"; institutions being sluggish; appealing channels impeded and so on. The guidance and management of network public opinion is not the official control of people, but the co-governance of the official and the people. The basic concepts and principles of public guidance and network governance are eliminating private opinions and private interests attached to the event; presetting position; considering something as it stands; making rational interaction; and highlighting the right and wrong.

Keywords: Internet Public Opinion; Public Opinion Guidance; Network Governance

Abstract: Closely related to the interests of the masses, public safety is the most important social demand of human society. In recent years, provincial party committee, provincial government as well as the party committees and governments at all levels of Henan have actively responded to challenges, overcome difficulties, forged ahead and deepened reform. They have carried positive explorations and reforms in food and drug safety, production safety, emergency management, public security prevention and control, network security and other aspects, maintaining the overall smooth of social public security situation and providing solid guarantees for Henan province's economic and social development. However, there are still destabilizing factors affecting public security. With the deepening of economic and social structure transformation of Henan, the public security of Henan faces many new and severe tests. Party committees and governments at all levels should pay more attention to public safety oversight, improve people's public security awareness and strengthen the construction of system and laws so as to further improve the public security system.

Keywords: Henan; Public Security; Security Situation

Abstract: In this paper, analysis and evaluation of the face in Henan Province in recent years, major six social risk, They are the employment social risk, land acquisition and demolition of risk, the risk of environmental pollution, ageing social risks, rural decline risk and risk retaliationvent one's anger. Analysis and prevention of social risks in advance, to resolve the social crisis, efforts to achieve social harmony and stability.

Keywords: Henan; Social Risk; The Social Crisis

Abstract: This article gave a clear thought that the building of government's risk management capability was play the main role in the society in risk management. The government's risk management capability centralized reflection of emergency capability, processing capacity and control capacity. This research analyzed government's risk management action based on the risk event of Henan Province in 2014, and concluded that risk warning capacity, emergency treatment capacity and compound decision capacity were government's ability factors. At last, the article gave countermeasures and suggestions to the building of government's risk management capability to prevent and solve social risk events.

Keywords: Risk Management; Analysis of Risk Management Action; Analysis of Ability Factor; Risk Event

B. 13 Research on Network Awareness and Behavior of Internet Users of Henan Province *Jiang Meihua*, *Li Xingzhen* / 156

Abstract: In recent years, with the popularity of the Internet, the influence of Internet on people is increasing. On the one hand, network awareness and behavior of Internet users in Henan Province is showing a modern development trend and characteristics, on the other hand, there are also some real problems which need social attention, such as lack of awareness of the depth of Internet users when they use the network, low level of network technology; lack of civic awareness and network politics extent and level; lack of awareness of net-controlled, non-rational network behavior exists to some extent; dislocation network performance conscious users, network behavior appears gender bias; lack of network security and the awareness of rights their rights violated by the network and other violations. To do this, we need to make relevant suggestions from multiple levels: (1) the micro level: cultivate personal network awareness; enhance their overall literacy; (2) the meso level: optimizing network support platform; optimization community, units, and family support platform; optimize network operator platform; (3) the macro level: to improve the strength of economic development; promote advanced social culture; improve relevant policies and regulations; government attaches great importance to network management. Through the cooperation of all social parts, the network users will make better healthy awareness and behaviors, promote positive interaction between network use and social development.

Keywords: Henan; Network Awareness; Network Behavior

B. 14 The Report on the Internet-life Conditions of the Teenagers in Henan *Research Group of Henan Youth belonging to Henan's Party committee* / 172

Abstract: With the development of the rapid popularization of network,

network life has become a very important part of teenage life, a profound impact on the youth's ideology, behavior norm and value orientation. This paper takes Henan province teenagers as survey samples, grasp the basic situation of young Internet users, the network behavior characteristics, analysis of teenagers'network life problems, at last, in view of the present situation can be implemented given the guide the young people the right to treat the network life countermeasures and suggestions.

Keywords: Henan; Adolescent; Network Life

B Ⅳ Reports on People's Wellbeing Construction and Social Security

Abstract: At present, the college graduates'employment is becoming a hot spot of social attention problems, solve this difficult problem become the most important employment at all levels of the government. For henan, affected by many factors, present a normal college graduates'employment, the long-term trend. Past relevant theoretical research and working practice, not enough attention to the employment of university graduates quality problem. Along with the social development to speed up the transition and the employment of university graduates quality awareness has increased, the employment of university graduates needs to be from the emphasis on "quantity" to pay more attention to the transition of the "quality" .

Accordingly, this project is based on henan actual situation, closely with henan employment practices, nearly five years of graduation and employment in henan province college graduates as sample, the current henan college graduates employment quality is to carry out the comprehensive survey. The survey to grasp the current henan college graduates employment quality basic situation, based on the investigation put forward the countermeasure and the suggestion of also has strong pertinence

Keywords: Henna; College Graduates; Employment Quality

Abstract: In the context of Population Aging, the contradiction between supply and demand of pension services is evident highlighting in our nation. Just under such background, according to the five typical cities'investigation in Henan Province, our task group launch the research digesting the current elderly care in the aspect of supply and demand. Through analysis about approximate 2221 statistical samples data and vast arrays literature, our group draw a conclusion that there are shortage discrepancy about demand-supply and structural contradiction, seeking severe issue in the system of elderly care service. Thus, on this basis, we draw advanced experience from international and domestic pension service indusry, we put forward the major viewpoint that it is pivotal to establish impartial general-welfare and sustainable social old-aged service system.

Keywords: Population Aging; Pension Services; Contradiction between Supply and Demand; Old-age Service System

Abstract: Income distribution system, the cornerstone of economic and social stability, is the foundation of economic and social sustainable development in which encouraging the creation of wealth. For over thirty years after reform and opening-up, the reform of income distribution system has been pushed forward synchronously with the mode of production, mode of economic development and social needs. Tremendous changes have taken place in the material and spiritual life of urban and rural residents with proceeding the promotion of social wealth of great growth. Standing at the crossroads of economic and social transformation development, the reform of income distribution system is agreed on again by people in all walks of life to jointly promote the economic and social co-operation to a higher level steady with the market vitality and creativity fully released.

Keywords: Henan; The Reform of Income Distribution System; Creation of Wealth

Abstract: In recent years, the income of urban and rural residents in Henan province achieves steady growth and its structure transforms to be diversified from being unified. The proportion of residents participating in the distribution of national income remains stable and the income gap between urban and rural residents of the province is narrowing continuously. Urban and rural residents enjoy a certain degree of reforming achievement. However, due to deep-rooted distribution gap, the income divide between urban and rural residents of the province still has not been fundamentally changed and it remains be the focus of a series of social contradictions. Under the new normal economy, we must accelerate the reform process of system for the formation of a reasonable and orderly pattern of income distribution in order to increase quickly the living standards and income levels of urban and rural residents, solve income gap problem and benefit residents equitably with more and better fruits of development.

Keywords: Henan; New Normal; Urban and Rural Residents; Income Distribution; Income Gap

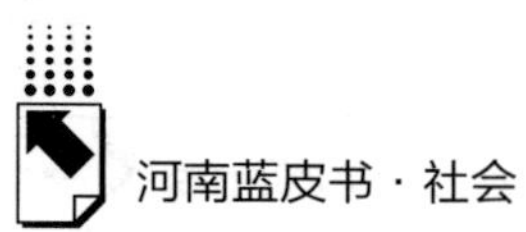

B. 19 The Survey of Migrant Workers of Henan Province

Li Huaiyu / 252

Abstract: With the development of economy and society, the migration movement has become a normal state of modern society. Increasingly frequent population flow has made active contributions to the economic development. However, how to make migrant workers better involved in the city has become an inevitable problem in the process of urbanization. In this survey, we make investigations into and interviews with the migrant workers of Yanzhuang of Zhengzhou City, conduct further analysis and review, and come up with some suggestions and solutions. It will help the migrant workers integrated into urban life and transformed into urban residents, thus realize their citizenization.

Keywords: Henan; Migrant worker; Urban inclusion; Citizenization

B. 20 The Research for Promoting The Social Security System of Transfer Population in Rural

Research Group of Henan Province Development and Reform Commission / 263

Abstract: The social security system is the livelihood support line of the transfer population in rural. The differences in different groups of security systems and the convergence of existing security systems in different region have become the biggest barrier of the rural transfer population for stabilizing employment and Living with Confidence. In the case of increasing the transfer population, the social security system with highly efficient integration between security system and transfer population has become a booster rapid development of urbanization.

Keywords: Henan; Social Security System; Transfer Rural Population

Abstract: South-to-North Water Transfer Project is a great event in the history of human engineering, and also a key part of the whole development of our country. In the current stage, how to get the immigrants involved in the local is an urgent need to be solved. This study takes D city as an example, and from economic, identity and social dimension to discuss the situation of immigrants'integration. The integrate situation is basically in the normal level, and the development policy that followed should be corporate with the overall regional planning.

Keywords: Immigrant; Integration; Regional Development

Abstract: In Henan, with the accelerating pace of urbanization, the household registration reform increases the population flow in Henan and attracts the immigration from the other provinces as well. The involved departments borrow the experience of other provinces, carry out exploration and put forward reforms. Although these efforts produce great progress, there is still a gap with the practical demand. How to innovatively deal well with the floating population has become a serious task for the government and the involved departments. This paper begins with the current situation and trend of floating population in Henan, and analyzes the difficulties and problems emerged in the management. The innovative management is discussed in this paper.

Keywords: Henan; Floating Population; Service Management

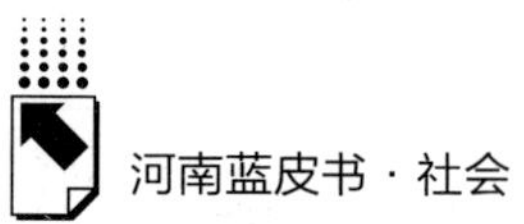

B. 23 The Study on the Development of Young Volunteers in Henan

Research Group of Henan Institute of the Teenager / 301

Abstract: Entering the new century, Henan Province youth volunteer team has been rapidly growing, volunteer service activity areas continue to expand, activity continues to expand the scale, Henan youth volunteer service volunteer service mode and development mechanism has been continuous innovation. Volunteers is one of the important subject of volunteer services, volunteer service is the core carrier, and youth volunteers is volunteer groups most active in the most creative part. This paper takes Henan youth volunteers as the research object, combined with in-depth interviews and questionnaire survey, understand the real situation of Henan young volunteers, summarize its development problems, and put forward the policy measures, and strive to based on a review of Henan youth volunteer team development, analysis of the current situation of the development of Henan youth volunteer team, and suggestions for the young people in Henan the volunteer enterprise future development suggestions.

Keywords: Henan; Youth Volunteer; Volunteer Service

皮书起源

“皮书”起源于十七、十八世纪的英国，主要指官方或社会组织正式发表的重要文件或报告，多以“白皮书”命名。在中国，“皮书”这一概念被社会广泛接受，并被成功运作、发展成为一种全新的出版型态，则源于中国社会科学院社会科学文献出版社。

皮书定义

皮书是对中国与世界发展状况和热点问题进行年度监测，以专业的角度、专家的视野和实证研究方法，针对某一领域或区域现状与发展态势展开分析和预测，具备权威性、前沿性、原创性、实证性、时效性等特点的连续性公开出版物，由一系列权威研究报告组成。皮书系列是社会科学文献出版社编辑出版的蓝皮书、绿皮书、黄皮书等的统称。

皮书作者

皮书系列的作者以中国社会科学院、著名高校、地方社会科学院的研究人员为主，多为国内一流研究机构的权威专家学者，他们的看法和观点代表了学界对中国与世界的现实和未来最高水平的解读与分析。

皮书荣誉

皮书系列已成为社会科学文献出版社的著名图书品牌和中国社会科学院的知名学术品牌。2011 年，皮书系列正式列入“十二五”国家重点图书出版规划项目；2012~2014 年，重点皮书列入中国社会科学院承担的国家哲学社会科学创新工程项目；2015 年，41 种院外皮书使用“中国社会科学院创新工程学术出版项目”标识。

法 律 声 明

子库介绍
Sub-Database Introduction

中国经济发展数据库

涵盖宏观经济、农业经济、工业经济、产业经济、财政金融、交通旅游、商业贸易、劳动经济、企业经济、房地产经济、城市经济、区域经济等领域，为用户实时了解经济运行态势、把握经济发展规律、洞察经济形势、做出经济决策提供参考和依据。

中国社会发展数据库

全面整合国内外有关中国社会发展的统计数据、深度分析报告、专家解读和热点资讯构建而成的专业学术数据库。涉及宗教、社会、人口、政治、外交、法律、文化、教育、体育、文学艺术、医药卫生、资源环境等多个领域。

中国行业发展数据库

以中国国民经济行业分类为依据，跟踪分析国民经济各行业市场运行状况和政策导向，提供行业发展最前沿的资讯，为用户投资、从业及各种经济决策提供理论基础和实践指导。内容涵盖农业，能源与矿产业，交通运输业，制造业，金融业，房地产业，租赁和商务服务业，科学研究环境和公共设施管理，居民服务业，教育，卫生和社会保障，文化、体育和娱乐业等 100 余个行业。

中国区域发展数据库

以特定区域内的经济、社会、文化、法治、资源环境等领域的现状与发展情况进行分析和预测。涵盖中部、西部、东北、西北等地区，长三角、珠三角、黄三角、京津冀、环渤海、合肥经济圈、长株潭城市群、关中—天水经济区、海峡经济区等区域经济体和城市圈，北京、上海、浙江、河南、陕西等 34 个省份及中国台湾地区。

中国文化传媒数据库

包括文化事业、文化产业、宗教、群众文化、图书馆事业、博物馆事业、档案事业、语言文字、文学、历史地理、新闻传播、广播电视、出版事业、艺术、电影、娱乐等多个子库。

世界经济与国际政治数据库

以皮书系列中涉及世界经济与国际政治的研究成果为基础，全面整合国内外有关世界经济与国际政治的统计数据、深度分析报告、专家解读和热点资讯构建而成的专业学术数据库。包括世界经济、世界政治、世界文化、国际社会、国际关系、国际组织、区域发展、国别发展等多个子库。